高等职业教育"十四五"系列教材 汽车专业

汽车类专业毕业设计指南

主　编　李　蓉

副主编　郑　振

南京大学出版社

图书在版编目(CIP)数据

汽车类专业毕业设计指南 / 李蓉主编. —— 南京：
南京大学出版社，2018.9(2022.8重印)
ISBN 978 - 7 - 305 - 20680 - 1

Ⅰ. ①汽… Ⅱ. ①李… Ⅲ. ①汽车工程－毕业设计－高等学
校－教学参考资料 Ⅳ. ①U46

中国版本图书馆 CIP 数据核字（2018）第 174094 号

出版发行 南京大学出版社
社　　址 南京市汉口路 22 号　　　　邮编　210093
出 版 人 金鑫荣

书　　名 汽车类专业毕业设计指南
主　　编 李 蓉
责任编辑 吕家慧 吴 汀　　　　编辑热线　025 - 83597482

照　　排 南京开卷文化传媒有限公司
印　　刷 南京鸿图印务有限公司
开　　本 787×1092 1/16 印张 13.25 字数 322 千
版　　次 2022 年 8 月第 1 版第 3 次印刷
ISBN　978 - 7 - 305 - 20680 - 1
定　　价 49.80 元

网　　址:http://www.njupco.com
官方微博:http://weibo.com/njupco
官方微信号:njuyuexue
销售咨询热线:(025)83594756

前　言

　　毕业设计是大学生毕业前把所学基础知识和专业知识及实际应用结合起来,进行综合运用的一次实践,是培养学生创新能力的重要环节。长期以来,高职院校毕业设计缺乏系统和规范的设计指导书,毕业设计题目的多样性和专业领域之间的差异是造成这一现象的原因。事实上,在如何运用所学知识进行规范化和科学化的设计方面,不同汽车类相关专业的毕业设计具有许多共性的方法体系和都应遵循的基本原则,将这些相同的知识提取和集中起来,对高职院校汽车类不同的相关专业毕业设计都具有普遍指导意义。

　　本书从三个方面对毕业设计所涉及的各方面进行阐述:第一方面是毕业设计的基本原则和要求;第二方面是毕业设计的流程;第三方面分章节介绍电控汽油喷射系统故障的诊断与维修、ABS 系统故障的诊断与维修、汽车空调系统故障的诊断与维修、汽车自动变速器故障的诊断与维修、行驶系统检修、汽车车身修复的过程和应遵循的基本原则、汽车营销与服务、新能源汽车检修技术。在本书中,我们引入了一些较好的毕业设计作品,并对其进行了点评。

　　本书由武汉软件职业技术学院教师李蓉主编,参加编写的有武汉软件职业技术学院的郑振等同志。

　　编写该书时,参考和引用了有关教科书、资料、手册、文章的内容,在此向所有参考文献中的作者致以崇高的敬意和感谢! 在本书的编写过程中,我校汽车学院的同事及其他兄弟院校多年从事相关专业教学的老师也给予了指导和帮助,提供了大量素材。在此一同表示感谢!

编　者

2018 年 3 月

目　录

汽车运用类专业毕业设计基本原则和要求

毕业设计是本、专科教学计划中最后一个综合性、创造性的教学实践环节,是对学生在校期间所学基础理论、专业知识和实践技能的全面总结,是对学生综合能力和素质的全面检验,是学生毕业及学位资格认定的重要依据,也是教学、科研、工程实践三者的重要结合点。它的主要目的是培养学生综合运用所学的知识和技能去分析和解决本专业范围内的问题,建立正确的设计思想,掌握汽车运用技术的一般程序和方法。通过毕业设计进行理论和实践能力的综合训练,可以使学生走上工作岗位后就具有应用技术去解决实际问题的能力。

1.1 汽车类专业毕业设计的目的和要求

1.1.1 毕业设计的目的

在我国高等院校中,按照教学计划,学生在校学习期间的最后一个学期要进行毕业设计。所谓毕业设计,是指高等院校各专业的毕业生选择本专业范围内的某一个知识点,全面运用所学专业的基础理论、专业知识和基本技能所做出的解决工作方面实际问题的设计。它是毕业生的最后一个综合性教学环节,是在教师指导下由学生独立完成的一份带总结性的作业,是检验学生掌握本专业知识和技能的深广度和全面运用所学知识进行分析、解决问题的基本能力的一份综合性答卷。同时,也是完成全部学分的必修科目之一,还是在大学阶段的成果总结。根据汽车类专业的特点,安排学生进行毕业设计还必须具备下列目的:

(1)毕业设计既要完成课题任务,又要培养学生,应把培养学生放在第一位。

(2)培养学生综合运用所学知识解决实际问题的能力和独立思考能力。

(3)通过查阅资料提高学生进行技术分析和市场调查的能力,正确运用国家标准和技术语言阐述理论和技术问题的能力以及撰写科技论文和技术报告的能力。

(4)培养学生进一步巩固和扩展专业知识面,使学生具有较强的自学能力。

(5)提高学生调查、收集、加工各种信息的能力,获取新知识的能力,运用理论去处理问题的能力,实验能力,计算机应用能力,书面、口头表达能力和外语水平。

(6)提高学生运用科研成果和新技术的能力,对汽车新技术的消化能力以及对现有技术改造的能力。

(7)培养学生借鉴前人成果的能力,提高实践能力。

（8）培养学生认真负责、无私奉献的工作态度,团结协作攻关、严肃认真的治学态度和严谨求实的工作作风。

1.1.2 毕业设计的基本要求

为实现上述目的,要求毕业设计应从以下几个方面满足要求:

1. 作用

（1）在进行整个毕业设计过程中,应能够使学生得到综合运用所学知识去解决实际问题的训练,使学生的汽车认知能力、汽车维修及营销能力有所提高。

（2）要让每个学生必须充分认识到毕业设计的重要性,严格按照要求开展毕业设计工作,毕业设计成绩应是学生毕业资格进行审定的一项重要依据。

2. 时间

毕业设计必须有工作量的要求、进度要求及明确的阶段成果,并定期进行检查。毕业设计(论文)应该在教学计划所规定的时限内完成,没有特殊情况不得延期。高职院校汽车类专业毕业设计一般放在大三下学期,时间为六周。每个学校会有所不同。

3. 选题

（1）毕业设计课题应体现科学性和新颖性,在选择课题时,应紧跟当今汽车技术发展的脚步,充分体现它的实践价值。

（2）选题时既可以一个学生一个课题,也可以多名学生采取分工负责的办法共同完成一个大的课题,还可以前后几届学生连续攻关,共同完成一个深层次的课题。不管采用哪种方式,都必须在做设计之前对实际问题进行周密细致的调查分析,并且由学生本人在指导教师的指导下独立进行,坚决杜绝抄袭现象。

4. 内容

毕业设计的内容在表述上应具有规范性、严谨性。在毕业设计过程中,应依据国家汽车维修标准,并结合汽车发展方向、最新技术,精心组织完成。往往一个毕业设计涉及多门学科知识,如汽车制造会涉及机械基础和机械设计或者工程材料知识,汽车维修会涉及汽车电子知识,汽车营销会涉及市场营销等多方面知识。因此,毕业设计还要在内容上体现出综合性。

5. 书面材料

毕业设计(论文)在框架及字数上应符合规定,要求图纸清晰,文件排版规范,打印装订后上交,如不按要求者,指导老师及答辩委员会的评委有权要求学生返工。

6. 译文

为了考核学生的外语水平及阅读外文资料的能力,学生的毕业设计(论文)中需要包含与中文摘要相对应的外文摘要,字数不少于 200 字。

1.2 汽车类专业毕业设计选题的原则和范围

指导毕业设计过程中,首先遇到的就是选题。恰当的选题是搞好毕业设计的前提,对毕业设计的质量有着直接的影响。毕业设计对学生来说是一个学习过程和实践过程,选择合适的题目就能有针对性地使学生得到全面锻炼,使教学质量得以提高。合适的课题使指导教师与学生都能充分发挥自身的优势,在教与学两个方面都得到收益和提高。选题就是指在对已获取的大量材料进行分析研究后的基础上提出问题,确定科学研究和文章写作的方向与目标。简而言之,就是确定科研和写作的主攻方向。选题既包括科学研究的课题选择和确定,也包括文章题目的选择和确定,是从事科学研究和文章写作的第一步,而且是至关重要的一步。

选定一个恰当的题目,至少包含两层意思:一是进行毕业设计,必须要有一个题目;二是要使毕业设计有意义,首先必须使毕业设计的题目有意义;三是要顺利完成毕业设计,必须使毕业设计题目的难易度适中。

1.2.1　毕业设计选题的原则

毕业设计对学生来说是一个学习过程和实践过程,选择合适的题目就能有针对性地使学生得到全面锻炼,使教学质量得以提高。一般说来,选题应考虑的基本原则有:需要性原则、可行性原则、合理性原则、创新性原则。

1. 需要性原则

需要性原则就是选题要面向实际,按需选题,这是选题的首要原则。它包括两个方面:一是根据社会实践、生产发展的需要;二是根据学科本身发展的需要,或者二者兼有。

遵循这一原则,选题时必须注意:可以选择汽车维修类最近的一些课题,或者是汽车制造技术的最新发展。汽车营销与服务可选择争鸣性的课题,新能源汽车可以选技术前沿的课题。

2. 可行性原则

可行性原则即现实可能性原则,它体现了科学研究的"条件原则"。一个课题的选择必须具备一定的主观条件和客观条件,要选择有利于展开的课题和文章题目。主观条件包括个人的知识、技能、特长、爱好、身体状况等;客观条件包括科学发展程度、人员、资金、设备、期限等。

3. 合理性原则

选题不但要考虑是否满足科学发展的客观需要,具有实用价值;考虑是否适应主、客观条件,切实可行,而且还要看课题本身是否合理。所谓合理性原则,也称科学性原则,是指选题必须符合最基本的科学原理和客观实际,也就是要有理论根据和事实根据。

因此,不合理、不科学的课题,即使其他条件具备,也不能列为选题。

4. 创新性原则

创新是科学研究的精髓。选题创新性原则表现在:用新方法解决新问题,用老方法解决新问题,用新方法解决老问题。总之,要有所发明,有所发现。"文贵创新",创新就要突出一个"新"字,要有新意。

5. 选题的特殊原则

(1)毕业设计必须在限定的时间内完成,而且要尽可能拿出自己认为较好的成果,相应地,选题时间也较短。

(2)学生都是第一次参加毕业设计,没有选题经验。

（3）毕业论文和毕业设计的选题，一般都是由指导老师提出大意，拿出若干题目，让学生任选其一。学生要与老师积极、主动地配合，选择自己认为把握性最大、平时积累的资料最多、思考时间比较长、可能达到最高水平的题目。

（4）通过毕业论文、毕业设计的实践，包括文章写作和答辩，学校要考查学生对所学知识的灵活运用和掌握的程度。

6. 毕业论文和毕业设计选题的具体原则

（1）符合培养目的，完成基本训练。选题必须符合专业培养目标的教学要求，全面完成规定的基本训练。题目类型可以是专题研究或工程设计类，多数工科专业应以设计为主。所选题目应充分考虑有利于培养学生的独立工作能力，有利于巩固、深化和扩大学生所学知识，有利于加强和弥补教学过程中的薄弱环节。

（2）尽量结合实际，发挥能动作用。选题应尽可能结合生产、科研和实验室建设的实际，有利于理论联系实际，有利于发挥学生的主动性和创造性，培养学生的事业心和责任感。

（3）体现不同要求，强调独立完成。从学生实际出发安排毕业设计的题目，不论选择什么类型的题目都应对应学生的专业及爱好。对每个学生有不同的要求，强调独立完成。题目分量和要求应适度，使每个学生经过努力都能在规定的时间内完成。

1.2.2 汽车类专业毕业设计选题的范围

以高职院校的汽车检测与维修专业为例，毕业设计选题方向和标题参考如下：

1. 某种车型某个系统（或总成）的结构特点和检修分析

① 帕萨特 B5 轿车防抱死系统及其检修；

② 汽车排放污染的控制技术；

③ 浅谈捷达轿车电控燃油喷射系统；

④ 浅谈桑塔纳轿车制动系统结构与维修；

⑤ 谈本田轿车防抱死控制系统结构及其检修；

⑥ 广州本田雅阁第三代防抱死系统结构与检修。

2. 某种车型结构特点和检修特点分析

① 爱丽舍轿车常见故障分析；

② 福克斯轿车结构特点和检修方法。

3. 现代汽车某个系统的结构特点和检修分析

① 浅析现代汽车发动机冷却系统；

② 汽车发动机水冷却系的维护工艺；

③ 浅谈四轮定位理论及调整技术；

④ 浅析汽车牵引控制技术；

⑤ 汽车主动悬架的发展及其最新技术；

⑥ 浅析丰田自动变速器的检修；

⑦ 丰田皇冠轿车怠速系统分析。

4. 现代汽车新技术的发展分析

① 混合动力汽车的探索与研究；

② 浅谈现代汽车节气门的发展方向；

③ 可变节气门技术在现代汽车上的应用及其发展；

④ 无级变速器在现代汽车上的应用现状分析；

⑤ 浅谈配气相位和气门升程可变技术在汽车上的应用。

5. 现代汽车检修设备的使用分析

① 故障诊断仪在现代电控汽车检修中的使用；

② 发动机综合分析仪在现代汽车维修中的应用；

③ 示波器在汽车电控系统故障诊断中的应用。

6. 现代汽车检修工艺分析

① 轿车发动机大修工艺分析；

② 现代轿车二级维护工艺及其技术标准分析；

③ 汽车冷却系的故障诊断和维修新工艺。

7. 汽车行业的发展或经营管理分析

① 汽车销售服务体系可持续发展的经营理念分析；

② 汽车喷漆新技术浅析；

③ 汽车行业服务质量与顾客满意度评价体系研究；

④ 现代汽车维修服务企业的管理水平提升途径研究。

1.3　毕业设计的论文写作要求

1.3.1　论文写作的原则

毕业设计的论文是在老师的指导下，选定课题并围绕课题进行现场观察、社会调查、科学实验，查阅文献资料和运用所学课程的相关知识，根据论题的要求，进行分析研究，加工整理而成的论文。

毕业设计的论文写作要注意以下原则：

（1）内容方面应具有本课题应有的论点、论据、论证等。

（2）结构上应合乎逻辑，顺理成章，即先有资料、内容，然后有概念、判断、推理，最终形成观点，并有足够的资料说明观点，使观点统率资料，观点与资料形成一个有机的整体。

（3）写作上要注意辞章，用准确、鲜明、生动的词句把文义表达出来，简明精练、通俗易懂。

（4）写作本论应在某一研究过程中形成了正确的观点、规律和理论，实现了预期的研究目的之后才进行的，不能在研究工作的开始阶段或中途就写。如果在研究工作的开始阶段或中途就写，是写不出的，即使写出来，也是东拼西凑或胡说八道，不切合本题的，同时也是违反认识规律的。

1.3.2　论文的基本要求

（1）论文必须由学生本人独立完成，不得弄虚作假，不得抄袭他人成果。

（2）论文应中心突出、内容充实、论据充分、论证有力、数据可靠、结构紧凑、层次分明、图表清晰、格式规范、文字流畅、字迹工整、结论正确。

(3) 论文中所使用的度量单位一律采用国际标准单位。

(4) 对毕业论文中的图或表要给予解释,统一标上编号和图题,安排于相应位置。若同类图表数量过多,也可作为附录列于论文后面。

(5) 凡手绘图形一律用碳素笔在硫酸纸或复印纸上素描,并标上图号、图题,然后贴附于论文适当位置或附录中,要求图面整洁、比例适当。

(6) 论文篇幅以 5 000 字以上(不含图表、程序和计算数字)为宜。

(7) 论文的正文用小四号宋体字(标题除外)、A4 纸打印。

(8) 参考文献著录格式要符合国家标准。

1.3.3 论文结构

文章结构没有固定的格式。文体不同,结构形式区别更大。毕业论文属于议论文文体。一般来说,一篇议论文,不论具体写法如何,它的布局离不开这样的逻辑结构:提出问题—分析问题—解决问题。这种三段式结构脉络分明、逻辑性强、思路清晰、富有说服力,对毕业论文的写作具有较普遍的指导意义,而且易于学习和模仿。

毕业论文的结构形式有"总分式""并列式""递进式"之分。但不论哪种结构形式,总是遵循"绪论—本论—结论"的思路。因此,"绪论—本论—结论"是毕业论文构成的基本形式。

1.3.4 论文写作的要求

(1) 科学地分析资料。建立正确的论点,所谓论点既是作者对同一事物的基本观点,也是作者对某一事物的全部资料的一种认识、判断或评价。由于作者看问题的观点、方法不同,占有资料的情况不同,所确立的论点,有的是正确的,有的是错误的。正确的论点必须是主观认识与客观实际相一致,论点与全部资料相吻合,而这个正确论点的确立是来自对所占有某一事物全部资料的科学分析。

(2) 精选论据。要尽可能多地精选那些用以证明论点正确的资料,这些资料一定要真实、确凿、恰当并有代表性。

(3) 草拟提纲。根据其确立的论点,选取相应的资料,把观点和资料排排队,综合成一个先后有序,前后思路清晰,能够说明问题的论文轮廓。

(4) 精心组织。按照提纲次序,组织好观点、资料,把观点说透彻,使之成为一个有血有肉、完整的有机体。

(5) 认真修改初稿。同其他文章一样,毕业论文的初稿完成后,不会是十全十美的,还必须经过认真修改,反复锤炼,才能成为一篇好文章。修改文章是对课题认识的深化过程,是定稿的基础工作,是论文写作过程中至关重要的环节。修改的工夫如何,直接关系着论文的质量。

(6) 形成正确的总体结论。论文的结论要完整、准确、鲜明。因而结论要抓住事物的本质,重点突出自己的新观点,措辞要严谨,逻辑推理要严密,文字要鲜明具体,要像法律条文一样,斩钉截铁,只能做一个解释,无任何空隙可钻,切忌用词模棱两可,含糊其词。这就要求我们在写结论时,要从客观事物出发,认真思考,深刻认识,用词准确贴切,忌带主观性。

1.3.5　毕业设计格式要求

格式规范是论文的技术要求，也是实现论文内涵和写作目的的形式要求，因此，应当严格按格式完成，以下对各环节和项目加以说明。

1. 题目

题目是封面上的主要项目，最先映入读者眼帘的是论文的题目，人们在浏览书刊时，也是先从题目来判断是否可读。题目也是评阅教师最先审检的内容和至关重要的第一印象，它的重要性非同一般。

毕业设计的题目要简练、醒目、准确，使读者一看题目就知道写作的中心内容，切忌笼统晦涩。拟题要正面、直接地提出问题，少用或不用华丽的修饰语。题目不宜过长，如果不能概括其内容，可用副标题来补充。

标题用词要求质朴、明确、实事求是，避免用广告式的冗长夸大的字眼，如果题目太短，不易容纳中心内容，可以采用副标题加以补充说明，引申主题。

封面一般均有固定格式，除题目外，其他项目应认真依次填写。毕业设计任务书由学校专业主任下达，学生应认真抄写阅读。

2. 摘要

摘要是论文内容基本思想的缩影，是主要观点的集中概括，应力求简明、准确和畅达。摘要是论文的重要组成部分，其内容应包括与正文同样多的情报信息，能使读者在较短时间内阅读摘要后，就能准确地了解论文的主要内容和结果。因而，摘要要求简明扼要，概括准确。

摘要不是章节目录的简单摘抄，它应独自成文，主要说明为什么从事此项课题，回答该项研究工作的主旨、目的、范围和效用；介绍研究的对象、内容和过程，也就是做了哪些工作，取得了什么新成果和新经验；最后，还应说明得到的结论及其价值和意义。

内容摘要编排在正文前面的称为摘要(abstract)，排在正文后面的叫摘录(summary)。

内容摘要的字数，无确定要求。一般约为正文全文字数的 5% 左右，5 000 字的论文建议不少于 200 字，最多不超过 300 字。总之，应以正确、精炼、具体、完备为宜。

摘要的写作应在正文成稿之后撰写。故应在正文的基础上精心提炼、琢磨，写出独到之处，形式上可改变章法，润饰词句，写成精彩的短文，使读者读后产生强烈的阅读正文的欲望。

3. 关键词

关键词(key word)是将论文中起关键作用的、最能说明问题的、代表论文内容特征或最有意义的词选出来，列在摘要部分之后，便于情报信息检索系统存入存储器，以供计算机检索的需要，也有助于读者掌握本论文的主旨。关键词一般来源于论文题目，也可从论文内容中抽出。每一关键词可以作为检索论文的信息，选择的关键词一定要准确，如果选词不当，将影响检索效果。

毕业设计的论文带有学术论文的性质，提供关键词作为撰写论文的格式要求，是一种训练，同时，也有助于审读者对学生掌握论文实质的程度进行考察。

4. 目录

如果论文的篇幅较长，为了审查者的方便，应编写目录，并标出页码，以便查找。列出目录,可从中看出论文内容的梗概、论点的安排、整体的布局、各章节的联系,给人以清晰的轮廓,读者可根据需要直接从目录中查找有关章节。

目录应列出通篇论文各组成部分的大小标题,分出层次,逐项标注页码,并应包括参考文献、附录、图版、索引等附属部分的页次,以便于读者查找。

5. 前言

前言是论文的开场白。前言部分主要说明写作意图,论文的主旨、缘起、背景、前人工作和知识空白、预期目的和采用的方法等内容,要言简意赅,一目了然。

一般在前言中要简要地说明研究本课题的理由,希望解决的问题,具有什么效用和意义,并介绍前人有关的工作和进展,尚存在什么问题以及本课题的特点与涉及的范围。前言中忌夸夸其谈,冗长拖沓,应力求简洁实在,对人所共知或显而易见的效用和意义,应保持谦逊严谨的态度,当然也无需过于自谦。

对于一般毕业论文,前言 200 字至 300 字即可。长篇论文的前言自成一章,章内可分若干小节,内容更为齐全,大体有:论文的主旨与目的,缘起和提出研究要求的现实情况,课题涉及问题的分析,工作范围,与其他工作的关联,历史回顾,背景材料,前人工作综述,基本理论和原则以及有关政策、方针和法规,预期结果和采用的方法,实验材料与资料及其有关情况,研究途径、研究工作的方案论证、规划及其内容,概念和术语的定义,其他需要交代的问题。以上内容,酌情选用,无须面面俱到。

6. 正文

正文是论文的主体部分,占论文的绝大部分篇幅。正文也称本论,是全篇的核心,对所研究的问题进行分析、论证、阐明观点。这部分的内容较长,一定要注意条理性和逻辑性,要求结构严谨,行文洗练,其材料运用和论证方法已在前面做了说明。下面再强调几点:

(1) 正文应突出正确性、客观性、公正性和可读性,要达到数据可靠、论点明确、实事求是、文字简练等写作基本原则。

(2) 研究成果只有经过科学的、逻辑的和文字上的再创造,才能成为论文。实践的材料须经过加工提炼而形成观点,反过来又应使观点统率材料。观点和材料统一,以基本观点为脉络贯穿全文,思路清晰,逻辑严密。

(3) 正文部分的体裁格局,既有惯例章法可循,又不应拘泥于形式,准确、鲜明、生动、可读性强才能吸引人。

写好正文,首先要有材料,有内容,然后有概念、判断、推理,最终形成观点。撰写正文要做到合乎逻辑,顺理成章,注意章词,表达简明精炼,通顺易懂。

7. 结论

结论是全篇的总结,是论文的全面概括。结论是从上述理论分析、实验结果中分析、归纳出的科学结论,结论要准确、完整、鲜明,另以本文的论述为基础,但较本文的表述更精炼、更集中、更典型、更有价值,因此措辞要严谨,逻辑推理要严密,文字要鲜明、具体、确凿。

8. 参考文献

作者列出论文中的参考文献,能够反映出作者严谨的科学态度,真实的科学依据,体现了对前人成果的尊重与继承,要按照先后顺序表明论文中所引用前人的文章、数据、论点、资料等参考文献的出处。

1.3.6　论文打印及装订要求

(1) 要按照书稿的规格和体例誊写、打印毕业设计的论文；

(2) 论文的引文要完全正确，认真核对，做到准确无误；

(3) 论文中的有关表格、图、照片的表达一定要规范化。

1. 论文打印规范与格式

(1) 论文按学校规定要求，用计算机双面打印，汉字必须使用国家公布的规范字。纸张选用 A4 纸；页边距为上 2.5 cm，下 2.5 cm，内侧（装订侧）2.5 cm，外侧 2 cm；每页 30 行，每行 35 字，行跨度 23.3 磅，字跨度 13.35 磅。论文要求加注页码，全部双面打印，奇数页页码放置在页面右下角，偶数页页码放置在页面的左下角。论文要求加注页眉，页眉内容为"×××××学院毕业设计"，小五号黑体，奇数页页眉放置在页面右上角，偶数页页眉放置在页面的左上角。

(2) 使用计算机完成论文，必须按照如下统一格式打印：

① 封面内容一律按照统一封面的样张式样打印，必须正确无误。

② 题目和标题。要求版式为：

论文题目为二号黑体字，可以分成 1 或 2 行居中打印。标题之前空一行，副标题用三号楷体，例：

大众迈腾涡轮增压系统的结构与检修

论文题目下空一行，左起空两格打印"摘要"二字（五号黑体，字间空一格）。"摘要"二字后打印中文摘要内容（五号楷体）。例：

摘要：绅宝 D70 汽车搭载的是基于萨博技术自主研发的 2.3 T 发动机。该套涡轮增压系统继承了萨博的北欧血统，并有所发展。本文对该涡轮增压系统的结构与原理进行了分析，并对其检修方法进行了探述。

中文关键词置于中文摘要文后，另起一行，中文关键词前应冠以"关键词："（五号黑体），后接关键词内容（五号楷体）。例：

关键词：涡轮增压检修

中文关键词下空一行为论文英文题目（为小四号"Times New Roman"，加粗，可以分 1 或 2 行居中打印）。例：

The structure and maintenance of Turbo

论文英文题目下空一行左起空两格打印"Abstract："（五号"Times New Roman"，加粗），"Abstract："后打印英文摘要内容（五号"Times New Roman"）例：

Abstract：The car is powered by a 2.3 T engine which is Autonomous research and development

英文关键词置于英文摘要文后，另起一行，英文关键词前冠以"Key words："（五号"Times New Roman"，加粗）作为标识，后接英文关键词内容（五号"Times New Roman"）。例：

Key words：repair the electrical control system

英文摘要和中文摘要各为一页。

③ 标题：每章标题以三号字黑体居中打印；理工科论文的编号应为 1，1.1 及 1.1.1 的

形式。例：

1　绪论

1.1　中国汽车的现状及发展研究

1.1.1　中国汽车的发展现状分析

④ 正文：采用小四号宋体字打印。正文页不再打印论文题目。

⑤ 图：图题若采用中英文对照时，其英文字体为五号正体，中文字体为五号楷体。引用图应在图题的左上角标出文献来源；图号按章顺序编号。

⑥ 表格：表格按章顺序标号，如"表3－3"为第三章的第三个表。表应有标题，表必须按照规定的符号注明单位。

⑦ 公式：公式书写应在文中另起一行，公式后应注明该公式按章顺序编排。

⑧ 注释：注释一般用页末注即将注文放于加注页下端，而不可用中注。

⑨ 参考文献的写法：

期刊类

【格式】[序号]作者.篇名[J].刊名，出版年份，卷号（期号）：起止页码.

【举例】

[1] 彭泽军，陈辉，周定果.质量控制图及其工序质量控制[J].机械设计与制造，2008（8）：139－140.

[2] 谭爱红，周胜等.车间级产品加工质量控制的研究[J].机械设计与制造，2005（8）：85－86.

[3] 张树济等.机械设计手册（综合技术与管理分册）[J].北京：机械工业出版社，1996：529－530.

专著类

【格式】[序号]作者.书名[M].出版地：出版社，出版年份：起止页码.

【举例】

葛家澍，林志军.现代西方财务会计理论[M].厦门：厦门大学出版社.

报纸类

【格式】[序号]作者.篇名[N].报纸名，出版日期（版次）.

【举例】

李大伦.经济全球化的重要性[N].光明日报，1998－12－27（3）.

French，W. Between Silences：A Voice from China[N]. Atlantic Weekly，1987－8－15（33）.

论文集

【格式】[序号]作者.篇名[C].出版地：出版者，出版年份：起始页码.

【举例】

伍蠡甫.西方文论选[C].上海：上海译文出版社，1979：12－17.

Spivak，G. "Can the Subaltern Speak？"[A]. In C. Nelson & L. Grossberg（eds.）. Victory in Limbo：Imigism[C]. Urbana：University of Illinois Press，1988，pp. 271－313.

Almarza，G. G. Student foreign language teacher's knowledge growth[A]. In D. Freeman and J. C. Richards（eds.）. Teacher Learning in Language Teaching[C]. New

York：Cambridge University Press，1996，pp. 50－78.

　　学位论文

【格式】[序号]作者.篇名[D].出版地:保存者,出版年份:起始页码.

【举例】

吴刚.电控发动机智能混合故障诊断系统的研究与开发[D].广东:广东工业大学,2016:1－7.

　　研究报告

【格式】[序号]作者.篇名[R].出版地:出版者,出版年份:起始页码.

2. 论文的装订

（1）论文必须按照规定的要求进行装订,装订顺序为:

封面;目录;中文摘要、关键词;英文摘要、英文关键词;正文;致谢;参考文献;附录（可选）;××××学院毕业论文（设计）成绩评定表。

（2）装订:由学生自主装订,装订线在左侧。

（3）如果论文因专业特殊,无法打印的部分可以计算机辅助设计,但需要保持页面整洁,布局合理。

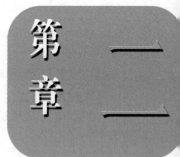

汽车类专业毕业设计基本流程

2.1 毕业设计选题

选题一般先由指导教师提出(学生也可以根据专业和特长自行选定题目,但须经指导教师审核同意)。各学院(系)按照选题原则确定选题题目和指导教师,经主管领导批准,向学生公布。

确定选题是毕业设计的重要一步,而选好标题,同样不可忽视。毕业设计的标题,一般要满足以下要求:

① 名副其实,体现文章的内容,题目和内容一致;

② 鲜明醒目,言简意赅,突出文章的中心思想。

课题选定采取师生双向选择的方法进行,对双向选择不能落实的课题由毕业设计领导小组负责协调落实。各学院(系)根据学生选题情况进行调整,避免出现一个题目、一个指导教师多选或不选的情况,每位教师指导的设计数量原则上一次不能超过 15 个。学生在选定题目后,一般不得变更。若有正当理由要求变更题目,须经指导教师同意,并报学院(系)主管领导审批。

2.2 文献综述

文献综述是在针对某一新技术领域或专题搜集大量文献资料的基础上,就国内外在该领域或专题的主要研究成果、最新进展、研究动态、前沿问题等进行综合分析而写成的,能比较全面地反映相关领域或专题历史背景、前人工作、争论焦点、研究现状和发展前景等内容的综述性文章,在有些毕业设计的开题阶段可能需要这类综述。"综"是要求对文献资料进行综合分析、归纳整理,使材料更精练明确、更有逻辑层次;"述"就是要求对综合整理后的文献进行比较专门的、全面的、深入的、系统的评述。

2.2.1 文献综述的分类

(1)动态性综述,是指就某一个课题按年代和学科本身历史发展阶段,由远及近地综合分析并反映研究工作的进展。特点:按照时间顺序重点介绍某一课题的阶段性成果。

(2)成就性综述,是专门介绍某一课题或某一项目的新成就、新技术和新进展。特点:

不考虑有关课题的历史或现状,而直接介绍所需的内容。

（3）简介性综述,是指对某一课题多方面的事实、现象等进行综合叙述,不考虑时间顺序,而是按内容特点来安排。特点:适合于在对某一问题尚未形成定论时使用。

（4）争鸣性综述,是指作者对某一课题目前存在的几种学术观点进行分类、归纳和总结。特点:按不同的观点组织材料、分别叙述,多用原文作者列举的事实和观点,少用作者自己的概括、分析。

2.2.2　文献综述的基本要求

（1）查阅和搜集的文献资料必须是与论文相关的资料,不能将与撰写论文明显不相关的文献资料摘录在文献综述中。

（2）摘录在文献综述中的文献资料必须真实可靠,并在文献综述中注明资料来源。文献综述也应该给出参考文献,中文不少于8篇,外文不少于2篇。

（3）文献综述并不是所查阅资料的简单堆积,而是把所有有关资料的观点整理后,按照论文体系连接而成的书面文件。

2.3　毕业论文的撰写

2.3.1　论文的行文

（1）切入正题、言简意赅。

（2）术语要规范。采用国际、国内学术刊物上普遍接受的通用名称。比较生僻的可以采用加括号并加以解释的办法,切勿杜撰术语。技术名词,倘若词典上查不到或尚未成定论,而又不得不写时,应加注原文。

（3）注重论据。所用的每一个概念,每一种机制,每一个论点都应该有根有据,层层展开,不断深化。对于本专业公认的概念和论点,可以直接予以引用,否则就应就地举出例证或标注引文(参考文献)。论据中的数字特别重要,日期、百分数、条件数据是科学论文中常见的数字。

（4）条理化。为了讲清楚一个复杂汽车系统的故障诊断,常将整篇文章分解为篇、章、节、小节、段、要点,逐步地予以深化或具体化,而连续的章、节、段则用来讲述该事物的同等重要的侧面,或者逻辑的顺次深化。条理化有助于防止概念混淆,但要防止过粗和过细的分解。一般一个小节说明一个概念或一种机制,一个大节说明一个观点和原理,一章说明一个侧面。

2.3.2　论文的撰写步骤

1. 拟定提纲

拟定提纲要项目齐全,能初步构成文章的轮廓;要从全面着眼,权衡好各个部分。

（1）论文提纲的意义:

① 有助于作者理清思路。

② 有利于作者布局谋篇。

（2）设计提纲的内容:

① 论文题目。

② 论文的总论点(中心论点)。

③ 内容纲要,内容纲要的形式为:大项目——上位论点,中项目——下位论点,小项目——段旨,更小项目——段中所用材料。

(3) 辨析提纲的方法:

① 拟定题目。论文标题一般为陈述句,关键是清楚表达思想,有时可采用副标题。

② 写出总论(中心论点)。

③ 全篇的布局,即文章从几个方面,或分几个层次,以什么顺序来论述总论点。

④ 文章结构。层次确定后,再逐个考虑每个项目的下位论点,直到段落一级,并写出每段的论点。

⑤ 考虑段落内容的安排,把准备使用的材料按顺序编码,备用。

⑥ 检查修改。

2. 撰写初稿

(1) 初稿的内容尽量充分丰富,以方便修改定稿,但要防止一味地堆砌,写成材料仓库。

(2) 要合乎文体范围,文句力求精练简明,深入浅出,通顺易读,避免采用不合语法的口头语言或科技新闻报道式文体。

(3) 要写得干净清楚。初稿最好使用页面字数不太多的稿纸,四周有足够的空余之处,以便于进行增、删、改、换等。

3. 修改定稿

(1) 修改观点。一是观点的订正,看一看全文的基本观点以及说明,注意一下它的若干从属论点是否偏颇、片面或表述得不准确;二是观点的深化,看一看自己的观点是否与别人雷同,有无深意或新意。

(2) 修改材料。通过材料的增、删、改、换,使支持文章和说明观点的材料充分、精练、准确、鲜明、生动。

(3) 修改结构。对文章内容的组织安排做部分的调整。一般出现下面几种情况,都应动手修改:中心论点或分论点有较大的变化;层次不够清楚,前后内容重复或内容未表达完整;段落不够规范,划分得过于零碎或过于粗糙,不能显示层次;结构环节不齐全,内容松散。

(4) 修改语言包括用词、组句、语法、逻辑等。作为学术性的文章,语言应具有准确性、学术性和可读性。根据这一基本要求,语言的修改可从以下几方面着手:把不准确的改为准确的;把啰嗦、重复的改为精练、简洁的;把生涩的改为通俗的;把平庸的改为生动的;把粗俗俚语改为学术用语。

2.4 毕业设计指导

2.4.1 指导教师

1. 指导教师的资格

(1) 毕业设计的指导教师,必须由具有讲师(或相当于讲师)以上职称或具有硕士、博士学位,并经学院(系)领导批准的教师、科研人员,实践性强的也可由高级技师担任。

（2）毕业设计的指导教师应具有较丰富的理论教学和实践教学经验，业务水平高、教风严谨、责任心强，能够做到为人师表、教书育人。

（3）校外指导教师资格必须符合学校规定，并出具该指导教师单位介绍信和本人的确认书，交学院（系）审查、认可。

2. 指导教师的职责

毕业设计实行指导教师负责制。每个指导教师应对整个毕业设计论文阶段的教学活动全面负责，其主要职责是：

（1）提出毕业设计课题，并交学院（系）专家审核。

（2）根据课题的性质和要求，编写毕业论文（设计）任务书，填写毕业设计任务书，在学生进入课题前填写好任务书上有关栏目后下发给学生，并定期检查学生的工作进度，填写毕业设计指导记录。

（3）向学生介绍进行毕业设计的工作方法，为学生介绍、提供有关参考书目或文献资料，审查学生拟定的设计方案或写作提纲。

（4）负责指导学生进行开题报告、调查研究、文献查阅、方案制定、实验研究、论文撰写、毕业答辩等各项工作。

（5）在毕业设计内容上对学生提出具体要求，如学生应完成的汽车诊断工作、各项调查数据、需查阅的中外资料、需制作绘制的图纸数量、文献综述、开题报告、毕业设计说明书、毕业设计论文等。

（6）按时完成对学生的毕业设计初稿的审阅，并提出具体的修改意见。

（7）必须在学生答辩前审查完毕业设计（包括设计说明书、计算资料、实验报告、图纸或论文等），并认真填写毕业设计考核评语。

（8）实事求是地向答辩委员会写出对学生工作态度、能力，毕业设计水平、应用价值等的评语、意见和建议。

（9）指导学生做好毕业设计答辩工作。

（10）在整个毕业设计过程中，应按教学计划的规定保证对学生指导答疑的周学时数，定期对学生辅导答疑。

（11）在校外单位指导毕业设计的教师，应代表学校与有关单位一起落实好与毕业设计有关的工作，妥善处理好毕业设计工作中的有关问题。

（12）对学生毕业设计材料进行整理，交学院归档。

3. 对指导教师的要求

指导教师是毕业设计工作的主导，充分发挥指导教师的作用是提高毕业设计质量的关键。

（1）要端正指导思想，把培养人才放在首位。要善于教书育人、因材施教、启发引导，充分发挥学生的主动性和积极性，注重培养学生的创造能力、创新能力和实践能力。

（2）严格要求学生，关心学生的生活和思想；以身作则，做学生的良师益友，及时纠正学生的不良思想和言行，对违纪学生要及时进行帮助教育。

（3）熟悉自己所指导的课题内容，掌握有关资料，并提前做好准备工作。

（4）应安排充足的时间与学生进行交流，对每位学生毕业设计的指导和答疑次数每周应不少于2次。

（5）因公或因病请假，应事先向学生布置好任务或委托他人代为指导。请假一周以上者，须经院长或主管教学的副院长批准同意；超过四周者，应向学院（系）领导申请以及时调整指导教师。

2.4.2 学生

1. 学生的资格

申请做毕业设计的学生必须修完所学专业教学计划规定的全部课程，并达到规定的学分，特殊情况须经教务处批准。

2. 学生的任务

（1）接受毕业设计任务后，在指导教师指导下制订毕业设计工作计划，填写毕业设计计划进程表。

（2）认真按照工作计划进行文献查阅、资料收集、实习调查、实验研究等，按时完成各个阶段的任务。

（3）认真撰写毕业设计的论文初稿，并按时交由指导教师评阅；按指导教师要求，对论文进行认真修改，以达到一定质量并定稿。

（4）答辩前一周，将论文定稿后交答辩小组。

（5）做好答辩前的各项准备工作，按时参加毕业设计答辩。

（6）负责将本人的毕业设计所有资料整理后交学院有关部门存档。

3. 对学生的要求

（1）要高度重视毕业设计工作，并明确其目的和意义。

（2）在毕业设计工作过程中，要尊敬老师、团结互助、虚心学习；要勤于思考、敢于实践、勇于创新。

（3）严格遵守学校、学院（系）的各项规章制度，在校外进行设计工作的要遵守所在单位的有关规章制度。

（4）在毕业设计期间，实行考勤制度。一般不准请假，确因特殊情况需要请假时，请病假要有医院证明，请事假要经指导教师同意，并按学校有关规定办理手续。学生缺勤（包括病、事假）累计超过毕业论文（设计）时间 1/3 以上者，取消答辩资格，不予评定成绩，须重新补做。

（5）必须独立完成毕业设计工作，严禁抄袭他人毕业设计和已发表的成果或请人代替完成，违犯者按作弊论处。

（6）主动并定期（每周 1～2 次）向指导教师汇报毕业设计工作情况，主动接受指导教师的检查和指导。

（7）按照指导教师的要求，保质、保量、按时完成毕业设计任务。

2.5 毕业设计答辩与成绩评定

2.5.1 毕业设计的评阅

1. 指导老师评阅

（1）指导教师应根据毕业设计成绩评定标准，对所指导学生的毕业论文或毕业设计进行全面、认真的评阅，并按百分制给出评阅成绩。

（2）根据毕业设计的要求，结合学生在毕业设计期间的工作表现、毕业设计工作量、外语水平及毕业设计的论文质量等，在毕业设计成绩评定表上写出评语。

2．评阅人评阅

（1）在答辩前，各答辩小组组织评阅人根据毕业设计评定标准评阅毕业设计，并按百分制给出评阅成绩，同时写出评语。

（2）评阅人必须具有指导教师资格。

2.5.2　毕业设计的答辩

毕业设计完成后，各学院（系）都要组织答辩，以检查学生是否达到了毕业设计的基本要求。在毕业设计答辩前，各学院（系）要充分做好各项准备工作，成立答辩委员会。

1．答辩委员会的组成

（1）毕业设计答辩工作由各学院（系）答辩委员会组织并主持，答辩委员会由院学位委员会成员与专家 5～7 人组成。

（2）根据需要，答辩委员会可决定组成若干答辩小组，答辩小组由 3～5 人组成，设组长 1 人，秘书 1 人。各答辩小组具体负责学生的毕业设计答辩工作。

（3）答辩委员会及答辩小组成员必须由讲师或讲师以上职称（或相当职称的科技人员）的人员担任。

2．答辩委员会的职能

审定学生毕业答辩资格。审定的具体内容如下：

① 是否有缺勤（包括病、事假），累计超过总毕业设计时间的 1/3 以上者；

② 是否有无故旷课超过 3 天以上现象；

③ 是否有重大违规、违纪事件发生；

④ 是否有抄袭行为（毕业设计中有 25％以上的内容抄自其他资料）；目前，学生论文须在答辩前完成查重；

⑤ 毕业设计的论文写作格式是否规范；

⑥ 毕业设计中的图表、设计的图纸是否执行相关国家标准；

⑦ 毕业设计的材料是否按时、全部交齐；

⑧ 公布答辩时间、地点和答辩学生姓名一览表。

⑨ 组织并主持全学院（系）答辩工作；

⑩ 审查各答辩小组对毕业设计的评定成绩；

⑪ 根据工作需要聘请校外专家参加答辩。

3．答辩工作程序和要求

（1）答辩小组长宣布毕业设计答辩开始，并宣布答辩小组成员名单。

（2）答辩人报告毕业设计主要内容。

（3）答辩人就所提问题进行回答。

（4）答辩结束后，答辩小组对学生的毕业设计及答辩情况等确定成绩、写出评语。

2.5.3　成绩评定

1．评定方法

（1）采用五级记分制评定成绩：优秀（90～100 分）、良好（80～89 分）、中等（70～79 分）、及格（60～69 分）、不及格（60 分以下）。要求优秀的比例一般控制在 25％以内，良好的比例控制在 40％以内，其余为中等、及格和不及格。

（2）采用结构分评定总成绩：由指导教师、评阅人和答辩委员会的评分组成，三部分的比例分别为 30％，30％，40％。

2．评定要求

指导教师、评阅人和答辩委员会成员对学生的毕业设计或毕业论文进行成绩评定时，要求做到：

（1）实事求是，不要从印象出发，更不要以指导教师的声望作为评定该学生成绩的依据。

（2）对学生的独立工作能力、科学态度和工作作风，应予以充分的注意。

（3）评分时既要看学生上交的材料，也应考虑学生在毕业设计进行过程中的表现。

3．评分标准

（1）优秀（90 分及以上）：

① 在毕业设计期间，工作刻苦努力，态度认真，遵守各项纪律，表现出色。

② 能按时、全面、独立地完成与毕业设计有关的各项任务，表现出较强的综合分析问题和解决问题的能力。

③ 毕业设计的论文立论正确，理论分析透彻，解决问题的方案恰当，结论正确，并且有一定创见性，有较高的学术水平或较大的实用价值。

④ 论文中使用的概念正确，语言表达准确，结构严谨，条理清楚，逻辑性强，栏目齐全，书写工整。

⑤ 论文写作格式规范，符合有关规定。论文中的图表、设计中的图纸在书写和制作上规范，能够执行国家有关标准。

⑥ 原始数据搜集得当，实验或计算结论准确可靠，能够正确使用计算机进行研究工作。

⑦ 在论文答辩时，能够简明和正确地阐述论文的主要内容，能够准确深入地回答主要问题，有很好的语言表达能力。

（2）良好（80～89 分）：

① 在毕业设计工作期间，工作努力，态度认真，遵守各项纪律，表现良好。

② 能按时、全面、独立地完成与毕业设计有关的各项任务；具有一定的综合分析问题和解决问题的能力。

③ 毕业设计的论文立论正确，理论分析得当，解决问题的方案实用，结论正确。

④ 论文中使用的概念正确，语言表达准确，结构严谨，条理清楚，栏目齐全，书写工整。

（3）中等（70～79 分）：

① 在毕业设计工作期间，工作努力，态度比较认真，遵守各项纪律，表现一般。

② 能按时、全面、独立地完成与毕业设计有关的各项任务，综合分析问题和解决问题的能力一般。

③ 毕业设计的论文立论正确,理论分析无原则性错误,解决问题的方案比较实用,结论正确。

④ 论文中使用的概念正确,语句通顺,条理比较清楚,栏目齐全,书写比较工整。

⑤ 论文写作格式规范,符合有关规定。论文中的图表、设计中的图纸在书写和制作上规范,能够执行国家有关标准。

⑥ 原始数据搜集得当,实验或计算结论基本准确,能够正确使用计算机进行研究工作。

⑦ 在论文答辩时,能够阐述论文的主要内容,能够比较正确地回答主要问题。

(4) 及格(60～69分):

① 在毕业设计工作期间,基本遵守各项纪律,表现一般。

② 能够在教师指导下,按时和全面地完成与毕业设计有关的各项任务。

③ 毕业设计的论文立论正确,理论分析无原则性错误,解决问题的方案有一定的参考价值,结论基本正确。

④ 论文中使用的概念基本正确,语句通顺,条理比较清楚,栏目齐全,书写比较工整。

⑤ 论文写作格式基本规范,基本符合有关规定。论文中的图表、设计中的图纸在书写和制作上基本规范,基本能够执行国家有关标准。

⑥ 原始数据搜集得当,实验或计算结论基本准确,能够使用计算机进行研究工作。

⑦ 在论文答辩时,能够阐述出论文的主要内容,经答辩教师启发,能够回答主要问题。

(5) 不及格(59分及以下,同时具备以下三条或三条以上者):

① 在毕业设计工作期间,态度不够认真,有违反纪律的行为。

② 在教师指导下,仍不能按时和全面地完成与毕业设计有关的各项任务。

③ 毕业设计的论文中,理论分析有原则性错误或结论不正确。

④ 论文写作格式不规范,文中使用的概念有不正确之处,栏目不齐全,书写不工整。

⑤ 论文写作格式不规范,不符合有关规定。论文中的图表、设计中的图纸在书写和制作上不规范,不能够执行国家有关标准。

⑥ 在论文答辩时,不能正确阐述论文的主要内容,经答辩教师启发,仍不能正确回答各种问题。

第三章

汽油喷射系统

德国 BOSCH 公司首先成功研制电控燃油喷射系统,电控燃油喷射技术历经晶体管、集成电路到微机处理三大发展进程,直到目前,各种汽车上应用的电控燃油喷射系统都是以BOSCH 公司产品为原形发展而来的。电控燃油喷射系统简称为"EFI",是由该系统的英文"Electronic Fuel Injection"简化而来的。

在现代汽车上,K 型和 KE 型汽油喷射系统已经淘汰,EFI 系统因其更优越的性能而成为现代车用汽油机燃料供给系统的主流。

3.1 电控汽油喷射系统的组成与功能

电控汽油供给系统的作用,是将具有一定压力的清洁汽油通过喷油器适时地喷射到进气歧管或汽缸内,系统油压由燃油压力调节器控制在规定的范围内,喷油量和喷油正时均由发动机控制单元根据传感器信号确定。汽油供给系统按照汽油循环方式,可以分为两类:有回油供油系统和无回油供油系统,无回油供油系统根据其实现方式又分为机械式和电子式。

1. 有回油供油系统

有回油供油系统如图 3-1 所示。

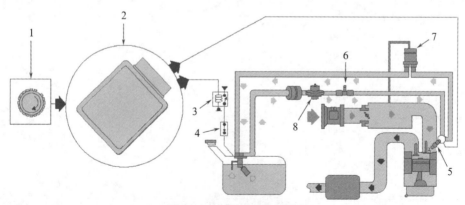

图 3-1 有回油供油系统

1—曲轴位置传感器;2—电子检测单元;3—燃油泵继电器;4—碳罐电磁阀;
5—喷油器;6—燃油压力调节器;7—油气过滤器;8—燃油泵

有回油供油系统主要特征是:将多余的汽油从燃油分配管送回汽油箱。这种系统用电动汽油泵和机械式油压调节器,电子控制单元接收到稳定的曲轴位置传感器信号控制汽油泵连续运转。

2.无回油供油系统

(1)机械式无回油供油系统

机械式无回油供油系统如图3-2所示。

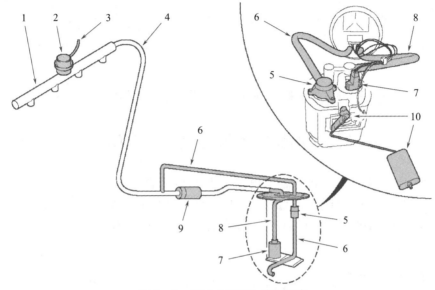

图3-2 机械式无回油供油系统

1—油轨;2—脉动缓冲器;3—真空管;4—输油管;5—油压调节阀;
6—回油管;7—燃油泵;8—输油管;9—滤清器;10—油位传感器

无回油供油系统有以下优点。

① 由于没有回油管,减少了汽油被发动机热量加热的机会,汽油温度比较低,因此可以减少汽油蒸汽的蒸发,以降低排放;

② 无回油供油系统通常把油压调节阀、汽油滤清器安装在油箱内,减少了油箱外汽油管路的接口,大大降低因汽油泄漏而发生车辆自燃的可能性;

③ 无回油供油系统汽油压力通常比较高,因此可以把喷油器的喷油孔设计得多而小,以利于汽油雾化。

(2)电子式无回油供油系统

电子式无回油供油系统如图3-3所示。

与机械式无回油供油系统相比,电子式无回油供油系统最大的特点是:系统压力不是依靠机械油压调节阀调整的,而是通过控制电动油泵的转速来调节的。

发动机控制模块根据燃油分配管上的压力以及温度传感器信号,并参考发动机当前工况计算出发动机所需油压,然后通过驱动模块以脉宽调制方式控制油泵的转速。当发动机工作所需汽油量很少时,油泵转速较低,反之转速就高。

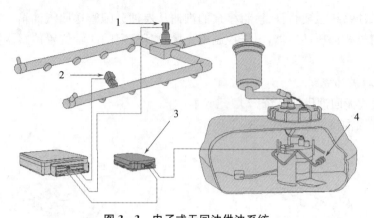

图3-3 电子式无回油供油系统

1—电子压力调节阀；2—压力温度传感器；3—驱动模块；4—燃油泵

3.2 汽油喷射系统的组成与工作原理

电控汽油供给系统主要由汽油箱、电动汽油泵、汽油滤清器、燃油压力调节器、燃油分配管、喷油器等部件组成。当电动汽油泵泵入供油系统的汽油增多或油路中的油压升高时，燃油压力调节器将自动调节汽油压力，保证供给喷油器的油压基本不变，多余的汽油经过燃油压力调节器流回汽油箱。

3.2.1 电动汽油泵

电动汽油泵外形如图3-4所示。

图3-4 电动汽油泵

现代汽车的电动汽油泵都是安装在汽油箱内部的。电动汽油泵的作用是将汽油从油箱中吸出，向喷油器提供一定压力的汽油。电动汽油泵的作用，以涡轮式电动汽油泵为例。主要由永磁式直流电机、安全阀（卸压阀）、单向阀（出油阀）和壳体等组成。永磁式直流电机一般由永久磁铁、电枢、换向器和电刷等组成。叶轮固定在电动机轴上，由电动机驱动。汽油泵电机通电时，电机驱动涡轮泵叶轮旋转，由于离心力的作用，使叶轮周围小槽内的叶轮紧贴泵壳，将汽油从进油室带往出油室。由于进油室的汽油不断被带走，形成一定的真空度，将汽油从进油口吸入；而出油室汽油不断增多，汽油压力升高，当达到一定值时，顶开单向阀出油油口输出。

3.2.2 汽油滤清器

电控发动机的汽油滤清器安装于电动汽油泵的出口一侧,固定于轿车底部,便于更换;有些则与电动汽油泵集成在一起,安装于汽油箱中,工作压力较高,如图3-6所示。

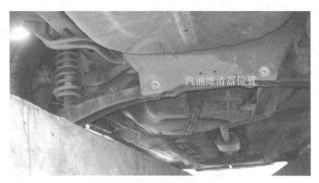

汽油滤清器位置

图3-5 汽油滤清器　　　　　图3-6 汽油滤清器安装位置

它的作用是除去汽油中的水分和杂质,使汽油能达到发动机工作的需要。

3.2.3 燃油分配管

燃油分配管外形如图3-7所示。用于分配汽油和储存汽油。

图3-7 燃油分配管总成

3.2.4 喷油器

喷油器外形如图3-8所示。它安装在进气歧管的末端。作用是在ECU的精确控制下,将汽油呈雾状喷射入汽缸或者进入进气歧管内。发动机工作时,ECU中的微处理器根据有关传感器输入的信号,经运算判断后输出控制喷油器开启信号,控制功率晶体管导通与截止。功率晶体管VT导通时,喷油器开始喷油;当功率晶体管VT截止时,喷油器停止喷油。

图3-8 喷油器

3.2.5 燃油压力调节器

燃油压力调节器外形如图3-9所示。它一般安装在燃油分配管的末端。

燃油压力调节器的作用是使燃油供给系统的压力与进气管压力之差即喷油压力保持恒定。喷油器的喷油量不仅取决于喷油持续时间,而且也与喷油压力有关。

燃油压力调节器工作原理如图3-10所示。汽油从燃油压力调节器进油口进入调节器油腔,汽油压力作用到与阀体相连的金属膜片上。当汽油压力升高,油压作用到膜片上的压力超过调节器弹簧的弹力时,油压推动膜片向上拱曲,调节器球阀打开,部分汽油从回油口经回油管流回油箱,使汽油压力降低。当汽油压力降低到调节器控制的系统油压时,汽油作用在膜片上的压力不足以克服调节器内弹簧弹力,调节器球阀关闭,使系统汽油保持一定压力值不变。作用在膜片上方的进气歧管负压用来调节燃油分配管内的压力,燃油压力调整值为弹簧的预紧力与进气线管负压值之和。

图3-9 燃油压力调节器

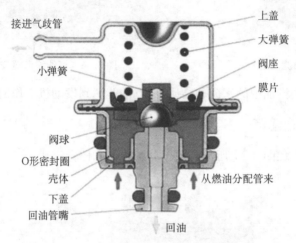

图3-10 燃油压力调节器工作原理

3.3 汽油直喷系统

近年来各大汽车公司开发了多种发动机节能新技术,其中汽油机缸内直喷技术(简称FSI)油耗在降低排放方面效果十分明显,已成为车用汽油机一个十分重要的发展方向。

3.3.1 汽油机缸内直喷工作原理

传统的进气歧管喷射发动机是在进气歧管中喷油再与空气形成混合气,最后才进入到气缸内燃烧。在此过程中,因为喷油器到燃烧室还有一定距离,汽油同空气的混合情况受进气气流和气门开闭的影响较大,并且微小的油粒会吸附在管道壁上,在进气歧管表面形成油膜,使动力性降低并增加油耗。

缸内直喷是直接将燃油喷射在发动机气缸内,在气缸内直接与空气混合,如图3-11所示。ECU可以根据吸入的空气量精确地控制喷油量和喷射时刻,高压燃油喷射系统可以使混合气的雾化和混合效率更加优异,使符合理论空燃比的混合气充分燃烧,从而降低油耗,提高发动机的动力性能。

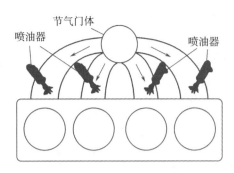

图 3-11 缸内直喷示意图

3.3.2 汽油机缸内直喷技术特点

缸内直喷发动机与进气歧管喷射发动机相比有如下优点：

（1）大负荷或全负荷工况时，缸内直喷发动机在进气行程中将燃油喷入燃烧室，由于油束的移动速度小于活塞的下行速度，使得油束周围的压力较低，燃油迅速扩散蒸发，进而形成均质燃烧混合气。另外，燃油蒸发吸收热量使缸内温度降低，增强了抗爆震性能。因此缸内直喷发动机可以用较高的压缩比，提高了发动机的热效率，一般可提高至 11～14。另外由于缸内温度降低，提高了充量系数，可发出较大的功率。

（2）缸内直喷发动机在中、小负荷工况时采用分层燃烧模式，燃油浓度呈现梯度分布，即在缸壁附近分布的大部分是空气，有效地防止了热量传递给缸体水套，降低了热量损失，提高了燃烧的热效率，进一步降低了燃油消耗，从而提高发动机的经济性。

（3）进气歧管喷射发动机在冷起动过程中，缸内温度低，混合气蒸发不完全，致使实际喷油量远远超过了按理论空燃比计算得到的喷油量，而且在冷起动时易出现失火或不完全燃烧现象，使 HC 排放增加。相反，缸内直喷技术发动机可以精确地控制每个循环的喷油量，结合分层燃烧直接起动技术，可以降低冷起动时的 HC 排放，瞬态响应好。

3.3.3 福特汽油机缸内直喷技术

福特 EcoBoost 发动机采用的是缸内直喷的燃油喷射方式，在进气行程喷油，与进气歧管多点喷射的发动机相比，燃油与空气的混合时间更短，为了提高燃油的雾化效果，缸内直喷发动机要求燃油有很高的压力（最大燃油压力可达到 15 MPa）。

1. EcoBoost 发动机燃油喷射系统结构及工作过程

EcoBoost 发动机的燃油喷射系统结构如图 3-12 所示。系统由低压燃油泵、高压燃油泵、油压传感器、油管、油轨及喷油器组成。

（1）低压燃油系统

低压部分采用了无回流燃油供给系统。电子油泵在不同的工况下只是把所需的燃油输送给高压油泵，因此无回油。油箱上安装了一个单独的油泵控制模块（FPDM），其电压由 GEM 供应。动力控制模块 PCM 根据发动机不同工况，将目标油压的控制信息传递给 FPDM，这个信号是一个低频的 PWM 信号（大约 300～500 Hz），占空比在 10%～85% 之间。FPDM 在收到 PCM 发送过来的目标油压控制信息后，又以高频信号（大约 10 kHz）驱

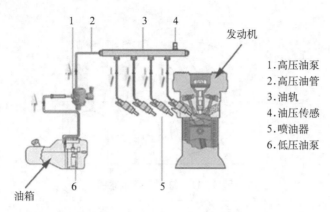

图 3－12　EcoBoost 发动机的燃油喷射系统

动电动油泵,此时占空比在 0～100％ 之间。PWM 信号改变时,电动油泵的速度就会随之改变,从而改变低压管路的燃油压力。

低压管路的燃油压力传感器把当前的低压管路油压值反馈给 PCM,如此就实现了对低压燃油压力的闭环控制。由于 PCM 对低压管路油压进行控制,所以输入到高压油泵上的油压只有 0.38～0.62 MPa。

油路上安装有一个单向阀和过压保护阀。过压保护阀可防止低压端压力过高,当压力达到 830～930 kPa 时,阀门开启,多余的燃油返回到油箱。单向阀可确保发动机停机后的油压稳定,防止燃油回流到油箱。单向阀的弹簧弹力是预先设定好的,只有在压力超过 125 kPa(绝对压力)时才会开启。

电子油泵在长时间高速运转时会产生很高的热量,当燃油通过油泵后会使燃油的温度升高,在低压燃油管路里容易形成气泡,严重的情况下产生气堵会造成发动机停机或难以起动。因此可通过泄放阀(直径为 0.55 mm)除去油管中的燃油蒸汽,提高低压油管的燃油流速,从而避免在任何工况下产生气泡(气阻)。

低压管路维修说明:怠速时,油压稳定在 0.32～0.34 MPa,发动机停机后油压逐渐降低,大约 30 min 后,油压会稳定在至少 0.21 MPa。

维修燃油系统时,必须先泄压,并且严格按照维修手册上的操作程序进行。具体泄压方法如下:① 在怠速运转时,将燃油计量阀 IMV 的连接插头拔掉;② 拔掉 FPDM 上的油泵保险 F13。

（2）高压燃油系统

高压部分的结构包括高压油泵、油压传感器和油轨、喷油器等。高压油泵为单缸泵,由排气凸轮驱动,带有进油计量阀,泵油油压为 15 MPa。来自低压部分的燃油在高压油泵中形成高压,经高压油管到达油轨,燃油压力传感器负责检测油轨中的油压,以便精确地控制油轨中的燃油压力。最后由喷油器将高压燃油喷入气缸。

发动机的喷油器是 7 孔喷油器,汽油雾化状态和角度是可调的,汽油以一定精确的喷射角度喷射到燃烧室,因此喷油器上的喷孔采用了偏心的设置。

2. 工作模式

Eco Boost 发动机有均质和催化器加热两种喷射模式。

当发动机在正常工作温度下工作时,喷射模式为均质模式,如图 3－13 所示。此时,燃油喷射量按照理论空燃比(14.7∶1)精确计算,燃油在进气行程喷射,使得混合气有足够的时间混合均匀。在均质模式下,燃烧很大程度上相当于一个非直喷发动机的工作模式。

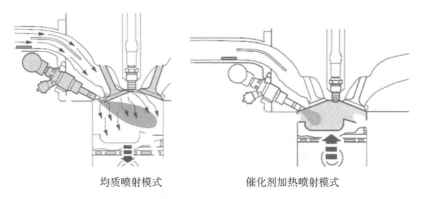

均质喷射模式　　　　　　　催化剂加热喷射模式

图3-13　均质和催化器加热两种喷射模式

当发动机温度较低时,喷射模式为催化器加热模式。采用2段喷射技术,将燃油分2次喷入燃烧室(分别在进气和压缩行程喷射),以达到快速加热三元催化转化器的目的。第一次喷射与均质模式一样,在进气行程喷油;第二次喷射发生在压缩行程,在进气门关闭后,快速喷射,以形成一个浓的油核围绕在火花塞周围,点火时刻被推迟,使得尽可能多的燃烧余热可以进入排气管,从而快速加热三元催化转化器,以降低 HC 和 NO_x 排放。

3.3.4　发动机稀薄燃烧技术

随着汽车保有量的增加,能源危机和环境污染问题日益严重,对发动机燃油经济性和排放性能的要求越来越高。为解决这两大难题,将发动机空燃比控制在稀薄燃烧区,不仅可以有效降低燃油消耗率,而且会使其排放特性明显改善。

发动机稀薄燃烧技术就是利用稀混合气驱动发动机做功的一种技术。如果发动机的空燃比大于18∶1,可以称之为稀薄燃烧。实际采用稀薄燃烧技术的发动机空燃比可能远高于这一比值。

1. 发动机稀薄燃烧技术的特点

受汽油的辛烷值和爆震燃烧等因素的限制,传统汽油机只能采用较低的压缩比,造成发动机的热效率较低。而且汽油机缸内燃烧属均质预混合燃烧,燃烧的温度高,火焰传遍整个燃烧室的时间长,燃烧过程会产生较多的 NO_x 和不完全燃烧产物 CO 和 HC。另外,汽油机需要用节气门控制进气量来调节发动机的功率,部分负荷时的泵气损失增加会使发动机的热效率进一步降低。

因此现代发动机多利用稀薄燃烧的方式工作,即在确保火花塞周围有适于点火的混合气浓度情况下,通过电子控制系统使发动机的实际空燃比大于理论空燃比14.7∶1,以实现良好的燃油经济性和排放性能。一般发动机以较稀薄的混合气,即空燃比在15～16范围内运转,但在稀薄燃烧发动机中,将以更为稀薄的混合气,空燃比甚至可以大于18。

稀薄燃烧技术的最大特点就是燃烧效率高。稀燃时,由于混合气中的氧气较多,燃料燃烧比较充分,同时燃烧温度也有所降低,所以 CO、HC 和 NO_x 有害排放都会减少。此外,由于稀燃时的混合气和燃气的比热容较小,压缩指数升高,再加上进气节流造成的泵气损失减少,能够提高发动机的热效率,从而改善发动机的动力输出。

2. 发动机稀薄燃烧技术工作原理

车用汽油机按照燃油喷射的不同形式,可分为气道喷射(PFI)稀燃系统和直接喷射(GDI)稀燃系统。

(1) PFI 稀薄燃烧技术

四气门发动机通过气流与喷射相匹配,在缸内形成混合气浓度的梯度分布。缸内气流运动规律通过直进气道和螺旋气道控制,在中小负荷工况运行时关闭直进气道,进入气缸的气流在螺旋气道的导向作用下,在缸内形成一定强度的涡流,并与喷油时刻配合,实现稀薄燃烧;大负荷时,直进气道和螺旋进气道同时开启,减小缸内涡流强度,提高充气效率,实现功率混合气的均质燃烧。

PFI 稀薄燃烧分为轴向分层稀薄燃烧和横向分层稀薄燃烧。轴向分层稀薄燃烧配合缸内气流在进气晚期进行喷射,通过缸内强涡流实现混合气浓度的梯度分布。喷油时刻决定缸内浓混合气的位置,从而确定火花塞位置。利用进气道的导向作用在缸内形成较强的轴向涡流,在压缩过程中轴向涡流强度有所衰减,但能保持一定强度,配合缸内的气流特性,通过 ECU 控制喷油器在进气后期的恰当时刻喷油,由此通过缸内轴向涡流的作用,在气缸内形成上浓下稀的混合气浓度梯度分布,实现稀薄燃烧。

PFI 式稀薄燃烧技术能改善经济性和排放特性,但由于节气门的存在,泵气损失增大,影响中小负荷燃烧效率的提高;混合气形成过程中,进气道及气门处黏附油膜,直接影响气缸内的混合气质量,不利于发动机快速起动、瞬态过渡响应特性以及更精确地控制混合气浓度;空燃比小于 27,节能效果有限,进一步降低 NO_x 排放困难。

(2) GDI 稀薄燃烧技术

GDI 技术包括缸内气流特性控制、采用高压旋流式喷油器的喷雾及喷射时间控制、喷射压力控制和稀薄燃烧等。

GDI 稀薄燃烧技术示意图如图 3-14 所示,GDI 发动机燃烧室内气流的组织采用壁面导向方式通过活塞顶部燃烧室的形状将喷油器喷射的燃油导向气缸上部流动,配合燃烧室内形成的挤流,在火花塞附近形成浓混合气。气流导向方式通过燃烧室结构,配合进气道的导向,在缸内形成涡流和滚流,配合喷射时间实现混合气浓度分层分布,在适当位置设置火花塞可靠点燃混合气。喷雾导向方式配合气缸内的气流特性,合理布置火花塞及喷油器喷射的相对位置实现稀薄燃烧。

图 3-14 GDI 稀薄燃烧技术示意图

GDI 喷射方式能实现均质混合气燃烧和混合气浓度分层燃烧。GDI 分层稀薄燃烧缸内直喷汽油机的启喷压力为 2 MPa,发动机压缩比可提高到 12,从而提高发动机热效率,改善发动机燃油经济性。

3.4 进气控制系统

3.4.1 空气供给系统

1. 空气滤清器

空气滤清器的作用是滤除空气中的杂质,降低进气噪声,减轻发动机磨损。在汽车的实际使用中,空气滤清器对发动机的使用寿命有极大的影响。一方面,如果没有空气滤清器的过滤作用,发动机就会吸入大量含有尘埃、颗粒的空气,导致发动机气缸严重磨损;另一方面,如果在使用过程中,长时间不维护保养,空气滤清器的滤芯就会粘满空气中的灰尘,这不但使过滤能力下降,而且还会妨碍空气的流通,导致发动机工作不正常。因此,按期维护保养空气滤清器是至关重要的。更换空气滤芯的依据是汽车行驶里程,例如新桑塔纳轿车空气滤芯更换周期是2万公里。

2. 节气门体

节气门体安装在进气管中,用以控制发动机正常工况下的进气量。现代轿车装配的电子节气门体如图3-15所示。

电子节气门工作原理:电子节气门是电子节气门控制系统的一个关键部件,它一方面执行来自发动机ECU的指令,调节节气门开度来控制发动机的进气量,从而实现控制发动机的负荷输出,同时可以输出反映节气门开度位置的信号,供控制系统监控节气门工作状况。

图3-15 节气门体示意图

电子节气门由节气门体、驱动电机和节气门位置传感器等构成,来自发动机ECU的指令使驱动电机动作,通过传动机构使节气门板转动,保证发动机工作所需的节气门开度。节气门位置传感器由两个电位器组成,节气门开度变化时,电阻值发生变化,输出的电压信号随之变化,与电子油门踏板位置传感器信号一起,输入到发动机ECU,经计算后,输出驱动电机控制信号,从而控制发动机节气门开度。

同发动机控制系统一起,电子节气门配合工作,可以实现:发动机怠速控制,车辆巡航控制、Limp Home控制,自动变速箱控制,车身电子稳定控制(ESP)等功能。

直流电机在驱动电流作用下旋转一定角度,通过齿轮传动机构,将直流电机轴的运动传递给节气门轴,节气门轴带动节气门旋转到所需角度,改变进气通道的截面积,从而控制发动机的进气流量。同时,由于节气门轴的转动,改变电位计的工作位置,电位计输出的信号发生变化,发动机控制单元根据信号值可确定节气门的具体开度位置反馈,从而精确微调其位置;电位计为两个反向信号计组成,一个反映节气门的正向开度位置,另一个反映节气门的反向开度位置,比较两个信号计的信号值可相互检查其工作状态,作为判断是否有失效的一个依据。

3. 进气管

进气管一般包括进气软管、进气总管和进气歧管。进气软管用于连接空气滤清器与节气门体,进气总管用于连接节气门体与进气歧管,进气歧管的功用是给各缸分配空气。

多点喷射系统发动机为消除进气脉动和使各缸配气均匀,对进气总管、歧管在形状、容积等方面都提出了严格的设计要求。各缸分别设独立的歧管,有的是进气总管与进气歧管制成一体,有些则是分开制造再以螺栓连接。

3.4.2 废气涡轮增压系统

1. 工作原理

涡轮增压装置与发动机无任何机械联系,实际上是一种空气压缩机,通过压缩空气来增加进气量。它是利用发动机排出的废气惯性冲力来推动涡轮室内的涡轮,涡轮又带动同轴的叶轮,叶轮压送由空气滤清器管道送来的空气,使之增压进入气缸。当发动机转速增快,废气排出速度与涡轮转速也同步增快,叶轮就压缩更多的空气进入气缸,空气的压力和密度增大可以燃烧更多的燃料,相应增加燃料量就可以增加发动机的输出功率。一般而言,加装废气涡轮增压器后的发动机功率及扭矩要增大 20%~30%。但是废气涡轮增压器技术也有其必须注意的地方,那就是泵轮和涡轮由一根轴相连,也就是转子,发动机排出的废气驱动泵轮,泵轮带动涡轮旋转,涡轮转动后给进气系统增压。增压器安装在发动机的排气一侧,所以增压器的工作温度很高,而且增压器在工作时转子的转速非常高,可达到每分钟十几万转,如此高的转速和温度使得常见的机械滚针或滚珠轴承无法为转子工作,因此涡轮增压器普遍采用全浮动轴承,由机油来进行润滑,还有冷却液为增压器进行冷却。

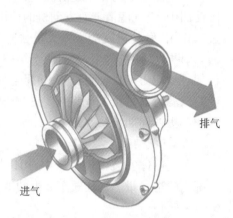

排气

进气

图 3-16 涡轮增压示意图

其优点是:

(1) 提高发动机功率。在发动机排量不变的情况下,通过增加进气密度,让发动机可以多喷油,从而提高发动机的功率,加装增压器后的发动机的功率及扭矩要增大 20%~30%。反之在同样的功率输出的要求下可以降低发动机的缸径,缩小发动机的体积和重量。

(2) 改善发动机的排放。废气涡轮增压器发动机通过改善发动机的燃烧效率,减少发动机废气中颗粒物和氮氧化物等有害成分的排量。

(3) 提供高原补偿的功能。部分高海拔地区,海拔越高,空气越稀薄,带涡轮增压器的发动机就可以克服因高原空气稀薄导致的发动机功率的下降。

(4) 提高燃油经济性,降低油耗。带废气涡轮增压器的发动机燃烧性能更好,可以节省燃燃油 3%~5%。

2. 使用注意事项

由于涡轮增压器经常处于高温、高速下工作,增压器废气涡轮端的温度在 600 ℃ 左右,增压器转子以 8 000~11 000 r/min 高速旋转,因此为了保证增压器的正常工作,使用中应该注意以下几点:

(1) 发动机需要预热。发动机发动后,特别是在冬季,应让其怠速运转一段时间,以便在增压器转子高速运转之前让润滑油充分润滑轴承。所以发动机刚启动后不能急加油门,以防损坏增压器油封。

（2）发动机长时间高速运转后，不能立即熄火。发动机工作时，有一部分机油是供给涡轮增压器转子用于轴承润滑和冷却的。正在运行的发动机突然停机后，机油压力迅速下降为零，而同时增压器转子仍在惯性作用下高速旋转，因此，发动机热机状态下如果突然停机，会引起涡轮增压器内滞留的机油过热而损坏轴承和轴。特别要防止急加油门后突然熄火。

（3）定期清洗润滑油管路。由于增压器经常处于高温下运转，润滑油管路因受高温作用，内部机油容易有部分的结焦，这样会造成增压器轴承的润滑不足而损坏。因此，润滑油管路在运行一段时间后要进行清洗。

3.4.3　可变配气相位控制系统

现在多数发动机装有可变配气相位技术，以本田的 i-VTEC，丰田的 VVT-i，宝马的 Valvetronic、VANOS 技术为代表。i-VTEC 可以实现气门升程分段调整及连续可变气门正时；VVT-i 可以实现连续可变气门正时；Valvetronic 配合 VANOS 可以实现气门的正时和升程连续可变。他们改变气门正时的方法都相同，即凸轮轴以凸轮轴正时带轮（正时链轮）为基准，顺时针或逆时针转过一定角度，来改变配气相位。下面的介绍以丰田的 VVT-i 为例。

最新款式的丰田轿车的发动机已普遍装置了 VVT-i 系统。丰田的 VVT-i 系统可延续调理气门正时，但不能调理气门升程。它的任务原理是：当发动机由低速向高速转换时，电子计算机就自动地将机油压向进气凸轮轴驱动齿轮内的小涡轮，这样在压力的作用下，小涡轮就相对于齿轮壳旋转一定的角度，从而使凸轮轴在 60 度的范围外向前或向后旋转，从而改动进气门开启的时间，到达延续调理气门正时的目的。

VVT-i 是一种控制进气凸轮轴气门正时的装置，它经过调整凸轮轴转角配气正时停止优化，从而提高发动机在一切转速范围内的动力性、燃油经济性，降低尾气的排放。

VVT-i 系统由传感器、ECU 和凸轮轴液压控制阀、控制器等局部组成。ECU 贮存了最佳气门正时参数值，曲轴地位传感器、进气歧管空气压力传感器、节气门地位传感器、水温传感器和凸轮轴地位传感器等反应信息聚集到 ECU 并与预定参数值进行比照计算，计算出修正参数并收回指令到控制凸轮轴正时液压控制阀，控制阀依据 ECU 指令控制机油槽阀的地位，也就是改动液压流量，把提早、滞后、保留不变等信号指令选择保送至 VVT-i 控制器的不同油道上。

VVT-i 系统视控制器的装置部位不同而分成两种，一种是装置在排气凸轮轴上的，称为叶片式 VVT-i，丰田 PREVIA（大霸王）装置此款。另一种是装置在进气凸轮轴上的，称为螺旋槽式 VVT-i，丰田凌志 400，430 等初级轿车装置此款。两者结构有些不一样，但作用是没有差异的。

叶片式 VVT-i 控制器由驱动进气凸轮轴的管壳和与排气凸轮轴相耦合的叶轮组成，来自提早或滞后侧油道的油压传递到排气凸轮轴上，招致 VVT-i 控制器管壳旋转以带动进气凸轮轴，延续改动进气正时。当油压施加在提早侧油腔转动壳体时，沿提早方向转动进气凸轮轴；当油压施加在滞后侧油腔转动壳体时，沿滞后方向转动进气凸轮轴；当发动机中止时，凸轮轴液压控制阀则处于最大的滞后形态。

螺旋槽式 VVT-i 控制器包括正时皮带驱动的齿轮、与进气凸轮轴刚性衔接的内齿轮，以及一个位于内齿轮与外齿轮之间的可移动活塞,活塞外表有螺旋形花键,活塞沿轴向移动,会改动内、外齿轮的相位,从而发生气门配气相位的延续改动。当机油压力施加在活塞的左侧,迫使活塞右移,由于活塞上的螺旋形花键的作用,进气凸轮轴会相对于凸轮轴正时皮带轮提早某个角度。当机油压力施加在活塞的右侧,迫使活塞左移,就会使进气凸轮轴延迟某个角度。当获得理想的配气正时,凸轮轴正时液压控制阀就会封闭油道使活塞两侧压力均衡,活塞中止移动。

如今,先进的发动机都有"发动机控制模块"(ECM),统管点火、燃油喷射、排放控制、故障检测等。丰田 VVT-i 发动机的 ECM 在各种行驶工况下自动搜索一个对应发动机转速、进气量、节气门地位和冷却水温度的最佳气门正时,并控制凸轮轴正时液压控制阀,并经过各个传感器的信号来感知实践气门正时,然后再执行反应控制,补偿系统误差,到达最佳气门正时的位置,从而能有效地提高汽车的功率与性能,尽量减少耗油量和废气排放。

3.5　排放控制系统

3.5.1　控制汽油机尾气排放的措施

汽油机的主要污染物有3种:碳氢化合物、一氧化碳和氮氧化合物。碳氢化合物主要来自燃烧室内的未燃燃油,也有一部分来自蒸发源,如燃油箱等;CO 是燃烧过程的副产品,是因空燃比不合适造成的;NO_x 是由燃烧室内部高温富氧时由氮和氧化合而成。

控制汽油机尾气排放的措施大致有三种:前期净化、机内净化和后处理净化。

1. 汽油机排放污染物的前期净化

前期净化就是提高燃油的质量,即实施燃油无铅化和大幅度降低燃油中硫的含量,从而改进汽油中苯、芳烃、烯烃等组成性质,提高燃烧效率,使燃油充分燃烧,减少有害物质的排放。

2. 汽油机排放污染物的机内净化

机内净化就是指从改善发动机工作性能的角度来减少汽油机污染物的排放。汽油喷射电控系统、低排放燃烧技术、废气再循环技术和多气门技术等来改善发动机的工作性能,从而达到降低有害物质排放的目的。

(1) 汽油喷射电控系统。汽油喷射电控系统就是利用各种传感器检测发动机的各种状态,经过发动机 ECU 判断和计算,以控制发动机在不同工况下的喷油时刻、喷油量、点火提前角等,使发动机在不同工况下都能获得合适空燃比的混合气,提高燃油的燃烧效率,从而达到降低汽油机污染物排放的目的。

(2) 低排放燃烧技术。低排放燃烧技术主要是依靠稀薄燃烧技术、分层燃烧技术和汽油直喷技术等来改善可燃混合气的形成和燃烧条件,从而大幅度降低 CO、碳氢化合物和 NO_x 的排放。

(3) 废气再循环技术。废气再循环技术是在保证发动机动力性能不降低的前提下,根据发动机的温度和负荷的大小将发动机排出的一部分废气再送回到进气管,和新鲜的空气或新鲜混合气混合后再次进入汽缸参加燃烧,这种方式使得混合气中氧的浓度降低,从而使燃烧反应的速度减慢,有效控制燃烧过程中 NO_x 的生成,降低 NO_x 的排放量。

(4) 多气门技术。多气门发动机是指一个汽缸的气门数目超过两个,在采用多气门技术后,能保证较大的换气通流面积,减少泵气损失,增大充气量,保证较大的燃烧速率以降低汽油机污染物的排放量。

3. 汽油机排放污染物的后处理净化

后处理净化就是对已经排出燃烧室而尚未排入大气中的废气,在排气系统中进行净化处理。主要采用三元催化转化器和空气喷射系统来降低汽油机污染物的排放量。

(1)三元催化转化器。三元催化转化器是安装在汽油机排气系统中最重要的净化装置,当高温的汽油机尾气通过净化装置时,三元催化器中的净化剂将增强 CO、碳氢化合物和 NO_x 三种气体的活性,促使其进行一定的氧化还原化学反应,其中 CO 在高温下氧化成为无色、无毒的二氧化碳气体;碳氢化合物在高温下氧化成水(H_2O)和二氧化碳;NO_x 还原成氮气和氧气。三种有害气体变成无害气体,从而降低汽油机污染物的排放。

(2)空气喷射系统。空气喷射就是将新鲜的空气喷射到排气门后面使尾气中的 CO 和碳氢化合物在排气管内与空气混合,继续进行氧化的方法,又称为二次空气喷射。当喷射的新鲜空气与尾气混合时,空气中的氧与 CO 和碳氢化合物反应生成水蒸气和二氧化碳,从而降低汽油机污染物的排放量。

3.5.2 汽油蒸发控制系统

汽油蒸发控制(EVAP)系统是一个密闭系统,它收集有可能从汽油箱散发到空气中的汽油蒸气(其成分是碳氢化合物)。

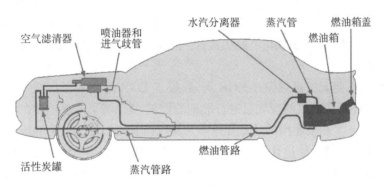

图 3-17 汽油蒸发控制系统

汽油蒸发控制系统主要由汽油箱、油气分离阀、活性炭罐、碳罐电磁阀及 ECU 等组成。其作用是汽油蒸发控制系统能够收集和存储汽油箱产生的汽油蒸气,即碳氢化合物,并适时地送入进气歧管,与空气混合后进入汽缸参与燃烧,使燃油得到充分利用,提高了燃油的经济性。

其工作原理是在发动机停机或怠速运转时,ECU 使电磁阀关闭,从汽油箱中逸出的汽油蒸气被活性炭罐中的活性炭吸收。当发动机以中、高速运转时,ECU 使碳罐电磁阀开启,储存在活性炭罐内的汽油蒸气经过真空软管后被吸入发动机。

3.5.3 废气再循环系统

EGR 传感器的用途是使车辆符合世界各国的废气排放标准。EGR 传感器向引擎电子控制系统反馈废气流量信息。除去上述用途,EGR 传感器的结构使得它还适用于踏板位置

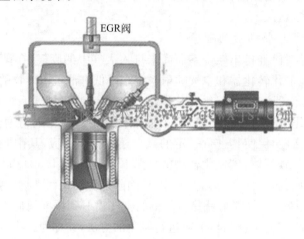

EGR阀

图 3-18 废气再循环系统

废气再循环（EGR）系统用于降低废气中的氧化氮（NO$_x$）的排出量。氮和氧只有在高温高压条件下才会发生化学反应，发动机燃烧室内的温度和压力满足了上述条件，在强制加速期间更是如此。

当发动机在负荷下运转时，EGR阀开启，使少量的废气进入进气歧管，与可燃混合气一起进入燃烧室。怠速时 EGR 阀关闭，几乎没有废气循环至发动机。汽车废气是一种不可燃气体（不含燃料和氧化剂），在燃烧室内不参与燃烧。它通过吸收燃烧产生的部分热量来降低燃烧温度和压力，以减少氧化氮的生成量。进入燃烧室的废气量随着发动机转速和负荷的增加而增加。

EGR 系统的主要元件是数控式 EGR 阀，数控式 EGR 阀安装在右排气歧管上，其作用是独立地对再循环到发动机的废气量进行准确的控制，而不管歧管真空度的大小。

EGR 阀通过 3 个孔径递增的计量孔控制从排气歧管流回进气歧管的废气量，以产生多种不同流量的组合。每个计量孔都由 1 个电磁阀和针阀组成，当电磁阀通电时，电枢便被磁铁吸向上方，使计量孔开启——阀门开启。旋转式针阀的特性保证了当 EGR 阀关闭时，具有良好密封性。

EGR 阀的开与关由汽车电脑（PCM）控制。当汽车怠速，或还没有达到工作温度时，EGR 阀关闭，没有尾气进入燃烧室。当发动机进入正常工作温度，转速高于一定 RPM 的时候，真空推动 EGR 阀打开，允许部分尾气随进气进入燃烧室。

毕业设计参考范文一

汽油泵的结构原理及检修方法

摘要：作者通过分析汽油泵的结构及车内布置，并针对具体车型进行控制电路分析。为汽车维修人员的生产实践提供了理论指导。并对控制电路设计人员起到方法上和思路上的借鉴作用。

关键词:汽油泵;控制电路;检修

一、汽油泵的构成及作用

汽油泵的作用是把汽油从油箱中吸出,并经管路和汽油滤清器压送到化油器的浮子室内。汽油泵是安装在汽车油箱里的,靠电力驱动,也就是在车主拧动钥匙之后,车子发动之前,汽油泵就已经开始工作了。正是由于有了汽油泵,汽油箱才能安放到远离发动机的汽车尾部,并低于发动机。

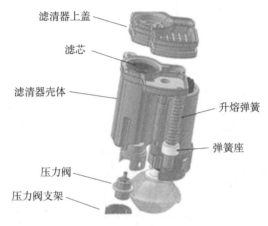

滤清器上盖
滤芯
滤清器壳体
升熔弹簧
弹簧座
压力阀
压力阀支架

图 1　汽油泵图示

汽油泵按驱动方式的不同,可分为机械驱动膜片式和电驱动式两种。机械驱动膜片式汽油泵一般靠凸轮轴上的偏心轮驱动,它的工作情况是:

① 吸油:凸轮轴转动中,当偏心轮顶动摇臂,拉下泵膜拉杆时,泵膜下降,产生吸力,汽油便从油箱内吸出,并通过油管、汽油滤清器进入汽油泵的油室。

② 泵油:当偏心轮转过一定角度不再顶动摇臂时,泵膜弹簧伸张,顶动泵膜上升,把汽油从出油阀压送到化油器的浮子室。

一般汽油泵的最大供油量比汽油机最大耗油量大 2.5～3.5 倍。当泵油量大于耗油量而化油器浮子室针阀关闭时,油泵出油管路中的压力提高,反映到油泵,使膜片行程缩短或停止工作。

另有一种电动式汽油泵,不靠凸轮轴带动,而靠电磁力反复吸动泵膜。这种电动泵,可自由选择安装位置,并能防止气阻现象。

电子控制汽油喷射系统的汽油泵,一般采用新型的叶轮式电动泵,并安装在汽油箱内,其泵送压力也比化油器供油系统的汽油泵高。

电动汽油泵的电动机部分包括固定在外壳上的永久磁铁和产生电磁力矩的电枢以及安装在外壳上的电刷装置。电刷与电枢上的换向器相接触,其引线接到外壳上的接柱上,将控制电动汽油泵的电压引到电枢绕组上。电动汽油泵的外壳两端卷边铆紧,使各部件组装成一个不可拆卸总成。汽油泵的附加功能由安全阀和单向阀完成。安全阀可以避免燃油管路阻塞时压力过分升高,而造成油管破裂或汽油泵损伤现象发生。单向阀设置目的,是为了在汽油泵停止工作时密封油路,使燃油系统保持一定残压,以便发动机下次起动容易。泵体是电动汽油泵泵油的主体,根据其结构的不同可分为滚柱式和平板叶片式。最常见的为滚柱式电动汽油泵。电动汽油泵在车上安装有安装在燃油箱内和燃油箱外两种方式。还有少数车型在燃油箱内、外各安装一个电动汽油泵,两者串联在油路上。

二、故障现象

作者在车辆维修的过程中,有一位车主的车出现了发动机不能起动、不易起动、动力不足等故障现象。发动机不能工作,原因多种多样,总结起来有四点,一是电路故障,如:发动机控制单元、火花塞、曲轴/凸轮轴位置传感器损坏;二是油路故障,如:油路堵塞,油泵或喷油嘴损坏;三是气路阻塞,如进气口阻塞、节气门损坏等;四是机械故障,如正时链断裂、气缸泄漏无缸压等。在本文中,我们将讨论因为汽油泵故障引起的发动机不能启动。

三、控制原理

下图是该轿车的汽油泵控制电路。

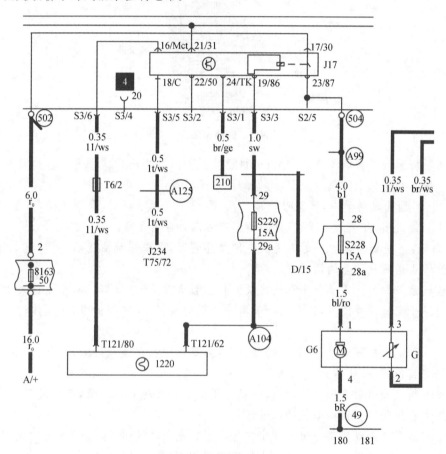

图 2 汽油泵控制电路

其控制原理:打开点火开关后,由蓄电池来的电流经点火开关 15 号端子经保险丝盒里的 S229 号保险丝到发动机控制单元 J220 的 62 号针脚,给 J220 一个点火开关打开的信号,这时 J220 由 80 号针脚向汽油泵继电器输送一个低电位使汽油泵继电器的电磁线圈电路导通,经 31 号线搭铁,形成回路,使汽油泵继电器中的电磁线圈产生磁场,将活动触点吸合。

这时由蓄电池来的电经蓄电池上 S163 号保险丝、汽油泵继电器活动触点、保险丝盒里的 S228 号保险丝、汽油泵电插头 1 号脚、汽油泵电机、汽油泵电插头 4 号脚后搭铁，形成回路使汽油泵工作。当点火开关处于行车挡位置超过 3～5 s 后，J220 经 80 号针脚向汽油泵继电器输入一个高电位，使汽油泵继电器 J17 的电磁线圈电路断路，其活动触点断开，使汽油泵的电路被切断，汽油泵停止工作。

四、汽油泵的检测

汽油泵的检测有两项内容：汽油泵供电检测和汽油泵供油量检测。在检测前要确保蓄电池的电压不低于 11.5 V，28 号保险丝（在电路图中用 S228 标出）正常，关闭所有有用电器（如：灯、后风窗加热器等），关闭空调。

1. 检测汽油泵的供电情况

将二极管试电笔的一端搭铁，另一端抵触在汽油泵电插头的 1 号端子上。起动发动机，如果二极管试电笔不亮，说明从汽油泵到蓄电池之间的线路有故障。用二极管试电笔将汽油泵电插头的 1 号端子和 4 号端子连接起来，起动发动机。如二极管试电笔不亮，说明汽油泵的搭铁线断路；如亮，则说明汽油泵不良，应予以更换。

2. 汽油泵供油量的检测

汽油泵供油量的检测必须在燃油压力、供电电压正常的情况下进行。拔下燃油分配管进油口处的软管，将其插到 1 L 量杯中，起动发动机 30 s，检查量杯中的油量是否达到规定值。若未达到规定值，检查管路是否有管径收缩（折叠）处或阻塞。如果没有，则应更换汽油泵。

五、燃油压力的检测

1. 供油压力的检测

关闭点火开关，将燃油压力表接到进油管上，打开燃油压力表管接头处阀门，起动发动机，怠速运行，测量燃油压力，其标准值应为 250 kPa。若不符合规定要求，应检查汽油泵、燃油压力调节器。

2. 调节压力的检测

从燃油压力调节器上取下真空软管，燃油压力应提高至 300 kPa，重新接回真空软管，油压应恢复到 250 kPa。

3. 保持压力的检测

关闭点火开关，观察燃油压力表的指示压力，10 min 后，燃油压力不应低于 200 kPa。否则应起动发动机，怠速运转，待建立起压力后，关闭点火开关，关闭燃油压力表管接头处的阀门，如果压力不下降，故障为气泵的止回阀密封不良。如果压力仍降，起动发动机，怠速运行，待建立起压力后，关闭点火开关，将燃油压力调节器的回油管夹紧，如果压力不下降，应更换燃油压力调节器，如果压力仍下降，检查燃油分配管与喷油器连接处的密封情况。

六、总结

作者根据自己的工作经验，分析了汽油泵的工作原理，并针对具体车型进行了电路分析和诊断，并解决了故障。希望对其他工作者提供一定的参考。

参考文献

[1] 邹长庚.现代汽车电子控制系统构造原理与故障诊[M].北京:北京理工大学出版社,
2014－05.

[2] 王忠良.汽车微电脑控制系统与故障检测[M].北京:人民邮电出版社,2004－08.

[3] 肖秀芝.电动汽油泵常见故障的检查与排除[J].2004,(01).

[4] 彭志伟.层次分析法在电控发动机常见故障诊断中的运用[J].中国高新技术企业,
2015,(34):46－47.

[5] 张智华.基于排放检测的电喷汽油发动机故障诊断与维修实验研究[J].科技创新导报,
2016,(22):115－116.

[6] 李景芝.电控汽油喷射式发动机的故障检修[J].汽车与配件,2016,(22):27－29.

[7] 龙永长.论汽油发动机电控燃油喷射系统的故障诊断与维修[J].汽车技术,2017,(24):
44－45.

[8] 靖长青.电动汽油泵常见故障原因分析及对策[J].汽车工程,2014,(2):40－43.

点评:汽油泵的故障在汽油喷射系统中具有代表性。这篇文章首先分析了汽油泵的结构和分类,接着分析了四种可能的故障。再以汽油泵为例,首先分析其电路,再进行测试,最后找出和排除故障。文章简洁易懂,可以为其他工作者提供帮助。同学们在学习了这篇文章后,还可以针对油路和气路故障来展开写作。

本文的字数刚符合要求,配图2篇。文章书写规范,可供同学们参考。

毕业设计参考范文二

电控节气门系统的检测与故障分析

摘要:在电控发动机中,电子节气门不工作的原因可能是电子节气门本身故障、线束故障、油门踏板故障、ECU故障等。无论是何种原因,电子节气门不工作会造成车辆不能加速,行驶困难等。本文以日产奇骏SUV电控节气门控制系统为例,介绍了电控节气门系统的组成和工作原理,说明了其检测与故障诊断方法结合实例分析了其常见故障的产生原因,并提出了预防措施。

关键词:节气门;检测;故障分析

0 引 言

近年来,随着汽车电子技术的快速发展,汽车上配置的电子元件也越来越多,其中电子节气门几乎成了各类汽车厂商的标配。采用电子节气门控制系统,能够精确控制节气门开度,不但可以提高燃油经济性,减少排放,同时系统响应迅速,可获得满意的操控性能;另一方面,可实现怠速控制、巡航控制和车辆稳定控制等的集成,从而简化控制系统结构。但电子节气门发生故障会给发动机的运行及汽车的行驶带来严重影响,因此,快速诊断与排除电子节气门不工作故障对于现代汽车维修具有重要的现实意义。

1 电子节气门工作原理

电子节气门一方面执行来自发动机 ECU 的指令,调节节气门开度来控制发动机进气量,从而实现发动机负荷输出的控制,同时可以输出反映节气门开度位置的信号,供控制系统监控节气门的工作状况。其控制电路如图1所示。

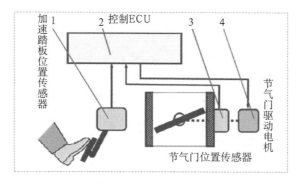

图 1 节气门位置示意图

工作原理为:ECU 接收油门踏板位置信号并进行综合计算判断,输出控制指令给电子节气门的直流电机,直流电机在驱动电流作用下旋转一定角度,通过齿轮传动机构,将直流电机轴的运动传递给节气门轴,节气门轴带动节气门旋转到所需角度,改变进气通道的截面积,从而控制发动机的进气量。同时,由于节气门轴的转动,节气门位置传感器输出的信号发生变化,发动机控制单元根据信号值可确定节气门的开度位置,节气门位置传感器由两个反向信号计组成,一个反映节气门的正向开度位置,另一个反映节气门的反向开度位置,比较两个信号计的信号值可检查其工作状态。

2 电控节气门系统常见故障与分析

电控节气门系统的常见故障现象有怠速不稳、加速不良、易熄火、无法起动、排放异常、松油门后发动机转速上窜及换挡、起步过渡不平稳等。由于电控节气门系统控制的内容较广泛,该系统与其他电控系统又有各种各样复杂的联系,其故障诊断与检测牵扯内容较多,难度较大。下面仅分析电控节气门执行器故障的原因及检测、诊断方法。日产奇骏汽车电控节气门系统出现故障后,可以使用 CONSULT-Ⅱ诊断仪对电控节气门系统故障进行诊断,也可以利用 ECU 自诊断系统进行自诊断。如果以前进行过故障码诊断,则应将点火开关转到"OFF"位置并至少等待 10 s 再进行本次诊断。自诊断系统具有单行程检测逻辑,同时具有失效—安全保护功能。当检测到故障时,ECU 进入失效—保护模式并且点亮 MIL灯。在失效—安全模式下,ECU 停止对电控节气门执行器的控制,并且通过回位弹簧使节气门保持在一个固定的开度(约 5°)。

2.1　节气门执行器故障诊断

故障码为 P1121（节气门执行器故障）。故障现象：① 节气门执行器不能正常工作；② 失效—安全模式下节气门开启角度不在规定范围内；③ ECU 检测到节气门在开启位置卡住。可能原因：节气门执行器损坏。故障判断与排除程序见图2。

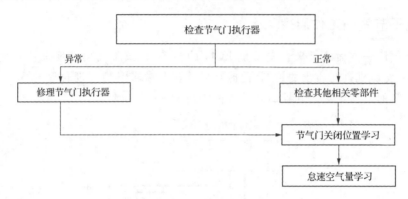

图 2　节气门位置诊断思路

2.2　节气门控制功能故障诊断

故障码为 P1122（节气门控制功能故障）。故障现象：节气门控制系统不能正常工作。可能原因：线束或插头问题（节气门电动机电路开路或短路）；节气门执行器损坏。

2.3　节气门电动机继电器故障诊断

故障码为 P1124（节气门电动机继电器电路短路）、P1126（节气门电动机继电器电路开路）。故障现象：① ECU 检测到节气门电动机继电器在闭合位置卡住；② ECU 检测到节气门电动机的电源电压过低。可能原因：① 线束或插头问题；② 节气门电动机继电器损坏。

在未诊断到电控系统故障码的情况下，可以拆卸、清洗节气门体及其节气门控制执行器，检修或更换相关零部件，排除节气门卡滞等情况。

3　电控节气门系统的检测与维修

首先拆下进气道，检查在节气门与节气门体之间是否有异物卡住。若有异物卡住，清除异物并清洁电控节气门控制执行器内部；若没有异物卡住，则进行以下检修。

（1）发动机接地螺钉的检修。将点火开关转到"OFF"位置，松开发动机接地螺栓，检查并清除异物，然后重新紧固发动机接缝螺钉。

（2）节气门电动机接地电路开路或短路的检修。断开 ECU 线束插头，检查 ECU 端口115 与接地之间线束的导通性，应导通。同时检查线束是否与电源短路。若有异常，修理不导通或与电源短路的线索、插头。

（3）节气门电动机继电器电源的检修。将点火开关转到"OFF"位置，断开节气门电动机继电器线束插头，使用 CONSULT-Ⅱ诊疑仪测试节气门电动机继电器端口 2、5 与接地之间的电压，应为蓄电池电压。

（4）节气门电动机继电器输入信号电路开路或短路的检修。断开 ECU 线束插头，检查 ECU 端口 113 与节气门电动机继电器端口 3 之间线束的导通性，应导通。同时检查线束是否或电源短路。若有异常，修理不导通或与接地、电源短路的线束、插头。

（5）节气门电动机继电器输出信号电路开路或短路的检修。检查 ECU 端口 112 与节气门电动机继电器端口 1 之间线束的导通性，应导通。同时检查线束是否与接地或电源短路。若有异常，修理不导通或与接地、电源短路的线束、插头。

（6）节气门电动机输出信号电路开路或短路的检修。将点火开关转翻"OFF"位置，断开节节气门执行器线束插头，断开 ECU 线束插头，检查节气门执行器端口 3、6 与 ECU 端口 114、116 之间线束的导通性。端口 3 与 114 之间不应导通，而与 116 之间应导通；端口 6 与 114 之间应导通，而与 116 之间不应导通。同时检查线束是否与接地短路或与电源短路。若有异常，修理开路和接地或与电源短路的线束、插头。

（7）节气门电动机继电器的检修。在继电器端口 1 与 2 之间施加 12 V 直流电，检查继电器端口 3 与 5 之间的导通性，应导通；若不提供 12 V 直流电，则不导通。若有异常，更换节气门电动机继电器。

（8）节气门电动机屏蔽电路开路或短路的检修。断开连接插头—4，检查连接插头—4 的端口 1 与接地之间线束的导通性，应导通。同时检查线束与电路短路。若有异常，修理开路和电源短路的线束、插头。

4 节气门故障诊断实例

一辆广州本田雅阁 2.4 轿车因涉水导致发动机浸水，水进入发动机气缸内，将连杆顶弯，车主在某修理厂对发动机进行大修，出厂时，修理工发现换挡杆在 P 位时无法挂入 D 位，车辆无法行驶，被拖进特约维修站进行维修。

用故障诊断仪 HDS 进行检测，发现节气门位置传感器信号不正常，怠速工况下正常开度应约为 9%，但该车的节气门位置传感器信号显示 37%，与正常信号相差很大。

接下来对节气门位置传感器（如图 3）进行检测，正常情况下，节气门位置传感器在全闭时各接脚之间阻值分别如下：1—3 脚为 5.70 kΩ，1—2 脚为 5.66 kΩ，2—3 脚为 1.06 kΩ。而在检测中发现，该车节气门位置传感器相应阻值分别如下：1—3 脚为 9.89 kΩ，1—2 脚为 9.98 kΩ，2—3 脚为 1.60 kΩ。

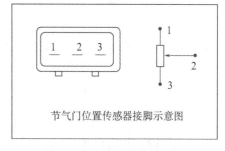

节气门位置传感器接脚示意图

图 3　节气门位置传感器

由于发动机进气系统进水，水从节气门轴进入节气门位置传感器内，造成滑动电位计阻值变大，不良信号导致自动变速器换挡模式错乱。因此为了保护自动变速器机械装置，PCM 发出信号，通过多路控制装置控制钥匙连锁电磁阀，使换挡杆锁定在 P 位上。不让车辆继续行驶，以保护发动机及自动变速器总成。

由于节气门位置传感器不可单独更换，因此只能更换节气门体总成，更换后，故障排除。

5 电控节气门系统的发展方向

（1）集成化。目前的电控节气门系统集成了怠速控制、节气门阀片回位控制、牵引力的控制,降低换挡冲击控制,定速巡航控制,车辆稳定性控制等多种功能,因此集成化有助于增加车内各个系统的内在联系,降低成本,更多地利用车辆反馈的各种信息,从而进一步提高行车系统的稳定性、可靠性。Delphi 公司的第二代电控节气门系统,还具有驾驶模式多种选择功能,催化剂起燃温度补偿功能,海拔高度补偿功能及车速/发动机转速监控等多项功能,代表了今后电控节气门的技术发展方向。

(2) 精确化。电控节气门系统在提高控制集中化、精确化的同时,必须注重电控系统的安全可靠性,提高系统的故障自诊断以及纠错能力。能在系统出现错误以及故障的时候自动启用故障保护模式,使汽车在安全模式下能够稳定工作。因此稳定的设计,及时的故障隔离和系统重构功能,将是今后电控节气门系统发展的必然趋势。

(3) 提高车辆操稳性和乘员舒适性。节气门开度是基于发动机当前功率、转速、车速,当驾驶员踩油门时,节气门开度的增加是逐渐变化的量,而稳定变化或者急速变化,使得进气控制更为有效,因此使车速不会出现急剧变化,加速的变化量更加稳定,进一步提高了可操控性也是电控节气门技术的发展趋势。

6 结 论

电子节气门控制系统可以分析驾驶者的动作及解析其意图,来产生最佳的操控及稳定性,还可以减少冷车时的废气排放。采用电子节气门的发动机,在接收到驾驶员油门最大化这样的指令时,并不会立刻将节气门阀片全开,而是根据发动机当时的转速、车速,渐进稳定地开启节气门,得到最有效率的进气控制,从而使得发动机加减速更顺畅稳定,更加经济化。

 参考文献

[1] 温锦文.浅谈节气门位置传感器的故障[J].机械研究与应用,2007,(5):8-10.
[2] 徐振华.车用节气门位置传感器的研究[D].武汉理工大学,2011:1-59.
[3] 吴继平.汽车电喷发动机无触点电子节气门的研究[J].机械工程师,2015,3:18-20.
[4] 王槟.汽车电子节气门研究发展现状及发展趋势[J].汽车工程,2015,1:34-36.
[5] 邱亚宇.简述电控节气门系统的应用与发展[J].科学技术创新,2017,29:110-111.
[6] 李雅博.发动机电控节气门控制器的研发[J].公路交通科技,2004,3:106-109.

点评:这篇文章首先分析了电子节气门的工作原理,接着以流程图为工具,写出了节气门故障的诊断思路。接着分析了检测与维修的步骤。文章还给出了具体的车辆故障诊断实例,给读者很好的参考。所以这篇毕业设计,既具有理论分析,也有故障诊断实例,和我们对高职生的要求一致。

本文的字数符合要求,配图3篇。文章书写规范,数据翔实可靠,文章分析非常具有条理性,可供同学们参考。有一定外语基础的同学,还可以增加外文文献。

自动变速器故障诊断与维修

4.1 自动变速器概述

　　自动变速器的厂牌型号很多,外部形状和内部结构也有所不同,但它们的组成基本相同,都是由液力变矩器和齿轮式自动变速器组合起来的。常见的组成部分有液力变矩器、行星齿轮机构、离合器、制动器、油泵、滤清器、管道、控制阀体、速度调压器等,按照这些部件的功能,可将它们分成液力变矩器、变速齿轮机构、供油系统、自动换挡控制系统和换挡操纵机构等五大部分。

　　1. 液力变矩器

　　液力变矩器位于自动变速器的最前端,安装在发动机的飞轮上,其作用与采用手动变速器的汽车中的离合器相似。它利用油液循环流动过程中动能的变化将发动机的动力传递至自动变速器的输入轴,并能根据汽车行驶阻力的变化,在一定范围内自动地、无级地改变传动比和扭矩比,具有一定的减速增扭功能。

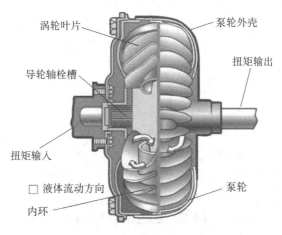

图 4 - 1　液力变矩器组成图

　　2. 变速齿轮机构

　　自动变速器中的变速齿轮机构所采用的形式有普通齿轮式和行星齿轮式两种。采用普通齿轮式的变速器,由于尺寸较大,最大传动比比较小,只有少数车型采用。目前绝大多数轿车自动变速器中的齿轮变速器采用的是行星齿轮式。

变速齿轮机构主要包括行星齿轮机构和换挡执行机构两部分。

行星齿轮机构,是自动变速器的重要组成部分之一,主要由太阳轮(也称中心轮)、内齿圈、行星架和行星齿轮等元件组成。行星齿轮机构是实现变速的机构,速比的改变是通过以不同的元件做主动件和限制不同元件的运动而实现的。在速比改变的过程中,整个行星齿轮组还存在运动,动力传递没有中断,因而实现了动力换挡。

换挡执行机构主要是用来改变行星齿轮中的主动元件或限制某个元件的运动,改变动力传递的方向和速比,主要由多片式离合器、制动器和单向超越离合器等组成。离合器的作用是把动力传给行星齿轮机构的某个元件,使之成为主动件。制动器的作用是将行星齿轮机构中的某个元件抱住,使之不动。单向超越离合器也是行星齿轮变速器的换挡元件之一,其作用和多片式离合器及制动器基本相同,也是用于固定或连接几个行星排中的某些太阳轮、行星架、齿圈等基本元件,让行星齿轮变速器组成不同传动比的挡位。

3. 供油系统

自动变速器的供油系统主要由油泵、油箱、滤清器、调压阀及管道所组成。油泵是自动变速器最重要的总成之一,它通常安装在变矩器的后方,由变矩器壳后端的轴套驱动。在发动机运转时,不论汽车是否行驶,油泵都在运转,为自动变速器中的变矩器、换挡执行机构、自动换挡控制系统提供一定油压的液压油,油压的调节由调压阀来实现。

4. 自动换挡控制系统

自动换挡控制系统能根据发动机的负荷(节气门开度)和汽车的行驶速度,按照设定的换挡规律,自动地接通或切断某些换挡离合器和制动器的供油油路,使离合器结合或分开、制动器制动或释放,以改变齿轮变速器的传动化,从而实现自动换挡。

自动变速器的自动换挡控制系统有液压控制和电液压(电子)控制两种。液压控制系统是由阀体和各种控制阀及油路所组成的,阀门和油路设置在一个板块内,称为阀体总成。不同型号的自动变速器阀体总成的安装位置有所不同,有的安装于上部,有的安装于侧面,纵置的自动变速器一般安装于下部。在液压控制系统中,增设控制某些液压油路的电磁阀,就成了电器控制的换挡控制系统,若这些电磁阀是由电子计算机控制的,则成为电子控制的换挡系统。

5. 换挡操纵机构

自动变速器的换挡操纵机构包括手动选择阀的操纵机构和节气门阀的操纵机构等。驾驶员通过自动变速器的操纵手柄改变阀板内的手动阀位置,控制系统根据手动阀的位置及节气门开度、车速、控制开关的状态等因素,利用液压自动控制原理或电子自动控制原理,按照一定的规律控制齿轮变速器中的换挡执行机构的工作,实现自动换挡。

4.2 自动变速器的工作过程

自动变速器之所以能够实现自动换挡是因为工作中驾驶员踏下油门的位置或发动机进气歧管的真空度和汽车的行驶速度能指挥自动换挡系统工作,自动换挡系统中各控制阀不同的工作状态将控制变速齿轮机构中离合器的分离与结合和制动器的制动与释放,并改变变速齿轮机构的动力传递路线,实现变速器挡位的变换。

传统的液力自动变速器根据汽车的行驶速度和节气门开度的变化,自动变速挡位。其换挡控制方式是通过机械方式将车速和节气门开度信号转换成控制油压,并将该油压加到换挡阀的两端,以控制换挡阀的位置,从而改变换挡执行元件(离合器和制动器)的油路。这样,工作液压油进入相应的执行元件,使离合器结合或分离,制动器制动或松开,控制行星齿轮变速器的升挡或降挡,从而实现自动变速。

电控液力自动变速器是在液力自动变速器基础上增设电子控制系统而形成的。它通过传感器和开关监测汽车和发动机的运行状态,接受驾驶员的指令,并将所获得的信息转换成电信号输入到电控单元。电控单元根据这些信号,通过电磁阀控制液压控制装置的换挡阀,使其打开或关闭通往换挡离合器和制动器的油路,从而控制换挡时刻和挡位的变换,以实现自动变速。其工作过程如图4-2所示。

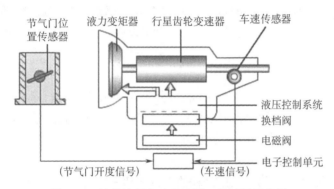

图4-2 液控液压自动变速器工作过程示意图

4.3 自动变速器的类型

不同车型所装用的自动变速器在形式、结构上往往有很大的差异,常见的分类方法和类型如下:

1. **按变速方式分类**

汽车自动变速器按变速方式的不同,可分为有级变速器和无级变速器两种。有级变速器是具有有限几个定值传动比(一般有3~5个前进挡和1个倒挡)的变速器。无级变速器是能使传动比在一定范围内连续变化的变速器,无级变速器目前在汽车上应用较少。东风日产多款车型上都使用了无级变速器。

2. **按汽车驱动方式分类**

自动变速器按照汽车驱动方式的不同,可分为后驱动自动变速器和前驱动自动变速器两种,这两种自动变速器在结构和布置上有很大的不同。后驱动自动变速器的变矩器和齿轮变速器的输入轴及输出轴在同一轴线上,发动机的动力经变矩器、自动变速器、传动轴、后驱动桥的主减速器、差速器和半轴传给左右两个后轮。这种发动机前置、后轮驱动的布置形式,其发动机和自动变速器都是纵置的,因此轴向尺寸较大,在小型客车上布置比较困难。后驱动自动变速器的阀板总成一般布置在齿轮变速器下方的油底壳内。

前驱动自动变速器除了具有与后驱动自动变速器相同的组成部分外,在自动变速器壳体内还装有差速器。前驱动汽车的发动机有纵置和横置两种。纵置发动机的前驱动自动变速器的结构和布置与后驱动自动变速器基本相同,只是在后端增加了一个差速器。横置发动机前驱动自动变速器由于汽车横向尺寸的限制,要求有较小的轴向尺寸,因此通常将输入轴和输出轴设计成两个轴线的方式:变矩器和齿轮变速器输入轴布置在上方,输出轴布置在下方。这样的布置减少了变速器总体的轴向尺寸,但增加了变速器的高度,因此常将阀板总成布置在变速器的侧面或上方,以保证汽车有足够的最小离地间隙。

3. 按自动变速器前进挡的挡位数不同分类

自动变速器按前进挡的挡位数不同,可分为2个前进挡、3个前进挡、4个前进挡三种。早期的自动变速器通常为2个前进挡或3个前进挡。这两种自动变速器都没有超速挡,其最高挡为直接挡。新型轿车装用的自动变速器基本上都是4个前进挡,即设有超速挡。这种设计虽然使自动变速器的构造更加复杂,但由于设有超速挡,因而大大改善了汽车的燃油经济性。

4. 按齿轮变速器的类型分类

自动变速器按齿轮变速器的类型不同,可分为普通齿轮式和行星齿轮式两种。普通齿轮式自动变速器体积较大,最大传动比较小,使用较少。行星齿轮式自动变速器结构紧凑,能获得较大的传动比,为绝大多数轿车采用。

5. 按变矩器的类型分类

轿车自动变速器基本上都是采用结构简单的单级三元件综合式液力变矩器。这种变矩器又分为有锁止离合器和无锁止离合器两种。早期的变矩器中没有锁止离合器,在任何工况下都是以液力的方式传递发动机动力,因此传动效率较低。新型轿车自动变速器大都采用带锁止离合器的变矩器,这样当汽车达到一定车速时,控制系统使锁止离合器结合,液力变矩器输入部分和输出部分连成一体,发动机动力以机械传递的方式直接传入齿轮变速器,从而提高了传动效率,降低了汽车的燃油消耗量。

6. 按控制方式分类

自动变速器按控制方式不同,可分为液力控制自动变速器和电子控制自动变速器两种。液力控制自动变速器是通过机械的手段,将汽车行驶时的车速及节气门开度两个参数转变为液压控制信号;阀板中的各个控制阀根据这些液压控制信号的大小,按照设定的换挡规律,通过控制换挡执行机构动作,实现自动换挡,现在使用较少。电子控制自动变速器是通过各种传感器,将发动机转速、节气门开度、车速、发动机水温、自动变速器液压油温度等参数转变为电信号,并输入电脑;电脑根据这些电信号,按照设定的换挡规律,向换挡电磁阀、油压电磁阀等发出电子控制信号;换挡电磁阀和油压电磁阀再将电脑的电子控制信号转变为液压控制信号,阀板中的各个控制阀根据这些液压控制信号,控制换挡执行机构的动作,从而实现自动换挡。

4.4　自动变速器的优缺点

每种自动变速器都有其自身的优缺点,具体表现在机械系统和控制系统中。表 4-1 给出了 5 种自动变速器的优缺点对比。

表 4-1　自动变速器的优缺点

自动变速器类型	优点	缺点
AT	实现车辆平稳起步和快速加速,利用液力传动本身特有的减震性能降低振动,提高乘坐舒适性。	液力传动的工况下效率相对较低,结构复杂。
AMT	效率高、成本低,结构简单,生产继承性好,维护保养方便。	换挡过程动力传递中断,舒适性较差。
CVT	重量轻、体积小、零件少,燃油经济性与动力性提高的潜能较大。	金属带制造困难,可传递转矩相对较小。
IVT	重量轻、零件少,结构紧凑,可实现速比过零点	对过零点的速比策略比较困难。
DCT	传动效率高,生产继承性好,可传递转矩较大。	双离合模块难以制造,且控制策略复杂。

4.5　自动变速器的机构与工作原理

现代汽车上所用自动变速器,在结构上虽有差异,但其基本结构组成和工作原理却较为相似,前面已介绍了自动变速器主要由液力变矩器、变速齿轮机构、供油系统、自动换挡控制系统、自动换挡操纵装置等部分组成。本节将分别介绍自动变速器中各组成部分的常见结构和工作原理,为自动变速器的拆装和故障检修提供必要的基本知识。

汽车上所采用的液力传动装置通常有液力耦合器和液力变矩器两种,两者均属于液力传动,即通过液体的循环流动,利用液体动能的变化来传递动力。

1. 液力耦合器的结构与工作原理

(1) 液力耦合器的结构组成

液力耦合器是一种液力传动装置,又称液力联轴器。在不考虑机械损失的情况下,输出力矩与输入力矩相等。它的主要功能有两个方面,一是防止发动机过载,二是调节工作机构的转速。其结构主要由壳体、泵轮、涡轮三个部分组成,如图 4-3所示。

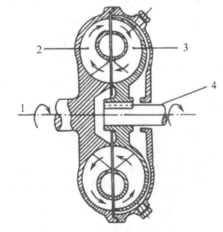

图 4-3　液力耦合器的基本构造
1—输入轴;2—泵轮叶轮;3—涡轮叶轮;4—输出轴

液力耦合器的壳体安装在发动机飞轮上,泵轮与壳体焊接在一起,随发动机曲轴的转动而转动,是液力耦合器的主动部分;涡轮和输出轴连接在一起,是液力耦合器的从动部分。泵轮和涡轮相对安装,统称为工作轮。在泵轮和涡轮上有径向排列的平直叶片,泵轮和涡轮互不接触。两者之间有一定的间隙(约 3 mm~4 mm);泵轮与涡轮装合成一个整体后,其轴线断面一般为圆形,在其内腔中充满液压油。

(2) 液力耦合器的工作原理

当发动机运转时,曲轴带动液力耦合器的壳体和泵轮同时转动,泵轮叶片内的液压油在泵轮的带动下随之一同旋转,在离心力的作用下,液压油被甩向泵叶片外缘处,并在外缘处冲向涡轮叶片,使涡轮在液压冲击力的作用下旋转。冲向涡轮叶片的液压油沿涡轮叶片向内缘流动,返回到泵轮内缘的液压油,又被泵轮再次甩向外缘。液压油就这样从泵轮流向涡轮,又从涡轮返回到泵轮而形成循环的液流。

液力耦合器中的循环液压油,在从泵轮叶片内缘流向外缘的过程中,泵轮对其做功,其速度和动能逐渐增大;而在从涡轮叶片外缘流向内缘的过程中,液压油对涡轮做功,其速度和动能逐渐减小。液力耦合器要实现传动,必须在泵轮和涡轮之间有油液的循环流动。而油液循环流动的产生,是由于泵轮和涡轮之间存在着转速差,使两轮叶片外缘处产生压力差所致。如果泵轮和涡轮的转速相等,则液力耦合器不起传动作用。因此,液力耦合器工作时,发动机的动能通过泵轮传给液压油,液压油在循环流动的过程中又将动能传给涡轮输出。由于在液力耦合器内只有泵轮和涡轮两个工作轮,液压油在循环流动的过程中,除了受泵轮和涡轮之间的作用力之外,没有受到其他任何附加的外力。根据作用力与反作用力相等的原理,液压油作用在涡轮上的扭矩应等于泵轮作用在液压油上的扭矩,即发动机传给泵轮的扭矩与涡轮上输出的扭矩相等,这就是液力耦合器的传动特点。

液力耦合器在实际工作中的情形是:汽车起步前,变速器挂上一定的挡位,启动发动机驱动泵轮旋转,而与整车连接着的涡轮即受到力矩的作用,但因其力矩不足以克服汽车的起步阻力矩,所以涡轮还不会随泵轮的转动而转动。加大节气门开度,发动机的转速提高,作用在涡轮上的力矩随之增大,当发动机转速增大到一定数值时,作用在涡轮上的力矩足以使汽车克服起步阻力而起步。随着发动机转速的继续增高,涡轮随着汽车的加速而不断加速,涡轮与泵轮转速差的数值逐渐减少。在汽车从起步开始逐步加速的过程中,液力耦合器的工作状况也在不断变化,这可用如图 4-4 所示的速度矢量图来说明。假定油液螺旋循环流动的流速 V_T 保持恒定,V_L 为泵轮和涡轮的相对线速度,V_E 为泵轮出口速度,V_R 为油液的合成速度。

当车辆即将要起步时,泵轮在发动机驱动下转动而涡轮静止不动。由于涡轮没有运动,泵轮与涡轮间的相对线速度 V_L 将达最大值,由此而得到的合成速度,即油液从泵轮进入涡轮的速度 V_R 也是最大的。油液进入涡轮的方向和泵轮出口速度之间的夹角也较小,这样液流对涡轮叶片产生的推力也就较大。

当涡轮开始旋转并逐步赶上泵轮的转速时,泵轮与涡轮间的相对线速度减小,使合成速度 V_R 减小,并使 V_R 和泵轮出口线速度 V_E 之

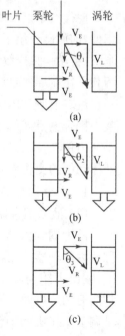

图 4-4 涡轮处于不同转速时的液流情况

间的夹角增大。这样液流对涡轮叶片的冲击力及由此力产生的承受扭矩的能力减小,不过随着汽车速度的增加,需要的驱动力矩也迅速降低。

当涡轮高速转动,即输出和输入的转速接近相同时,相对速度 V_L 和合成速度 V_R 都很小,而合成速度 V_R 与泵轮出口速度 V_E 间的夹角很大,这就使液流对涡轮叶片的推力变得很小,这将使输出元件滑动,直到有足够的循环油液对涡轮产生足够的冲击力为止。

由此可见,输出转速高时,输出转速赶上输入转速是一个连续不断的趋势,但总不会等于输入转速。除非工作状况反过来,变速器变成主动件,发动机变成被动件,涡轮的转速才会等于或高于泵轮转速。这种情况在下坡时可能会发生。

2. 液力变矩器的结构与工作原理

变矩器是液力传动中的又一种形式,是构成液力自动变速器不可缺少的重要组成部分之一。它安装在发动机的飞轮上,其作用是将发动机的动力传递给自动变速器中的齿轮机构,并具有一定的自动变速功能。自动变速器的传动效率主要取决于变矩器的结构和性能。常用液力变矩器的形式有一般形式液力变矩器、综合式液力变矩器和锁止式液力变矩器,其中综合式液力变矩器的应用较为广泛。

(1) 一般形式液力变矩器的结构与工作原理

液力变矩器的结构与液力耦合器相似,它有 3 个工作轮,即泵轮、涡轮和异轮。泵轮和涡轮的构造与液力耦合器基本相同;导轮则位于泵轮和涡轮之间,并与泵轮和涡轮保持一定的轴向间隙,通过导轮固定套固定于变速器壳体上(如图 4 - 5)。

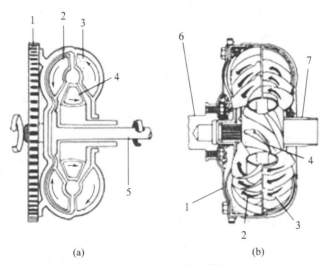

(a)　　　　　　　　　　(b)

图 4 - 5　液力变矩器

1—飞轮;2—涡轮;3—泵轮;4—导轮;5—变矩器输出轴;6—曲轴;7—导轮固定套

发动机运转时带动液力变矩器的壳体和泵轮与之一同旋转,泵轮内的液压油在离心力的作用下,由泵轮叶片外缘冲向涡轮,并沿涡轮叶片流向导轮,再经导轮叶片内缘,形成循环的液流。导轮的作用是改变涡轮上的输出扭矩。由于从涡轮叶片下缘流向导轮的液压油仍有相当大的冲击力,只要将泵轮、涡轮和导轮的叶片设计成一定的形状和角度,就可以利用上述冲击力来提高涡轮的输出扭矩。

（2）综合式液力变矩器的结构与工作原理

目前在装用自动变速器的汽车上使用的变矩器大多是综合式液力变矩器（如图4-6）。

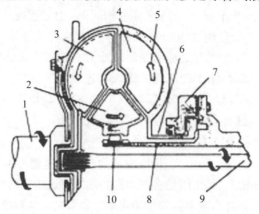

图4-6　综合式液力变矩器

1—曲轴；2—导轮；3—涡轮；4—泵轮；5—液流；6—变矩器轴套；7—油泵；
8—导轮固定套；9—变矩器输出轴；10—单向超越离合器

它和一般形式液力变矩器的不同之处在于它的导轮不是完全固定不动的，而是通过单向超越离合器支承在固定于变速器壳体的导轮固定套上。单向超越离合器使导轮可以朝顺时针方向旋转（从发动机前面看），但不能朝逆时针方向旋转。当涡轮转速较低时，从涡轮流出的液压油从正面冲击导轮叶片，对导轮施加一个朝逆时针方向旋转的力矩，但由于单向超越离合器在逆时针方向具有锁止作用，将导轮锁止在导轮固定套上固定不动，因此这时该变矩器的工作特性和液力变矩器相同，涡轮上的输出扭矩大于泵轮上的输入扭矩，即具有一定的增扭作用。当涡轮转速增大到某一数值时，液压油对导轮的冲击方向与导轮叶片之间的夹角为0，此时涡轮上的输出扭矩等于泵轮上的输入扭矩。若涡轮转速继续增大，液压油将从反面冲击导轮，对导轮产生一个顺时针方向的扭矩。由于单向超越离合器在顺时针方向没有锁止作用，可以像轴承一样滑转，所以导轮在液压油的冲击作用下开始朝顺时针方向旋转。由于自由转动的导轮对液压油没有反作用力矩，液压油只受到泵轮和涡轮的反作用力矩的作用。因此这时该变矩器不能起增扭作用，其工作特性和液力耦合器相同，涡轮转速较高，该变矩器亦处于高效率的工作范围。

导轮开始空转的工作点称为耦合点。由上述分析可知，综合式液力变矩器在涡轮转速由0至耦合点的工作范围内按液力变矩器的特性工作，在涡轮转速超过耦合点转速之后按液力耦合器的特性工作。因此，这种变矩器既利用了液力变矩器在涡轮转速较低时所具有的增扭特性，又利用了液力耦合器涡轮转速较高时所具有的高传动效率的特性。

（3）锁止式液力变矩器的结构与工作原理

变矩器是用液力来传递汽车动力的，而液压油的内部摩擦会造成一定的能量损失，因此传动效率较低。为提高汽车的传动效率，减少燃油消耗，现代很多轿车的自动变速器采用一种带锁止离合器的综合式液力变矩器。这种变矩器内有一个由液压油操纵的锁止离合器，锁止离合器的主动盘即为变矩器壳体，从动盘是一个可做轴向移动的压盘，它通过花键套与涡轮连接（如图4-7）。压盘背面的液压油与变矩器泵轮、涡轮中的液压油相通，保持一定的油压（该压力称为变矩器压力）；压盘左侧（压盘与变矩器壳体之间）的液压油通过变矩器输出轴中间的控制油道与阀板总成上的锁止控制阀相通,锁止控制阀由自动变速器电脑通过锁止电磁阀来控制。

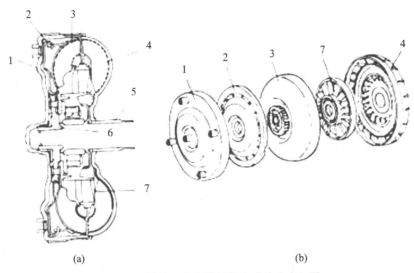

图4-7　带锁止离合器的综合式液力变矩器
1—前壳体;2—离合器总成;3—涡轮;4—泵轮;5—泵轮轮毂;
6—变矩器输出油;7—导轮及单向离合器

自动变速器电脑根据车速、节气门开度、发动机转速、变速器液压油温度、操纵手柄位置、控制模式等因素,按照设定的锁止控制程序向锁止电磁阀发出控制信号,操纵锁止控制阀,以改变锁止离合器压盘两侧的油压,从而控制锁止离合器的工作。当车速较低时,锁止控制阀让液压油从油道B进入变矩器,使锁止离合器压盘两侧保持相同的油压,锁止离合器处于分离状态,这时输入变矩器的动力完全通过液压油传至涡轮。当汽车在良好的道路上高速行驶,且车速、节气门开度、变速器液压油温度等因素符合一定要求时,电脑即操纵锁止控制阀,让液压油从油道C进入变矩器,而让油道B与泄油口相通,使锁止离合器压盘左侧的油压下降。由于压盘背面的液压油压力仍为变矩器压力,从而使压盘在前后两面压力差的作用下压紧在主动盘(变矩器壳体)上,这时输入变矩器的动力通过锁止离合器的机械连接,由压盘直接传至涡轮输出,传动效率为100%。另外,锁止离合器在结合时还能减少变矩器中的液压油因液体摩擦而产生的热量,有利于降低液压油的温度。有些车型的液力变矩器的锁止离合器盘上还装有减振弹簧,以减小锁止离合器在结合瞬间产生的冲击力。

4.6　自动变速器的检修

对于有故障的自动变速器应先进行性能检验,以确认其故障范围,为进一步的分解修理提供依据。修前检测是从诊断故障和确定修理部位出发,在车上做必要的检查或测试。自动变速器在修理完毕后,也应进行全面的性能检查,修后检查是为了鉴定修理质量,检验自动变速器的各项性能指标是否达到标准要求。

自动变速器的油位不当、油质不佳、联动机构调节不当以及发动机怠速不正常,是引起自动变速器产生故障的最常见原因。通常把对这些部件的检查与重新调整,叫作自动变速器的基本检查。无论具体故障是什么,这种基本检查总是要进行,而且也是首先进行的。基本检查和调整项目包括:油面检查、油质检查、液压控制系统漏油检查、油门拉索检查和调整、换挡杆位置检查和调整、空挡启动开关和怠速检查。

1. 油面检查

在对变速器进行检查前或故障诊断前,首先要对变速器油面高度进行检查,一般在车辆行驶 10 000 km 后检查油液面。

变速器与差速器有一公用的油池,其间是相通的。在拉出油尺之前,应将护罩及手柄上的脏东西都擦干净。把选挡手柄放在 P 位或 N 位(空挡),发动机在怠速时至少运转 1 min,汽车必须停放在水平路面上,这样才能确保在差速器和变速器之间的油面高度正常、稳定。

检查应在油液正常工作温度(50 ℃~90 ℃)时进行。

自动变速器油面检查的具体方法如下:

(1) 将汽车停放在水平地面上,并拉紧手制动。

(2) 让发动机怠速运转 1 min 以上。

(3) 踩住制动踏板,将操纵手柄拨至倒挡(R)、前进挡(D)、前进低挡(S,L 或 2,1 等位置),并在每个挡位上停留几秒钟,使液力变矩器和所有换挡执行元件中都充满液压油,最后将操纵手柄拨至停车挡(P)位置。

(4) 从加油管内拔出自动变速器油尺,将擦干净的油尺全部插入加油管后再拔出,检查油尺上的油面高度。液压油油面高度的标准是:如果自动变速器处于冷态(即冷车刚刚启动,液压油的温度较低,为室温或低于 25 ℃时),液压油油面高度应在油尺刻线的下限附近;如果自动变速器处于热态(如低速行驶 5 min 以上,液压油温度已达 70 ℃~80 ℃),油面高度应在油尺刻线的上限附近。这是因为低温时液压油的黏度大,运转时有较多的液压油附着在行星齿轮等零件上,所以油面高度较低;高温时液压油黏度小,容易流回油。

(5) 若油面高度过低,应从加油管处添加合适的液压油,直至油面高度符合标准为止。继续运转发动机,检查自动变速器油底壳,油管接头等处有无漏油。如有漏油,应立即予以修复。在进行自动变速器调整、加注液压油,并经试车之后,应重新检查自动变速器液压油的油面高度是否正常,油底壳、油管接头等处有无漏油。

2. 油质检查

变速器在正常工作温度下一般能行驶约 40 000 km 或 24 个月,影响油液和变速器使用寿命的最重要因素之一是油液的温度,而影响油液温度的主要因素是液力变矩器有故障,离合器、制动器滑转或分离不彻底,单向离合器滑转和油冷却器堵塞等,所以油液温度过高或急剧上升是十分重要和危险的信号,说明自动变速器内部有故障或油量不够。若发现温度过高时,应当立即停止检查。延长自动变速器使用寿命的关键就在于经常检查油面及油液的温度和状态。

油液温度过高,将会使油液黏性下降、性能变坏(产生油膏沉淀和积炭)、堵塞细小量孔、卡滞控制阀门、降低润滑效果、破坏橡胶密封部件,从而导致变速器损坏。

检查变速器油的气味和状态也是十分重要的。油液的气味和状态可以表明自动变速器的工作状态。检查油液时,从油尺上嗅一嗅油液的气味,在手指上点少许油液,用手指互相摩擦看是否有渣粒,或将油尺上的液压油滴在干净的白纸上,检查液压油的颜色及气味。正常液压油的颜色一般为粉红色,且无气味。如液压油呈棕色或有焦味,说明已变质(变质原因详见表 4-2 的分析），应立即换油。

表 4-2　油质与故障原因

油液状态	变质原因
油液变为深褐色或深红色	1. 没有及时更换油液 2. 长期重载荷运转，某些部件打滑或损坏引起变速器过热
油液中有金属屑	离合器盘、制动器盘或单向离合器严重磨损
油尺上黏附胶质油膏	变速器油温过高
油液有烧焦气味	1. 油温过高、油面过低 2. 油冷却器或管路堵塞
油液从加油管溢出	油面过高或通气孔堵塞

换油时应优先采用车辆随车手册上推荐使用的变速器油，也可使用 8 号自动传动油，无推荐用油时，可用国内的 22 号透平油、液力变矩Ⅰ号、Ⅱ号油。某些轿车自动变速器使用 DEXRON-Ⅱ或 M-Ⅲ型液压油。这两种液压油稳定性好，使用寿命长。注意切不可用齿轮油或机油代替液压油，否则会造成自动变速器的严重损坏。

3. 液压控制系统漏油检查与液压油的更换

(1) 液压控制系统漏油检查

液压控制系统的各连接部位上都有油封和密封垫，这些部件是常发生漏油的地方。液压系统漏油会引起油路压力下降，油位下降是换挡打滑和延迟的常见原因。

(2) 液压油的更换

自动变速器换油的具体方法可参照如下方法进行：

① 车辆运行至自动变速器达到正常工作温度，油温 70 ℃～80 ℃后停车熄火。

② 拆下自动变速器油底壳上的放油螺塞，将油底壳内的液压油放净。有些车型的自动变速器油底壳上没有放油螺塞，应拆下整个油底壳，然后放油。拆油底壳时应先将后半部油底壳螺钉拆下，拧松前半部油底壳螺钉，再将后半部油底壳撬离变速器壳体，放出部分液压油，最后再将整个油底壳拆下。

③ 拆下油底壳，将油底壳清洗干净。有些自动变速器的油底壳上的放油螺塞为磁性螺塞，也有些自动变速器在油底壳内专门放置一块磁铁，以吸附铁屑。清洗时必须注意将螺塞或磁铁上的铁屑清洗干净后放回。

④ 拆下自动变速器液压油散热器油管接头，用压缩空气将散热器的残余液压油吹出，再装好油管接头。

⑤ 装好油底壳和放油螺塞。

⑥ 从自动变速器加油管中加入规定牌号的液压油。一般自动变速器油底壳内的贮油量为 4 L 左右。

⑦ 启动发动机，检查自动变速器油面高度。要注意由于新加入的油液温度较低，油面高度应在油尺刻线的下限附近。如油面高度太低，应继续加油至规定油面高度。

⑧ 让汽车行驶至发动机和自动变速器达到正常工作温度，再次检查油面高度是否在油尺线的上限附近。如过低，应继续加油，直至满足规定要求为止。

⑨ 如果不慎加入过多液压油,使油面高于规定的高度,切不可凑合使用。因为当油面过高时,行驶中油液被行星排剧烈地搅动,产生大量的泡沫,这些带有泡沫的液压油进入油泵和控制系统后,对自动变速器的工作极为不利。其后果和油面高度不足一样,会造成油压过低,导致自动变速器内的摩擦元件打滑磨损。因此油面过高时,应把油放掉一些。有放油螺塞的自动变速器只要把螺塞打开即可放油;没有放油螺塞的自动变速器在需少量放油时,可从加油管处往外吸。

一般自动变速器的总油量为 10 L 左右,按上述方法换油时,变矩器内的液压油是无法放出的。若液压油严重变质,必须全部更换时,可先按上述方法换油,然后让汽车行驶约 5 min 后再次换油。

4. 节气门拉索的检查和调整

节气门拉索的检查:节气门的开度将影响自动变速器的换挡时间,发动机熄火后,节气门应全闭,当油门踩死时,节气门应全开。节气门拉索的索芯不应松弛,索套端和索芯上限位之间的距离应在 0～1 mm 之间。若节气门拉索调整不当,对于液力控制自动变速器来说,会导致换挡时刻不正常,造成过早或过迟换挡,使汽车加速性能变差或产生换挡冲击;对于电子控制自动变速器来说,会导致主油路压力异常,造成油压过低或过高,使换挡执行元件打滑或产生换挡冲击。

① 推动油门踏板连杆,检查油门是否全开,如油门不全开,则应调油门踏板连杆;

② 把油门踏板踩到底;

③ 把调整螺母拧松;

④ 调整油门拉线;

⑤ 拧动调整螺母,使橡皮套与拉线止动器间的距离为 0～1 mm;

⑥ 拧紧调整螺母;

⑦ 重新检查调整情况。

5. 操纵手柄位置的检查和调整

操纵手柄调整不当,会使操纵手柄的位置与自动变速器阀板中手动阀的实际位置不符,造成挂不进停车挡或前进低挡,又或者操纵手柄的位置与仪表盘上挡位指示灯的显示不符,甚至造成在空挡或停车挡时无法启动发动机。

操纵手柄的调整方法如下:

(1) 拆下操纵手柄与自动变速器手动阀摇臂之间的连接杆。

(2) 将操纵手柄拨至空挡位置。

(3) 将手动阀摇臂向后拨至极限位置(停车挡位置),然后再退回 2 格,使手动阀摇臂处于空挡位置。

(4) 稍用力将操纵手柄靠向 R 位方向,然后连接并固定操纵手柄与手动阀摇臂之间的连杆。

6. 挡位开关的检查和调整

将操纵手柄拨至各个挡位,检查挡位指示灯与操纵手柄位置是否一致、P 位和 N 位时发动机能否启动、R 位时倒挡灯是否亮起。发动机应只能在空挡(N 挡)和驻车挡(P 挡)启动,其他挡位不能启动,若有异常,应调节空挡启动开关螺栓和开关电路。

(1) 松开挡位开关的固定螺钉,将操纵手柄放到 N 挡位。

（2）将槽口对准空挡基准线。有些自动变速器的挡位开关外壳上刻有一条基准线，调整时应将基准线和手动阀摇臂轴上的槽口对齐；也有一些自动变速器的挡位开关上有一个定位孔，调整时应使摇臂上的定位孔和挡位开关上的定位孔对准。

（3）挡位开关的位置调整好后进行固定。

7. 怠速检查

发动机怠速不正常，特别是怠速过高时，会使自动变速器工作不正常，出现换挡冲击等故障，因此在对自动变速器做进一步的检查之前应先检查发动机的怠速是否正常。检查怠速时应将自动变速器操纵手柄置于停车挡（P）或者空挡（N）的位置。通常装有自动变速器的汽车发动机怠速为 750 r/min，若发动机怠速过高或者过低，都必须调整。

8. 手动换挡试验与检验

对于电子控制自动变速器而言，为了确定故障存在的部位，区分故障是由机械系统、液压系统引起，还是由电子控制系统引起的，可进行手动换挡试验。

所谓手动换挡试验就是将电子控制自动变速器所有换挡电磁阀的线束插头全部脱开，此时电脑不能通过换挡电磁阀来控制换挡，自动变速器的换挡取决于操纵手柄的位置。不同车型的电子控制自动变速器在脱开换挡电磁阀线束插头后的挡位和操纵手柄的关系不完全相同。手动换挡试验的步骤如下：

（1）脱开电子控制自动变速器的所有换挡电磁阀线束插头。

（2）启动发动机，将操纵手柄拨至不同位置，然后进行道路试验（也可以将驱动轮悬空，进行台架试验）。

（3）观察发动机转速和车速的对应关系，以判断自动变速器所处的挡位。不同挡位时发动机转速与车速的关系可参考表 4-3。由于变矩器的减速作用与传递的扭矩有关，因此表中车速只能作为参考，实际车速将随着行驶中油门开度的不同而产生一定的变化。

表 4-3 自动变速器不同挡位时发动机转速和车速的关系

挡位	发动机转速（r/min）	车速（km/h）
1 挡	2 000	18～22
2 挡	2 000	34～38
3 挡	2 000	50～55
超速挡	2 000	70～75

（4）若操纵手柄位于不同位置时，自动变速器所处的挡位与表 4-3 相同，说明电子控制自动变速器的阀板及换挡执行元件基本上工作正常；否则，说明自动变速器的阀板或换挡执行元件有故障。

（5）试验结束后，接上电磁阀线束插头。

（6）清除电脑中的故障代码，防止因脱开电磁阀线束插头而产生的故障代码保存在电脑中，影响自动变速器的故障自诊断工作。

4.7　自动变速器常见故障诊断与维修

汽车自动变速器在使用中,随着技术状态的下降会出现一系列故障,常见的故障会通过一定的现象特征表现出来,不同车型由于结构上有所不同,其故障原因会有所差异,但故障产生的常见原因和故障诊断方法是基本相同的。

4.7.1　汽车不能行驶故障的诊断与维修

1. 故障现象

(1) 无论操纵手柄位于倒挡、前进挡或前进低挡,汽车都不能行驶。

(2) 冷车启动后汽车能行驶一小段路程,但热车状态下汽车不能行驶。

2. 故障原因

(1) 自动变速器油底渗漏,液压油全部漏光

(2) 操纵手柄和手动阀摇臂之间的连杆或拉索松脱,手动阀保持在空挡或停车挡位置。

(3) 油泵进油滤网堵塞。

(4) 主油路严重泄漏。

(5) 油泵损坏

3. 故障诊断与维修

(1) 检查自动变速器内有无液压油。其方法是:拔出自动变速器的油尺,观察油尺上有无液压油。若油尺上没有液压油,说明自动变速器内的液压油已漏光。对此,应检查油底壳,液压油散热器、油管等处有无破损而导致漏油。如有严重漏油处,应修复后重新加油。

(2) 检查自动变速器操纵手柄与手动阀摇臂之间的连杆或拉索有无松脱。如果有松脱,应予以装复,并重新调整好操纵手柄的位置。

(3) 拆下主油路测压孔上的螺塞,启动发动机,将操纵手柄拨至前进挡或倒挡位置,检查测压孔内有无液压油流出。

(4) 若主油路测压孔内没有液压油流出,应打开油底壳,检查手动阀摇臂轴与摇臂间有无松脱,手动阀阀芯有无折断或脱钩。若手动阀工作正常,则说明油泵损坏。对此,应拆卸分解自动变速器,更换油泵。

(5) 若主油路测压孔内只有少量液压油流出,油压很低或基本上没有油压,应打开油底壳,检查油泵进油滤网有无堵塞。若无堵塞,说明油泵损坏或主油路严重泄露,对此,应拆卸分解自动变速器,予以维修。

(6) 若冷车启动时主油路有一定的油压,但热车后油压明显下降,说明油泵磨损过甚。对此,应更换油泵。

(7) 若测压孔内有大量液压油喷出,说明主油路油压正常,故障出在自动变速器中的输入轴、行星排或输出轴。对此,应拆检自动变速器。

4.7.2　自动变速器打滑故障的诊断与维修

1. 故障现象

(1) 起步时踩下油门踏板,发动机转速很快升高但车速升高缓慢。

(2) 行驶中踩下油门踏板加速时,发动机转速升高但车速没有很快提高。

(3) 平路行驶基本正常,但上坡无力,且发动机转速很高。

2. 故障原因

(1) 液压油油面太低。

(2) 液压油油面太高,运转中被行星排剧烈搅动后产生大量气泡。

(3) 离合器或制动器摩擦片、制动带磨损过甚或烧焦。

(4) 油泵磨损过甚或主油路泄漏,造成油路油压过低。

(5) 单向超越离合器打滑。

(6) 离合器或制动器活塞密封圈损坏,导致漏油。

(7) 减振器活塞密封圈损坏,导致漏油。

3. 故障诊断与维修

打滑是自动变速器中最常见的故障之一。虽然自动变速器打滑往往都伴有离合器或制动器摩擦片严重磨损甚至烧焦等现象,但如果只是简单地更换磨损的摩擦片而没有找出打滑的真正原因,则会使修后的自动变速器使用一段时间后又出现打滑现象。因此,对于出现打滑的自动变速器,不要急于拆卸分解,应先做各种检查测试,以找出造成打滑的真正原因。

(1) 对于出现打滑现象的自动变速器,应先检查其液压油的油面高度和品质。若油面过低或过高,应先调整至正常后再做检查。若油面调整正常后自动变速器不再打滑,可不必拆修自动变速器。

(2) 检查液压油的品质。若液压油呈棕黑色或有烧焦味,说明离合器或制动器的摩擦片或制动带有烧焦,应拆修自动变速器。

(3) 做路试,以确定自动变速器是否打滑,并检查出现打滑的挡位和打滑的程度。将操纵手柄拨入不同的位置,让汽车行驶。若自动变速器升至某一挡位时发动机转速突然升高。但车速没有相应地提高,即说明该挡位有打滑。

4.7.3　换挡冲击过大故障的诊断与维修

1. 故障现象

(1) 在起步时,由停车挡或空挡挂入倒挡或前进挡时,汽车振动较严重。

(2) 行驶中,在自动变速器升挡的瞬间汽车有较明显的振动。

(3) 平路行驶基本正常,但上坡无力,且发动机转速很高。

2. 故障原因

导致自动变速器换挡冲击大的故障原因很多,主要原因在于调整不当,机构元件性能下降或损坏,电子控制系统有故障,具体原因有:

(1) 发动机怠速过高。

(2) 节气门拉索或节气门位置传感器调整不当,使主油路油压过高。

（3）升挡过迟。

（4）真空式节气门阀的真空软管破裂或松脱。

（5）主油路调压阀有故障,使主油路油压过高。

（6）减振器活塞卡住,不能起减振作用。

（7）单向阀钢球漏装,换挡执行元件(离合器或制动器)接合过快。

（8）换挡执行元件打滑。

（9）油压电磁阀不工作。

（10）电脑有故障。

3. 故障诊断与维修

由于引起换挡冲击的原因较多,因此,在诊断故障的过程中,必须循序渐进,对自动变速器的各个部分做认真的检查。一定要在全面检测的基础上,有针对性地进行分解修理,切不可盲目地拆修。总体而言,若是由于调整不当所造成的,只要稍做调整即可排除;若是自动变速器内部控制阀、减振器或换挡执行元件有故障,应分解自动变速器,予以修理;若是电子控制系统有故障,应对电子控制系统进行检测,找出具体原因,加以排除。具体检查诊断与排除步骤如下：

（1）检查发动机怠速。装用自动变速器的汽车的发动机怠速一般为 750 r/min 左右。若怠速过高,应按标准予以调整。

（2）检查节气门拉索或节气门位置传感器的调整情况。如不符合标准,应重新予以调整。

（3）检查真空式节气门阀的真空软管。如有破裂,应更换;如有松脱,应重新连接。

（4）做道路试验。如果有升挡过迟的现象,则说明换挡冲击大的故障是升挡过迟所致。如果在升挡之前发动机转速异常升高,导致在升挡的瞬间有较大的换挡冲击,则说明离合器或制动器打滑,应分解自动变速器,予以修理。

（5）检测主油路油压。如果怠速时的主油路油压高,则说明主油路调压阀或节气门阀有故障,可能是调压弹簧的预紧力过大或阀芯卡滞所致;如果怠速时主油路油压正常,但起步进挡时有较大的冲击,则说明前进离合器或倒挡及高挡离合器的进油单向阀阀球损坏或漏装。对此,应拆卸阀板,予以修理。

（6）检测换挡时的主油路油压。在正常情况下,换挡时的主油路油压会有瞬时的下降。如果换挡时主油路油压没有下降,则说明减振器活塞卡滞。对此,应拆检阀板和减振器。

（7）电子控制自动变速器如果出现换挡冲击过大的故障,应检查油压电磁阀的线路以及油压电磁阀工作是否正常、电脑是否在换挡的瞬间向油压电磁阀发出控制信号。如果线路有故障,应予以修复;如果电磁阀损坏,应更换电磁阀;如果电脑在换挡的瞬间没有向油压电磁阀发出控制信号,说明电脑有故障,对此,应更换电脑。

4.7.4　升挡过迟故障的诊断与维修

1. 故障现象

（1）在汽车行驶中,升挡车速明显高于标准值,升挡前发动机转速偏高。

（2）必须采用松油门提前升挡的操作方法,才能使自动变速器升入高挡或超速挡。

2. 故障原因

（1）节气门拉索或节气门位置传感器调整不当。

（2）节气门位置传感器损坏。

（3）调速器卡滞。

（4）调速器弹簧预紧力过大。

（5）调速器壳体螺栓松动或输出轴上的调速器进出油孔处的密封环磨损，导致调速器油路泄漏。

（6）真空式节气门阀推杆调整不当。

（7）真空式节气门阀的真空软管破裂或真空膜片室漏气。

（8）主油路油压或节气门油压太高。

（9）强制降挡开关短路。

（10）电脑或传感器有故障。

3. 故障诊断与维修

（1）对于电子控制自动变速器，应先进行故障自诊断。如有故障代码，则按所显示的故障代码查找故障原因。

（2）检查节气门拉索或节气门位置传感器的调整情况。如果不符合标准，应重新予以调整。

（3）测量节气门位置传感器的电阻。如果不符合标准，应予以更换。

（4）对于采用真空式节气门阀的自动变速器，应拔下真空式节气门阀上的真空软管，检查在发动机运转中真空软管内有无吸力。如果没有吸力，说明真空软管破裂、松脱或堵塞。对此，应予以修复。

（5）检查强制降挡开关。如有短路，应予以修复或更换。

（6）测量怠速时的主油路油压，并与标准值进行比较。若油压太高，应通过节气门拉索或节气门位置传感器予以调整。采用真空式节气门阀的自动变速器，应采用减少节气门阀推杆的长度的方法，予以调整。若调整无效，应拆检主油路调压阀或节气门阀。

（7）用举升器将汽车升起，让驱动轮悬空，然后启动发动机，挂上前进挡，让自动变速器运转，同时测量调速器油压。调速器油压应能随车速的升高而增大，将不同转速下测得的调速器油压与《自动变速器维修手册》上的标准进行比较。若油压值低于标准值，说明调速器有故障或调速器油路有泄漏。对此，应拆卸自动变速器，检查调速器固定螺栓有无松动，调速器油路上的各处密封圈或密封环有无磨损漏油，调整器阀芯有无卡滞或磨损过甚，调速弹簧是否太硬。

（8）若调速器油压正常，则升挡过迟的故障原因为换挡阀工作不良。对此，应拆检或更换阀板。

4.7.5　自动变速器异响故障的诊断与维护

1. 故障现象

（1）在汽车运转过程中，自动变速器内始终有一异常响声。

（2）汽车行驶中自动变速器有异响，停车挂空挡后异响消失。

2. 故障原因

(1) 油泵因磨损过甚或液压油油面高度过低、过高而产生异响。

(2) 变矩器因锁止离合器、导轮单向超越离合器等损坏而产生异响。

(3) 行星齿轮机构异响。

(4) 换挡执行元件异响。

3. 故障诊断与维修

(1) 检查自动变速器液压油油面高度。若太高或者太低,应调整至正常高度。

(2) 用举升器将汽车升起,启动发动机,在空挡、前进挡、倒挡等状态下检查自动变速器产生异响的部位和位置。

(3) 若在任何挡位下自动变速器中始终有一连续的异响,通常为油泵或变矩器异响。对此,应拆检自动变速器,检查油泵有无磨损、变矩器内有无大量摩擦粉末。如有异常,应更换油泵或变矩器。

(4) 若自动变速器只在行驶中才有异响,空挡时无异响,则为行星齿轮机构异响。对此,应分解自动变速器,检查行星排各个零件有无磨损痕迹,齿轮有无断裂,单向超越离合器有无磨损、卡滞,轴承或止推垫片有无损坏。若有异常,应予以更换。

毕业设计参考范文一

自动变速器结构与检修之我见

摘要:本文主要介绍了汽车自动变速器结构、发展、工作原理以及常见车型自动变速器故障检测、诊断、维修和试验方法。以一辆本田雅阁为例,主要对自动变速器的常见故障进行了排除,再根据自动变速器曾经大修过这一线索,分析了自动变速器的电器设备,并最终找到了解决方法,为其维修诊断提供参考。

关键字:自动变速器;结构;工作原理;故障分析;故障排除

1 前 言

随着汽车工业的迅速发展,汽车保有量以惊人的速度在增加。消费者对汽车的要求也越来越高,采用自动变速器实现车辆自动换挡,是提高汽车舒适性、使用性和降低排放污染的有效措施,载有的车辆因此越来越受消费者喜爱。自动变速器是相对于手动变速器而出现的一种能够根据汽车车速和发动机转速来进行自动换挡操纵的变速装置。自动变速器一般由变矩器,行星齿轮机构,液压控制系统,电子控制系统等组成。自动变速器将发动机的动力由变矩器从发动机飞轮上传递给输入轴上,再根据车速与节气门的开度来控制行星齿轮机构,将动力变速后,再由输出轴输出并由万向节传递给汽车的后桥。自动变速器中换挡是由液压控制系统与电子控制系统根据汽车各传感器的数值经汽车 ECU 计算分析来控制的。

然而,消费者在使用过程中,自动变速器常常会发生一些故障。本文就针对本田雅阁自动变速器的维修方法进行了阐述。

2 维修过程

一辆行驶里程约15万千米、搭载BCLA型5速自动变速器的2011款广汽本田雅阁2.4轿车。该车因变速器换油不及时导致了离合片高温烧损,经过大修后出现了D挡起步加速时换挡迟缓并伴有明显的顿挫感。作者试车之后,故障现象与车主反映一致。初步确定该车故障为低速换挡冲击问题。目测该车变速器外观没有破损漏油的现象。

BCLA变速器是一款平衡轴式变速器,主要包括了5个前进挡离合器、5个换挡电磁阀(A、B、C、D、E),3个离合器压力控制电磁阀(A、B、C)以及2挡和3挡压力开关各1个,电控单元PCM通过换挡控制及锁止控制来完成汽车各种行驶要求,其原理是在手控制阀选定位置后,控制单元根据发动机转速、车速、节气门开度等信号,综合分析得出汽车的实际工况之后,再与PCM中存储的最佳换挡规律进行逻辑分析及比较,并最终精确得出变速器所需的最佳挡位和换挡时刻(包括液力变矩器的锁止时刻),然后控制换挡5个电磁阀的不同逻辑组合状态,最后控制液压阀和离合器等液压执行机构进行换挡。

根据其工作原理和以往维修经验,分析自动变速器出现换挡冲击的可能原因有两种:一种是机械传动部件故障引起的,例如离合器片因磨损产生过大的间隙、节气门位置传感器调整不当、主调压阀卡滞、蓄压器问题、单向阀钢球磨损导致结合器结合过快等;另一种是电子元件故障,比如节气门位置传感器信号异常、电磁阀故障、离合器压力开关故障等,也会致使变速器换挡时机不正确而产生冲击。

为了尽快找出问题所在,我们并没有盲目地去拆解变速器,而是积极与车主进行沟通,得知之前该车自动变速器是进行大修之后才出现问题,那么维修过程中是否存在安装操作不当或者是线束插头连接不良。带着这一疑问,对自动变速器进行了基本检查:各电气插头连接正常,变速器总线束与电控单元的线插连接良好,自动变速器油大修后更换了ATF,因此油量、颜色等一切正常。发动机热车后怠速840 r/min属于正常,在D、R挡位进行失速实验,结果均在2 240~2 310 r/min之内,属于标准范围,说明发动机及变速器的基本工况正常。本着"从外到内,从简到繁"的原则,我们有针对性地进行分解检查。

首先使用HDS(本田诊断系统)对车辆进行故障码读取。从驾驶位脚上方找出诊断接头,连接解码器后,打开点火开关,读出的故障代码信息:P0752—换挡电磁A卡在打开位置。尝试清除故障码之后再试车,结果故障依旧。故障码信息和汽车的故障现象相符合,因此重点检查换挡电磁阀A的线路是否由于大修装配时的碰伤、拉扯造成内部短路或断路的问题。根据这一思路对换挡电磁阀A开展检查。该车是通过5个换挡电磁阀A、B、C、D和E的逻辑组合状态来控制油路变换,进而实现换挡的,所以重点分析电磁阀A在各挡位的工作情况。查阅相关维修资料的数据之后,在汽车故障出现的情况下读取电磁阀数据如表1所示。

保持在各个挡位,对比维修手册仔细分析表中数据后发现电磁阀A还是有工作的,但与故障码的信息有矛盾。为了进一步确认,作者按照维修手册,断开变速器外壳右下边换棕色挡电磁阀线束连接插器,再拆卸蓄电池支架,拆除下变速器上的换挡电磁阀盖后,拔开电磁阀A连接器,用万用表测量换挡电磁阀和车身搭铁,检测得电池阀A电阻值为17 Ω,同时比较了其他4个换挡电磁阀的电阻值,均属于正常(标准范围是12~25 Ω)。接上12 V的蓄电池进行动作试验,可以听见"咔哒"的清脆声音,说明换挡电磁阀A运动自如,并没有卡滞现象。

表1　前进挡各换挡电磁阀的运行状况表

档位	标准状态				
	A	B	C	D	E
N档位置	OFF	ON	ON	OFF	OFF
保持在1档	ON	ON	ON	OFF	OFF
保持在2档	OFF	ON	OFF	ON	OFF
保持在3档	OFF	OFF	ON	OFF	OFF
保持在4档	ON	OFF	OFF	OFF	OFF
保持在5档	ON	OFF	ON	ON	OFF

　　问题是否出现在电控单位PCM与电磁阀之间的线路上,带着疑问拔下在发动机舱内电控单元PCM的连接插头,用万用表欧姆挡测量各换挡电磁阀连接情况。测量PCM插头C1号脚和电磁阀A信号线(线束插头中蓝色5号线)之间,结果阻值为小于1Ω,和接地的阻值为无穷大。为了排查线路的偶发性通断,还进行一边测量,一边不断拉动线束。结果均无异常。重新装上电磁阀后,再次测量PCM插头里各脚对地的阻值,同时晃动电磁阀线接头,表中一直显示为15Ω。由此可判定,PCM与各换挡电磁阀连接线路也没有出现问题。在确认换挡电磁阀和连接线路都是正常的情况下,有可能是自动变速器的控制单元有问题,但考虑这一概率相对较低,所以并没有找相同车型的控制单元进行更换。

　　看来电脑所记录的故障码只是个伪码。至此作者重新整理维修思路,为了能找出原因,利用本田HDS系统进行动态测试功能进行试车,调取"主轴转速""副轴转速"和"换挡控制"3个参数组的数据图,看出变速器从1到2换挡时有明显的换挡延迟,所以产生换挡冲击问题。同时也从图中看出主轴和副轴转速在2、3挡时差距很大,进入4挡后趋于同步。由此看来该变速器是可以进行换挡,现怀疑是由于电磁阀工作不良或者换挡油路上存在问题,才引起变速器起步换挡延迟冲击的故障。

　　于是用油压表测试2挡离合器检查孔C时油路,发现压力值只有630 kPa,明显低于维修手册中所规定的840 kPa的要求。而其他挡位的油压值为920～930 kPa,属于标准值范围内。因此作者决定拆解变速器,检查油路控制系统和2、3挡离合器。变速器解体看到之前大修时已经换上新的2挡离合器组件,油封也是新的,并未发现有误装问题,对蓄压器、离合器单向阀以及阀体进行检查后均没有异常。当循例拆下换挡电磁阀进行检查时,突然发现电磁阀A上的O型旧密封圈已经出现老化破损,会产生ATF油泄漏。而根据维修手册电池阀换挡状态表,它的泄漏会导致变速器在2、3挡时离合器工作油压出现异常,而引起变速器换挡冲击或延迟的故障。当PCM检测到主轴与副轴的转速差过大时,记录下了P0752"换挡电磁A卡在打开位置"这一故障码。在确定是换挡电磁阀自身的问题后,更换同型号新换挡电磁阀后,重新启动试车,已经没有了换挡延迟的现象了,至此该车的故障被彻底排除。

　　这是一个由于人为的大修后没有彻底更换相关电磁阀密封圈而导致的自动变速器换挡延迟和冲击的故障案例。在修理过程中,过于草率地认定该电磁阀是好的,没有仔细去进行拆解排查而走了一些弯路。可见务实谨慎的工作态度对于汽车修理工来讲是多么的重要，其次熟悉变速器的工作原理，熟练运用专业诊断仪来快速解决故障是修理工需要努力的方向。

自动变速器在车辆行驶过程中会因为电液控制系统或者机械传动元件的故障，从而出现换挡冲击现象，这不仅会影响乘坐舒适感，而且会造成变速器内部传动部件的松动和损害，必须及时予以排除。

3 结束语

本文通过对汽车自动变速器的检测和诊断的讲述，让我们知道了自动变速器的重要性。对于自动变速器出现的常见故障可以做出判断并解决，文章比较清楚地讲述了自动变速器故障的检测方法和基本的诊断思路。伴随着科技的发展，汽车上的电子设备越来越多，各种传感器的相继出现，单单靠经验是不能完全解决问题的。要通过使用检测仪器对车辆进行检测，这样才能够方便、快捷地找出车辆故障，避免盲目地拆装。在检修时一定要了解车辆的构造，因为车辆的整体是相互联系的。

参考文献

[1] 蒋怀东,贾军.汽车自动变速器故障诊断与维修[J].城市建设理论研究,2015,(20).

[2] 陈丰.汽车自动变速器常见故障的诊断与维修[J].时代农机,2015,(4):16-17.

[3] 李国成.汽车自动变速器常见故障诊断与维修[J].湖南农机,2011,(11):115-116.

[4] 于建栋.汽车常见故障及维修[J].中小企业管理与科技,2015,(32).

[5] 张轶等.汽车自动变速器发展现状分析[J].机械工程与自动化,2017,(4):222-223.

[6] 于胜武.汽车传动系统构造与工作原理分析[J].产业与科技论坛,2012,(23):51-53.

[7] 王伟红.自动变速器的故障诊断[J].汽车技术,2009,(7):56-58.

[8] 赵仙花.基于BP网络的汽车自动变速器异响故障诊断研究[J].农业装备与车辆工程,2013,(2):23-25.

点评：自动变速器的检修非常具有代表性。很多品牌的车型自动变速器故障后，由于结构复杂，配件不易购买，维修成本高。所以通常会由专业的自动变速器厂家统一维修。

这篇文章首先分析了自动变速器的结构和分类，再以一辆本田雅阁为例，分析自动变速器出现换挡冲击的两种可能原因。接着，借助于本田专业的诊断工具，对前进挡各换挡电磁阀的运行状况进行分析。将数据列入表格中，非常清晰，便于参考。

这篇毕业设计字数符合要求，有一个表格。如果能增加一些检测时的数据图片，会更有说服力。文章书写规范，对同学们具有很好的参考价值。

行驶系的结构及检修

5.1 行驶系的概述

车架是跨接在各车桥之间的桥梁式结构,是整个汽车的安装基础;车桥通过悬架与车架(或承载式车身)相连,两端安装车轮。车轮是介于轮胎和车桥之间承受负荷的旋转组件,轮胎安装在轮辋上,直接与路面接触。

5.1.1 汽车行驶系的功用

(1) 使发动机经传动系传来的动力,通过驱动轮和路面间的相互作用,变为推动汽车行驶的驱动力。

(2) 将汽车构成一个整体,支撑汽车的总质量,传递路面作用于车轮上的各种力及其形成的力矩。

(3) 减缓各种冲击和震动,使汽车行驶平顺稳定,实现汽车行驶方向的灵活控制和正确轨迹。

5.1.2 汽车行驶系的类型与组成

1. 汽车行驶系的类型

它与使用条件有很大的关系,常见的有轮式、半履带式、车轮—履带式及水陆两用式等多种类型,但应用最广泛的是轮式行驶系。

2. 轮式行驶系的组成

如图 5-1 所示,轮式行驶系主要由车架、从动桥、驱动桥、前悬架、后悬架、车轮后轮、前轮等组成。车架是全车的装配基础,并承载主要负载;悬架是把车桥与车架连接在一起,并起到减小行驶的冲击和震动;车轮安装在车桥上,起承载和传递动力的作用。

3. 汽车行驶系的受力与行驶原理

(1) 汽车行驶系的受力情况

如图 5-1 所示,主要有汽车的重力 G_a(它分配在前后轮上的荷重分别为 G_1、G_2),前、后轮垂直支反力 Z_1、Z_2,驱动桥半轴传至驱动轮上的驱动力矩 M_K。此外还受到前、后轮与地面作用所产生的滚动阻力 F_f、空气阻力 F_w 及加速阻力 F_j、坡度阻力 F 等的作用。

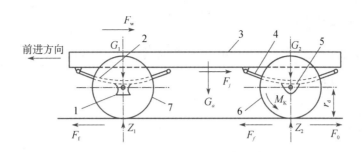

图 5-1 轮式汽车行驶系结构

1—从动桥；2—前悬架；3—车架；4—后悬架；5—驱动桥；6—后轮（驱动车轮）；7—前轮（从动车轮）

（2）汽车行驶系的工作原理

如图 5-1 所示，驱动力矩在驱动轮与轮胎周缘上形成周缘力 F_0。由于轮胎与地面接触，在 F_0 作用下地面给驱动轮与轮胎一个大小与之相等、但方向相反的地面反力 F_t。在轴心 O 处加上两个方向相反的力 F_t，则有：

$$F_0 = F_t（力平衡）$$

$$F_0 \cdot r_d = F_t \cdot r_d（力矩平衡）$$

剩下一个作用在轴心处的 F_t，即是驱动车辆行驶的驱动力，它为外力。

汽车行驶时，驱动力只与行驶阻力 F_c 及地面附着力 F_ϕ 之间有着下列关系式，即：

$$F_t = F_c = F_f + F_w + F_j + F_i$$

$$F_t \leqslant F_\phi = G_2 \cdot \phi（全轮驱动为 G_a \cdot \phi）$$

式中：ϕ 为地面对驱动轮与轮胎的附着系数。

5.2 车架与车桥

5.2.1 车架

一、车架的功用与要求

汽车车架俗称大梁，它是跨接在前后车桥上的桥梁式结构，是整个汽车的基础。其上装有发动机、变速器、传动轴、前后桥和车身等总成和部件。车架的作用是支撑、连接汽车各零部件和总成，并使它们之间保持正确的相对位置，承受来自地面和车上的各种载荷。

汽车静止时，车架承受着垂直载荷。汽车行驶时，车架会受到比静止载荷大 3～4 倍或更大的弯曲应力，若路面不平，还将受到转矩的作用。因此，对车架的要求是：

① 满足汽车总体布置要求。

② 具有足够的强度、适当刚度，保持车架上的各总成和部件之间的相对位置。

③ 结构简单、重量轻。

④ 同时应尽可能降低汽车的重心和获得较大的前轮转向角，以保证汽车行驶的稳定性和转向的灵活性。

二、车架的分类及结构

汽车车架按结构形式可分为边梁式、中梁式、综合式和无梁式车架。

5.2.2 车 桥

一、车桥概述

车桥两端安装车轮,它通过悬架与车架相连。当汽车行驶时,车轮受到的滚动阻力、驱动力、制动力、侧向力、弯矩和转矩均通过车桥传递给悬架和车架,同时,车架上的载荷也通过车桥传递给车轮。故车桥的作用是安装车轮,传递车架与车轮之间的各个方向的作用力及其产生的弯矩和转矩。

车桥根据悬架结构形式的不同,可分为非断开式和断开式两种。当采用非独立悬架时,车桥中部是刚性的实心和空心(管状)梁,这种车桥即为非断开式;断开式车桥中部为活动关节式结构,与独立悬架配合使用。

根据车桥作用的不同,车桥又可分为转向桥、驱动桥、转向驱动桥和支持桥四种类型。其中转向桥和支持桥都属于从动桥。一般货车前桥多为转向桥,后桥或中、后两桥为驱动桥,越野汽车的前桥为转向驱动桥,挂车的车桥为支持桥。

驱动桥已在传动系中叙述,支持桥除不能转向外,其他功能和结构与转向桥基本相同。下面主要讲述非断式转向桥和转向驱动桥。

二、转向桥

1. 转向桥的作用与要求

汽车的前桥一般都是转向桥,其作用是利用铰接装置,使装在其两端的车轮偏转一定角度来实现汽车转向,同时,承受车轮与车架之间的垂直载荷,纵向的道路阻力、制动力和侧向力以及这些力所形成的力矩。

由于汽车行驶的道路条件较为复杂,因此,要求转向桥应该具有足够的强度和刚度。为了使转向轻便和行驶稳定,减轻轮胎磨损,应使转向轮具有正确的定位角与合适的转向角。应尽量减小转向桥的质量和转向传动件的摩擦阻力。

2. 转向桥的组成

各种车型的转向桥,其结构基本相同,都是由前轴、转向节、主销和轮毂等四部分组成,图 5-2 所示为 CA1092 型汽车转向桥的组成。

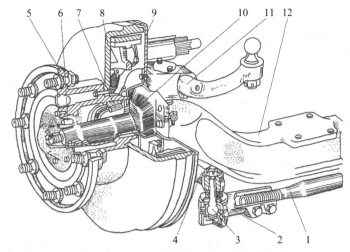

图 5 - 2　CA1092 型非独立悬架汽车转向桥

1—转向横拉杆；2—横拉杆接头；3—横拉杆球头销；4—梯形臂；5—轮毂；6—轮毂轴承；
7—前轮毂内轴承；8—制动鼓；9—制动底板；10—转向节；11—转向节臂；12—前轴

三、转向驱动桥

能够实现车轮转向和驱动两种功能的车桥称为转向驱动桥，一般应用于全轮驱动的越野汽车上。其结构如图 5 - 3 所示。

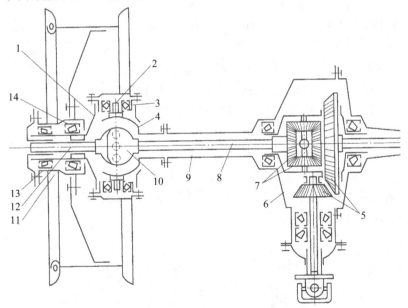

图 5 - 3　转向驱动桥示意图

1—转向节壳体；2—主销；3—主销轴承；4—球形支座；5—主减速器；6—主减速器壳；7—差速器；
8—内半轴；9—半轴套管；10—万向节；11—转向节轴；12—外半轴；13—轮毂；14—轮毂轴承

它具有一般驱动桥所具有的主减速器、差速器和半轴，也具有一般转向桥所具有的转向节、主销和轮毂等。它与单独的驱动桥和转向桥相比，不同之处是：由于转向的需要，半轴被分成两段，分别叫作内半轴（与差速器相连）和外半轴（与轮毂相连），二者用等角速万向节连接起来。同时主销也因此分成上、下两段,分别固定在万向节的球形支座上。转向节轴颈部分做成空心的,外半轴从中穿过。转向节的连接叉是球状壳体,既能满足转向的需要,又适应了转向节的传力需求。

目前,发动机排量 2 L 以下的中低档轿车中有 90% 以上采用了发动机前置和前轮驱动的布置形式,其前桥既是转向桥又是驱动桥。

5.2.3 车轮定位

车轮定位包括转向轮定位(也称前轮定位)和后轮定位。

一、转向轮定位

为了保证汽车直线行驶的稳定性和转向操纵的轻便性,减少轮胎和其他机件的磨损,转向轮、转向节和前轴三者与车架在安装应保持一定的相对位置关系,这种安装位置关系称为转向车轮定位,也称前轮定位。转向轮定位包括:主销后倾角、主销内倾角、前轮外倾角和前轮前束四个参数。

1. 主销后倾角

主销安装在前轴上,其上端略向后倾斜,称为主销后倾。在垂直于汽车支承平面的纵向平面内,主销轴线与汽车支承平面垂线之间的夹角 γ 叫主销后倾角,如图 5-4 所示。它实际上是前桥后倾程度上的反映。主销后倾的作用是:形成回正力矩,保证汽车直线行驶的稳定性,并使汽车转向后回正操纵轻便。

2. 主销内倾角

主销安装在前轴上,其上端略向内侧倾斜,这种现象称为主销内倾。在垂直于汽车支承平面的横向平面内,主销轴线与汽车支承平面垂线之间的夹角 β 称为主销内倾角,如图 5-5 所示。

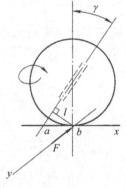

图 5-4 主销后倾示意图

3. 前轮外倾角(转向轮外倾角)

前轮(转向轮)安装在转向节上时,其旋转平面上端向外倾斜,这种现象称为前轮(转向车轮)外倾。前轮旋转平面与垂直于车辆支承面的纵向平面之间的夹角 α,称为前轮外倾角。如图 5-5 所示。

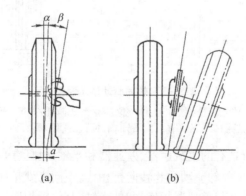

(a)　　　　(b)

图 5-5 主销内倾和前轮外倾示意图

前轮外倾的作用在于提高前轮工作的安全性和转向操纵的轻便性。前轮设置外倾角后,地面对前轮的反作用力沿前轮旋转轴线的分力将前轮压向转向节内侧,防止汽车行驶中前轮向外脱出;前轮外倾也使前轮所承受的重力集中到较大的内轴承上去,保护了较小的外轴承和转向节轴外端的锁紧螺母,有利于行驶安全。

4. 前轮前束(转向轮前束)

汽车两个前轮安装后,左右两前轮的旋转平面不平行,前端略向内收束,这种现象称为前轮前束。左右两前轮间后端距离 A 与前端距离 B 之差($A-B$)称为前轮前束值。前轮前束值一般为 $0\sim12$ mm。

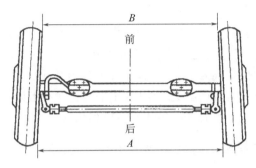

图 5 - 6　前轮前束示意图

前轮前束的作用是消除或减小汽车行驶过程中因前轮外倾而使两前轮前端向外张开的不利影响,保证车轮不向外滚动,防止车轮侧滑、减轻轮胎的磨损和降低燃料消耗。

二、后轮定位

现代一些采用独立悬架的车辆,除了设置转向轮定位外,非转向的后轮也设置定位。将后轮与后轴之间安装的相对位置,称后轮定位。其内容包括后轮外倾角和后轮前束。为保护外轴承和外锁紧螺母设置后轮外倾,为避免后轮外倾带来的前展设置后轮前束。后轮前束一般用前束角表示,如上海桑塔纳轿车后轮前束为 $25'\pm15'$,定位最大允差 $25'$,后轮外倾角为 $-1°40'\pm20'$,左右最大允许误差为 $30'$。

三、转向轮定位的检测与调整

车轮定位不仅影响车轮的磨损程度,同时还对操纵稳定性和行车安全产生进一步的影响。因此,除了平时经常检查车轮定位外,在车桥拆装后和轮胎发生异常磨损、车辆的操纵稳定性变坏时,必须检查和调整车轮定位。有的汽车后轮定位不可以调整,只有前轮定位可以调整。

1. 检查准备

检查前轮定位前,车辆应先满足以下条件,否则检查结果无效。

(1) 汽车停放水平场地或专用检测台上,车轮在直线行驶位置且无负载。

(2) 轮胎气压符合规定。

(3) 车轮平衡,悬架活动自如。

(4) 转向系调整正确。

（5）前悬架弹簧无过大的间隙和损坏。

2. 前轮定位的调整

前轮定位的检查和调整顺序是：首先检查和调整主销后倾角和左右轮的差值，然后检查和调整前轮外倾角和左右轮的差值，最后检查和调整前束。

5.3 轮胎

5.3.1 轮胎的结构

轮胎必须具有较好的弹性和承受载荷的能力，与路面直接接触的胎面还应具有足够的附着性能。目前应用最为广泛的充气轮胎，按轮胎内空气压力的大小，可分为高压胎、低压胎和超低压胎三种；按保持空气方法的不同，可分为有内胎轮胎和无内胎轮胎两种；按胎体帘布层帘线黏结方式，可分为普通斜交线轮胎、子午线轮胎和带束斜交轮胎。为了满足不同需要和适应不同工作条件，轮胎有多种多样的结构和花纹。

5.3.2 轮胎尺寸规格的标记方法及轮胎的性能

1. 轮胎尺寸规格的标记方法

（1）普通斜交线轮胎：我国同大多数国家一样，如图 5 - 7 所示，高压胎一般用 $D \times B$ 来表示，低压轮胎用 $B - d$ 表示，B 为轮胎断面宽度，d 为轮辋直径，单位为英寸（in）。例如 34×7，表示轮胎直径为 34 in、轮胎断面宽度为 7 in 的高压轮胎；9.00—20，表示轮辋直径 d 为 20 in、轮胎断面宽度 B 为 9 in 的低压轮胎。

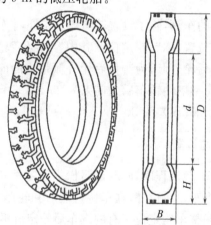

图 5 - 7 轮胎尺寸标记

D—轮胎名义直径；d—轮辋直径；H—轮胎断面高度；B—轮胎断面宽度

（2）子午线轮胎用 BRd 表示，d 的含义与上述相同，R 代表子午线轮胎，B 表示子午线轮胎的断面宽度，但国产轿车上子午线轮胎的 B 采用公制单位 mm，载货汽车上子午线轮胎的 B 有英制和公制单位两种标示方法，使用时应注意与轮辋直径一致；而轮辋直径 d 的单位仍为英寸。

2. 轮胎的性能评价

轮胎的性能指标主要有滚动阻力、发热量、附着性能、胎面花纹噪声、浮滑现象、驻波、耐磨性等方面。

（1）滚动阻力。这是由于轮胎滚动时产生弹性变形滞后现象，引起地面对它的支反力作用点前移，形成反转动力矩所假想成的一个切向阻力。它与轮胎的弹性变形量和车速有关，变形愈大、车速愈高、滚动阻力愈大。

（2）发热量。轮胎在滚动过程中由于摩擦、变形等会引起发热并不断累积热量，造成轮胎内部温度升高，长期过热会使各结构之间的黏合力下降，导致结构层脱离，严重时产生爆胎现象。其影响因素有充气压力、载荷、车速及轮胎的结构等。

（3）附着性能。这是指路面对驱动车轮所能产生的最大切向反力，这个反力大，附着性能好，能充分发挥汽车的驱动能力，汽车的制动性能也好。附着性能的好坏除取决于路面条件外，主要与轮胎类型、轮胎结构、胎面花纹、胎压等因素有关。

（4）胎面花纹噪声。这是轮胎与路面接触中胎面花纹槽中所含的空气，在轮胎滚动中被密封在纹槽与路面之间受到压缩，当纹槽滚离路面时，被压缩的空气从纹槽突然冲出所产生的噪声。

（5）驻波。轮胎与路面接触滚动时，由于产生弹性变形的滞后现象，除产生滚动阻力外还会使胎面产生震动，这一震动称为驻波。其危害是使轮胎温度急剧升高，甚至使轮胎爆裂。

（6）浮滑现象。汽车在积水路面上高速行驶时，胎面没有完全排开路面上的积水，使胎面不能同路面接触，造成车辆在积水路面上打滑，这种现象称浮滑现象。

（7）轮胎耐磨性。汽车在行驶过程中，轮胎与路相互作用，在滚动中也会有滑动，特别是制动过程，滑动所产生的摩擦力很大，这会使胎面磨损，甚至产生烧焦的现象。抵抗这种磨损或损坏的能力称为轮胎的耐磨性。

5.3.3　车轮和轮胎的常见故障

1. 车轮常见故障诊断

车轮常见故障为轮毂轴承过松或过紧。

轮毂轴承过松，会造成车轮摆震及行驶不稳，严重时还能使车轮甩出。此时，可将车轮支起，通过用手横向摇晃车轮，即可诊断出车轮轴承是否松旷。一旦发现轴承松旷，必须立即修理。

轮毂轴承过紧。会造成汽车行驶跑偏。全部轮毂轴承过紧时，会使汽车滑行距离明显下降。轮毂轴承过紧会使汽车经过一段行驶后，轮毂处温度明显上升，有时甚至使润滑脂溶化而容易甩入制动鼓内。将车轮支起后，转动车轮明显感到费力沉重。

2. 轮胎常见故障诊断

发动机使驱动轴转动，从而带动轮胎旋转。这意味着轮胎属于传动系的一部分。但轮胎还会根据转向盘的运动，改变车辆的运动方向。因此，轮胎也属于转向系统的一部分。此外，由于轮胎也用于支撑车重及吸收路面震动，所以，轮胎还是悬架系统的一部分。

基于上述原因，在进行轮胎的故障诊断排除分析时，一定要记住上述三个系统，即轮胎

汽车类专业毕业设计指南

与车轮、转向、悬架之间的关系。同样重要的是：轮胎的使用和维护不良，也可能导致轮胎本身及相关系统的故障。因此，轮胎故障诊断排除分析的第一步，便是检查轮胎，应该使用正确，维护恰当。

轮胎的主要故障是不正常磨损。

（1）胎肩或胎面中间磨损

① 现象

如图 5-8 所示，轮胎的胎肩和胎面出现了磨损。

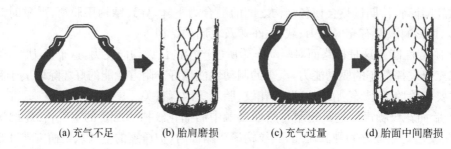

(a) 充气不足　(b) 胎肩磨损　(c) 充气过量　(d) 胎面中间磨损

图 5-8　胎肩或胎面的磨损

② 故障原因

a. 集中在胎肩上或胎面中间的磨损，主要是由于未能正确保持充气压力所致。如果轮胎充气压力过低，轮胎的中间便会凹入，将载荷转移到胎肩上，使胎肩磨损快于胎面中间。

b. 另一方面，如果充气压力过高，轮胎中间便会凸出，承受了较大的载荷，使轮胎中间磨损快于胎肩。

③ 故障排除步骤

a. 检查驾驶条件，如果超载可向驾驶员提出。

b. 检查充气压力。如果充气过量或充气不足，应调整充气压力。

c. 调换轮胎位置。

（2）内侧磨损或外侧磨损

① 现象

如图 5-9 所示为轮胎的内侧或外侧磨损。

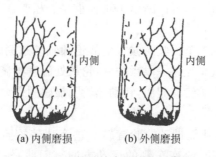

(a) 内侧磨损　(b) 外侧磨损

图 5-9　轮胎的内侧或外侧磨损

② 原因

a. 在过高的车速下转弯会造成转弯磨损。转弯时轮胎滑动，便产生了斜形磨损。

这是较常见的轮胎磨损原因之一。驾驶员所能采取的唯一补救措施,就是在转弯时减低车速。

b. 悬架部件变形或间隙过大,会影响前轮定位,造成不正常的轮胎磨损。

c. 如果轮胎面某一侧的磨损,快于另一侧的磨损,其主要原因可能是外倾角不正确。由于轮胎与路面接触面积大小因载荷而异,对具有正外倾角的轮胎而言,其外侧直径要小于其内侧直径。因此胎面必须在路面上滑动,以便其转动距离与胎面的内侧相等。这种滑动便造成了外侧胎面的过量磨损。反之,具有负外倾角的轮胎,其内侧胎面磨损较快。

③ 故障排除步骤

a. 检查驾驶条件。如出现转弯磨损,应向驾驶员提出。

b. 检查悬架部件。如松动则将其紧固;如变形和磨损,应修理或更换。

c. 检查外倾角。如不正常,应校正。

d. 调换轮胎位置。

(3)前束磨损和后束磨损(羽状磨损)

① 现象

如图 5-10 所示,车轮出现了前束磨损和后束磨损。

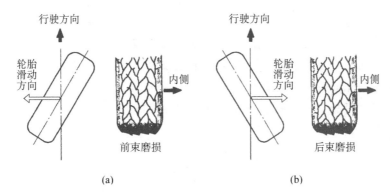

(a)　　　　　　　　(b)

图 5-10　前束磨损和后束磨损

② 故障原因

a. 胎面的羽状磨损,主要是由于前束调节不当所致,过量的前束,会迫使轮胎向外滑动,并使胎面的接触面在路面上朝内拖动,造成前束磨损。如图 5-10(a)所示,胎面呈明显的羽毛形。用手指从轮胎的内侧至外侧划过胎面,便可加以辨别。

b. 另一方面,过量的后束,会将轮胎向内拉动,并使胎面的接触面在路面上朝外拖动,造成如图 5-10(b)所示的后束磨损。

③ 故障排除步骤

a. 检查前束和后束。如果前束过量或后束过量,应该加以调整。

b. 调换轮胎位置。

(4)前端和后端磨损

① 现象

如图 5-11 所示,表示的是前端和后端磨损。

② 故障原因

a. 前端和后端磨损是一种局部磨损,常常出现在具有横向花纹和区间花纹的轮胎上,胎面上的区间发生斜向磨损(与鞋跟的磨损方式相同),最终变成锯齿状。

如车辆经常在铺路道路上行驶,轮胎便会磨损较快。这是由于轮胎向上转动并离开铺面路时胎面区间在刹那间打滑所致(由于铺面路很坚硬,当胎面区间试图掘入地面时,道路铺面不凹陷)。因此最后离开路面的胎面区间部分受到较大的磨损。

图 5-11 前端和后端磨损

b. 具有纵向折线花纹的胎面,磨损时会产生波状花纹。

c. 非驱动轮的轮胎只受制动力的影响,而不受驱动力的影响,因此往往会有前后端形式的磨损,如反复使用和放开制动器,便会使轮胎每次发生短距离滑动而磨损,前后端磨损的形式便与这种磨损相似。

d. 另一方面,如果是驱动轮的轮胎,则驱动力所造成的磨损,会在制动力所造成的磨损的相反的方向上出现。所以驱动轮轮胎极少出现前后端磨损。客车和大货车由于制动时产生了大得多的摩擦力,故具有横向花纹的轮胎,便会出现与非驱动轮相似的前后端磨损。

③ 故障排除步骤

a. 检查充气压力。如果充气不足,就将其充至规定值。

b. 检查车轮轴承。如果磨损或松动,应更换或调整。

c. 检查外倾角和前束。如果不正确,应加以调整。

d. 检查轴颈或悬架部件。如果损坏,应修理或更换。

e. 调换轮胎位置。

5.4　悬架

汽车车架或车身如果直接安装于车桥上,那它们之间是刚性连接,则会由于道路不平而上下颠簸震动,从而使车上的乘员感到不舒服或者使货物损坏。因此,汽车上必须装有具缓冲、减震和导向作用的悬架装置。汽车悬架是车架(或车身)与车桥之间一切传力连接装置的统称,它的作用是弹性地连接车桥与车架(或车身),把路面作用子车轮上的垂直反力(支承力)、纵向反力(驱动力和制动力)和侧向反力以及这些反力所造成的力矩传递到车架上(或承载式车身)上,以保证汽车的正常行驶。

5.4.1　汽车悬架的组成以及作用

一、悬架的组成

悬架一般由弹性元件、减震器、导向机构等组成,轿车上一般还有横向稳定器。悬架结构组成如图 5-12 所示。

弹性元件使车架(车身)与车桥(或车轮)弹性连接,缓和不平路面带来的冲击,承受和传递垂直载荷。

减震器可以衰减由于路面冲击产生的震动,使震动的振幅迅速减小。

导向机构包括纵向推力杆和横向推力杆,用于传递横向载荷和纵向载荷,保证车轮与车架(车身)的运动关系。

横向稳定器可以防止车身在转弯等情况下发生过大的横向侧倾。

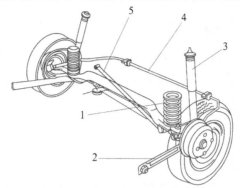

图 5-12　汽车悬架组成示意图

1—弹性元件;2—导向机构;3—减震器;4—横向稳定器;5—横向推力杆

二、悬架的作用

根据悬架的组成,总结悬架的作用如下:

1. 连接车架(车身)和车轮,把路面作用到车轮上的各种力传给车架(或车身)。

2. 缓和冲击,衰减震动,使乘坐舒适,行驶平顺性良好。

3. 保证汽车具有良好的操纵稳定性。

只有悬架系统软硬合适才能使车辆乘坐舒适、操纵稳定。

三、分类

按照控制力的不同,汽车悬架分为被动悬架、半主动悬架和主动悬架,目前多数汽车采用被动悬架。主动悬架又称为电控悬架,近年来逐渐得到了应用。

根据汽车导向装置的不同,汽车悬架分为非独立悬架和独立悬架,如 5-13 所示。

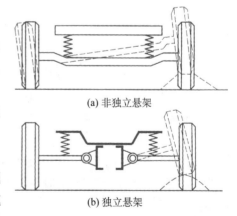

(a) 非独立悬架

(b) 独立悬架

图 5-13　非独立悬架和独立悬架示意图

1. 非独立悬架

非独立悬架如图 5-13(a)所示,其特点是两侧车轮安装于整体式车桥上,通过弹性悬架与车架(或车身)连接。当一侧车轮因道路不平发生跳动时,必然引起另一侧车轮在汽车横向平面内发生摆动,故称为非独立悬架。

非独立悬架结构简单,成本低,强度高,具有耐久性,但其质量较大,左右轮动作产生干涉,不利于乘坐舒适性和操作稳定性,主要适用于承载负荷大的客车与卡车。

2. 独立悬架

独立悬架如图5-13(b)所示,其结构特点是车桥做成断开的。每一侧的车轮可以单独地通过弹性悬架与车架(或车身)连接,两侧车轮可以单独跳动,互不影响,故称为独立悬架。独立悬架主要用于轿车,几乎所有的轿车前轮都采用独立悬架。

5.4.2 非独立悬架和独立悬架

非独立悬架因其结构简单、工作可靠,被广泛应用于货车前、后悬架。现代轿车中,很少或仅有后悬架采用非独立悬架。按照所采用的弹性元件不同,非独立悬架分为钢板弹簧式、螺旋弹簧式和空气弹簧式。

一、非独立悬架

1. 钢板弹簧非独立悬架

这种悬架的钢板弹簧一般为纵向布置,也称为纵置板簧式非独立悬架。如图5-14所示为解放CA1092型汽车的前悬架。钢板弹簧中U形螺栓固定在前桥上。钢板弹簧的前端卷耳用弹簧销与前支架相连,形成固定式铰链支点,起传力和导向作用。后端卷耳则用吊耳销与可在支架上摆动的吊耳相连,形成摆动式铰接支点,从而保证了弹簧变形时两卷耳中心线的距离有改变的可能。

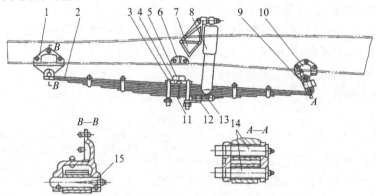

图5-14 解放CA1092型汽车的前悬架

1—钢板弹簧前支架;2—钢板弹簧;3—U形螺栓;4—盖板;5—缓冲块;6—限位块;7—减震器上支架;8—减震器;9—吊耳;10—吊耳支架;11—中心螺栓;12—减震器下支架;13—减震器连接销;14、15—螺栓

减震器的上下两个吊环通过橡胶衬套和连接销分别与车架上的上支架和车桥上的下支架相连接。盖板上装有橡胶缓冲块,以限制弹簧的最大变形,并防止弹簧直接碰撞车架。

为了改善汽车行驶的平顺性,一些轻型货车的后悬架将副钢板弹簧加装在主钢板弹簧下,成为渐变刚度的钢板弹簧。如图5-15所示为某中型货车后悬架,在主钢板弹簧上加装副钢板弹簧,成为变刚度的钢板弹簧。在空载或装载质量不大的情况下,仅由主簧承受载荷,副簧不承受载荷。

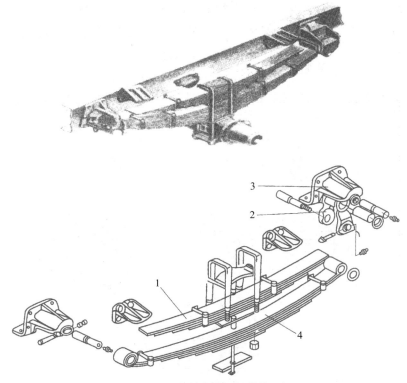

图 5 - 15　变刚度的钢板弹簧悬架

1—后副钢板弹簧总成;2—吊耳总成;3—车架支座;4—后主钢板弹簧总成

　　在重载或满载的情况下,车架相对车桥下移,使车架上的副簧滑板式支座与副簧接触,主簧与副簧共同发挥作用,悬架刚度得到提高。这类悬架的特点是副簧随着载荷增加到一定程度参与工作,由于悬架刚度变化突然,影响汽车行驶平顺性。

　　为了改善汽车行驶的平顺性,南京依维柯轻型货车的后悬架采用渐变刚度的钢板弹簧悬架,如图 5 - 16 所示。主簧由五片较薄钢板弹簧片组成,副簧由五片较厚的弹簧片组成,用中心螺栓固定在一起,主簧在上,副簧在下。

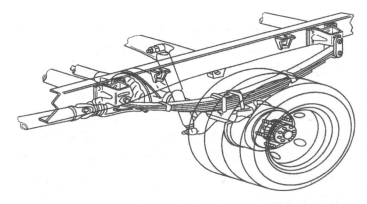

图 5 - 16　南京依维柯轻型货车渐变刚度钢板弹簧的后悬架

载荷较小时,仅主簧起作用,当载荷增加到一定值时,副簧开始与主簧接触,悬架刚度随之相应提高,弹簧特性变为非线性。当副簧钢片全部接触后,弹簧特性又变为线性的。这种渐变刚度钢板弹簧悬架的特点是副簧逐渐起作用,悬架刚度变化平稳,改善了汽车的平顺性。

2. 螺旋弹簧非独立悬架

螺旋弹簧非独立悬架一般只用于轿车的后悬架。如图5-17所示为上海桑塔纳2000的后悬架。

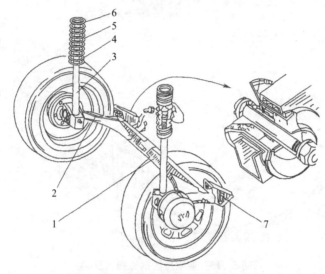

图 5 - 17　桑塔纳轿车后桥非独立悬架

1—后桥;2—纵向推力杆;3—减震器;4—弹簧下座;5—螺旋弹簧;6—弹簧座;7—支撑座

左右纵向推力杆的中部与后桥焊接成一体,前端通过带橡胶的支座与车身做铰链连接,后端与轮毂相连接。纵向推力杆可以传递纵向力及其力矩。整个后桥、纵向推力杆以及车轮可以绕支撑座的铰接点连线相对于车身上下纵向摆动。

螺旋弹簧本身没有减震作用,只能承受垂直载荷,所以螺旋弹簧悬架中必须另装减震器和导向机构。

3. 空气弹簧非独立悬架

为了提高汽车的平顺性,适应载荷和路面的变化,要求悬架刚度随之变化。空车时车身被抬高,满载时车身被压得很低。对于轿车,要求在好路上降低车身高度,提高行驶速度,在差路上提高车身高度,增大通过能力。因此不同类型的汽车要求不同,而空气弹簧非独立悬架满足了这种要求。

空气弹簧非独立悬架如图5-18所示,囊式空气弹簧的上下端分别固定在车架和车桥上,经空气压缩机产生的压缩空气经油水分离器和压力调节器进入储气罐,压力调节器可使储气筒中的压缩空气保持一定压力。储气罐和空气弹簧中的空气压力由车身控制阀控制。空气弹簧只承受垂直载荷,因而必须架设导向装置,车轮受到的纵向力、横向力及其力矩由悬架中的纵向和横向推力杆来传递。

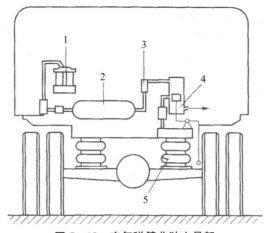

图 5-18 空气弹簧非独立悬架
1—压气机;2—储气筒;3—空气滤清器;4—车身高度控制阀;5—空气弹簧

空气弹簧非独立悬架多用于重型车和高级轿车。电子控制主动悬架或半主动悬架多采用空气弹簧做悬架元件。

二、独立悬架

现代汽车,尤其是轿车广泛采用独立悬架。由于独立悬架能使两侧车轮各自独立地与车架或车身弹性连接,因而具有突出的优点:

① 由于左右车轮的运动相对独立、互不影响,因而可以减少行驶时车架或车身的震动,同时,可以减弱转向轮的偏摆。

② 独立悬架的非簧载质量小,可以减小来自路面的冲击和震动,提高了汽车的平顺性。簧载质量是指汽车悬架弹性元件支撑的质量;非簧载质量是指弹性元件下吊挂的质量。

对于非独立悬架,整个车架和车轮都属于非簧载质量,而对于独立悬架,主减速器、差速器、壳体都安装在车架或车身上,则成了簧载质量,所以独立悬架的非簧载质量比非独立悬架的小。

③ 独立悬架与断开式车桥配用,可以降低汽车的重心,提高汽车的平顺性。

5.4.3 悬架系统的检修

悬架在使用过程中技术状况会变差,使汽车的冲击载荷变大,加剧零件的磨损,影响汽车的行驶平顺性和操纵的可靠性。悬架的主要损伤是弹簧弹力下降、弹簧断裂和减振器失效。

一、非独立悬架的检修

非独立悬架的检修主要是对弹性元件和减振器的检修。

1. 弹性元件的检修

非独立悬架常用的弹性元件是钢板弹簧,也有的采用螺旋弹簧。

(1)钢板弹簧的检修

钢板弹簧长期使用后会出现弹性下降或折断,钢板销、支架与吊耳磨损等。钢板弹簧可用弹簧实验器、样板、新旧对比、直观检查等方法进行检验。

① 钢板弹簧不能有裂纹或折断，否则应及时更换。

② 钢板弹簧弹性的检测。可在弹性实验器上检查其钢板弹簧的弧高，检查其在无负荷或有负荷下弧高的减小量；也可用一新片通过靠合实验检查其叶片的曲率半径，从而检查其弹性变化情况。

③ 检查左、右两侧的钢板弹簧。其总片数应相等，且厚度差不大于 5 mm，弧高差不大于 10 mm。

④ 检查钢板弹簧的夹子及其螺栓，应完整无缺损；U 形螺栓应按规定力矩拧紧。

⑤ 钢板弹簧销衬套磨损超过 1.00 mm 时应更换衬套，U 形螺栓和中心螺栓螺纹损伤超过 2 牙或出现裂纹时，应更换新件。

(2) 螺旋弹簧的检修

螺旋弹簧的检修主要是检查其自由长度和裂纹。当螺旋弹簧的自由长度明显减小或出现裂纹时，应换用新件，同一车桥两边的弹簧要同时更换。

2. 减振器的检查

在车辆行驶过程中，如减振器发出异常的响声，则表明该减振器已损坏必须更换。用手推拉减振器活塞时，应有较大的运动阻力，而且全行程阻力大小应均匀，不得有空行程及卡滞现象，伸张行程的阻力应大于压缩行程的阻力，否则应更换减振器。减振器有轻微漏油时可继续使用。严重漏油时，应换用新件，不允许添加减振器油继续使用。

二、独立悬架的检修

独立悬架的检修包括弹性元件、减振器、横向稳定杆等的检修。螺旋弹簧和减振器的检修方法与非独立悬架中的检查方法相同，在此不再重复。

1. 前减振器悬架轴承及橡胶挡块的检查

检查前减振悬架轴承的磨损与损伤情况，应能灵活转动，损伤时必须总体更换；检查橡胶挡块的损伤与老化情况，如有损坏应及时更换，如图 5-19 所示。

2. 副车架、横向稳定杆和梯形臂的检查

首先检查副车架（前托架）、横向稳定杆和梯形臂（下摆臂）有无变形或裂纹。若存在变形或裂纹，不允许在前悬架支承装置和导向装置部件上进行焊接和矫直修复，只能更换新件。另外，需要检查横向稳定杆的橡胶支座和橡胶衬套、梯形臂（下摆臂）的前衬套和后衬套的损坏和老化情况，若损坏需要及时更换。

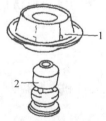

图 5-19　前减振悬架轴承和橡胶挡块的检查
1—悬架轴承；2—橡胶挡块

5.4.4 悬架系统的常见故障

一、非独立悬架系统的常见故障

非独立悬架系统常见的故障有车身倾斜、异响、行驶跑偏和行驶摆振等。

1. 车身倾斜

（1）故障现象

汽车停放在平坦路面上车身横向或纵向倾斜，行驶中方向始终跑向一侧。

（2）故障原因

① 钢板弹簧或螺旋弹簧弹力下降，弹簧刚度不一致。

② 钢板弹簧或螺旋弹簧断裂。

③ U 形螺栓连接松动。

（3）故障诊断与排除

车身横向歪斜，通常是由于弹簧折断、弹性减弱及钢板销、衬套和吊耳磨损过甚等引起的；若车身歪斜，且汽车行驶中自动跑偏，则多属其侧前钢板弹簧或螺旋弹簧不良使前桥移位所致，应检查钢板弹簧是否折断或螺旋弹簧弹力下降；如钢板销、衬套和吊耳磨损过甚，除上述现象外还可以造成汽车行驶摆振；若车身纵向歪斜，则多属其侧后钢板弹簧或螺旋弹簧不良使后桥位移所致，可测量两侧轮距是否一致，不一致则表明车桥移位。

2. 异响

（1）故障现象

汽车在行驶过程中，特别是道路颠簸、突然制动、转弯时从悬架部位发出噪声。

（2）故障原因

① 减振器漏油，导致减振性能差。

② 减振器活塞与缸筒磨损，配合松旷。

③ 悬架各连接部位松动或脱落，铰链点磨损、松旷。

④ 橡胶衬套磨损、老化或损坏。

⑤ 弹簧断裂。

⑥ 轮毂轴承松动。

（3）故障诊断与排除

首先应检查轮毂轴承是否松动，悬架与车架或车桥的各连接部位是否有脱落，其胶垫是否损坏或松旷，橡胶衬套是否有磨损、老化或损坏现象。如良好，再用手按下保险杠，放松后如汽车有 2～3 次跳跃，说明减振器良好，可路试减振器效能。当汽车缓慢行驶并不断制动减速时车身跳跃强烈，或行驶一段路程后，减振器外壳温度高于其他部位，则说明减振器工作正常，否则应予以更换。

二、独立悬架系统的常见故障

独立悬架系统的常见故障有悬架异响、车身倾斜、轮胎异常磨损、车辆摆振及行驶不稳等。

1. 异响

（1）故障现象

汽车在行驶过程中，悬架异响，在不平路面上转弯时，响声突出。

（2）故障原因

悬架各连接部位松动或脱落，铰链点磨损、松旷；各铰链点磨损、松旷减振器衬套磨损松旷。

（3）故障诊断与排除

首先应检查轮毂轴承是否松动，悬架与车架各连接部位是否有脱落，其胶垫是否损坏或松旷，橡胶衬套是否有磨损、老化或损坏现象。若有上述现象，应予以更换。

2. 车身倾斜

（1）故障现象

汽车在转弯时，车身过度倾斜。

（2）故障原因

螺旋弹簧弹力不足，减振器漏油。

（3）故障诊断与排除

检测螺旋弹簧弹力和减振器密封。弹力不足、折断，更换螺旋弹簧；减振器漏油，则更换油封。

3. 轮胎异常磨损

（1）故障现象

前轮轮胎异常磨损。

（2）故障原因

横向稳定杆变形工作不良；上、下摆臂变形；前轮定位参数改变。

（3）故障诊断与排除

检查轮胎气压，不足，则要求加足气压；做四轮定位参数检查，调整参数，上、下摆臂变形，车辆摆振及行驶不稳时，重新调整、校正。

毕业设计参考范文一

汽车电控悬架系统主要传感器识别与检修

摘要：随着人们对于汽车性能的要求越来越高，电子技术被广泛应用到汽车悬架控制中，其不仅能够提高汽车的舒适度，还能够使用户在操作的过程中提高汽车的稳定性。在最近几年，汽车行业一直重视各种悬架系统控制的开发。在汽车中，电子控制悬架系统的性能不断提高，并且其中还具有多个传感器。本文首先分析了汽车电控悬架系统的工作原理和系统结构，然后针对主要传感器，对其故障进行分析，并且对故障的检修进行讨论。

关键词：电控悬架；传感器；检修

1 前 言

汽车悬架主要影响汽车的垂直振动，是保证汽车平顺行驶的主要构件，随着人们生活水平的提高，对乘坐车辆时的安全性、舒适性以及稳定性有了更高的要求，对汽车悬架系统也提出了更高的要求，汽车电控悬架应运而生。

2 何为汽车电控悬架及其分类

悬架是车架与车桥之间一切传力连接装置的总称,而汽车电控悬架就是将车身高度控制和减振器的减振阻尼控制联合作用,通过电控元件控制汽车悬架的升降行程,从而达到控制底盘离地面的高度的目的。目前市面上主要的主动悬架可以分为电控主动空气悬架、电控主动液压悬架、电磁主动悬架系统以及 ABC(active body control)主动车身控制悬架系统。

2.1 汽车电控悬架系统的工作原理与系统结构

汽车电控悬架的兴起从十几年前开始,其主要受电脑控制,拥有以下三个条件:① 拥有动力源,可以产生作用力;② 执行元件可对作用力予以传递并且在工作时具有连续性;③ 传感器数量较多并且可将相关数据向微电脑集中传输,开展运算后对控制方式予以明确。由此可知,电控悬架是一种新型技术,关联于电力学与力学。其工作原理具体如下:电子控制悬架系统主要包括控制单元、传感器及其开关以及执行元件等。传感器与开关对路面输入的模拟信号予以转换,使其变为数字信号,而后向控制单元 ECU 传递,继而 ECU 会分析处理传感器输入的电信号,并向执行元件输出控制信号,执行元件产生机械动作后会对减震器的阻尼系数与弹簧的刚度产生影响,进而提升车辆的舒适性与稳定性。在电控悬架传感器监视汽车中有如下重要参数:高度、转向角、制动力、速度以及惯性力等,故而对应的传感器也比较多。但是其中地位比较重要的部件有转向角传感器与车高传感器,在现代轿车上应用率较高的则为光电式转向角传感器与车高传感器。

2.2 主要传感器的识别与检修

2.2.1 车高传感器
2.2.1.1 车高传感器的原理

该传感器在电控悬架中最为常见,主要负责对车底高度的变化予以监测。该传感器可以为霍尔效应传感器,其工作媒体为磁场,对物体运动参量予以转变使其输出形式变为数字电压,而后 ECU 会对行驶高度予以准确测算,对道路变化予以补充,避免车底与路面凸出物擦刮。亦可使用光敏三极管或者光电二极管,对车辆高度变化予以监测,而后向 ECU 传送。ECU 可结合汽车荷载,在执行元件作用下对车身高度予以随时调节,对车身高度予以维持,使其不会随着荷载改变而出现变化,同时还可以在制动、起步、转向以及前后左右车轮载荷出现相应改变时对车轮悬架刚度予以调整,增强汽车抗侧倾与抗俯仰的能力,保证车身高度基本保持不变。在主动悬架系统中车高传感器一般有三个,分别位于后桥中部以及左右前轮。其结构见图1。在汽车中使用较多的车身高度传感器为有源非接触转角传感器,因为必须将其安装于悬架与车身之间,对悬架振动幅度予以感知。该传感器对连杆予以充分利用,而后将悬架与车身间距离改变向角度改变转化,继而在输出电压线性改变下将角度变化量测量出来。在 5 V 以内

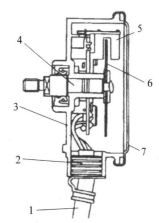

图1 车高传感器结构
1—接线电缆;2—油封;3—外壳;
4—轴;5—光电耦合元件;
6—遮光盘;7—盖板

该传感器表征变化为正负 40 度,对连杆长度予以调节则可以测量出 10 cm 内悬架的改变。ECU 则在固定时间间隔内对车高传感器输出信号予以检测,并判断各区域百分比,再来决定是否需要调整车高。若百分比在规定值以上,即可开始调整。还需对空气排气阀与压缩机开启予以调整,对空气悬架主气室空气量予以增减,使车身高度处于固定值。

2.2.1.2　车高传感器的检修

在光电式车高传感器中较常见故障为光敏三极管、发光二极管出现损坏或者脏污现象;内部电短路、接触不良或者断路,槽残缺或者遮光盘变形,减弱传感器输出信号并最终导致无输出信号,影响悬架控制系统正常运行。故而检测时应先观察光电耦合件与遮光盘的干净度以及连接线路的优良性。若查实无问题,应将车高传感器拆下并与插头连接,利用导线连接插头电源,而后将点火开关打开,将传感器轴缓慢转动,使用万用表对插头上信号插孔电压予以测量。若电压变化在 0 至 1 V,提示性能优良,反之需则对该传感器予以更换。

2.2.2　方向盘转角传感器

2.2.2.1　方向盘转角传感器原理

方向盘旋转圈数约为 2.9,大概为 1 044 度,在转向机构作用下传动比是固定的,而后带动前轮变化,幅度为左右 40 度。在汽车中使用较多的方向盘转角传感器为光码盘式与齿轮式。前者为非接触有源角度,后者为接触有源角度。均为大盘对小盘予以带动,小盘存在相位差,在其作用下可对方向盘正反转予以判断。输出信号均为数字信号,亦有可能为 CAN 信号。使用控制器对其进行处理时,会出现信号更新与传送速率问题,若选择不当会对系统效果产生影响。该传感器多于转向组合开关上安装,对转向角度与方向予以检测。若转向盘车速与转角比设定值大,ECU 则会增加弹簧刚度与减震力,对车身侧倾予以抑制。方向盘转角传感器结构图如图 2。

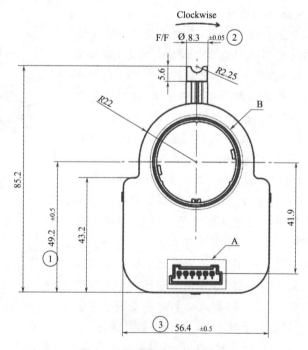

图 2　方向盘转角传感器结构

2.2.2.2 方向盘转角传感器的检修

1. 对仪表台下手套箱予以拆除,将点火开关连通。对方向盘予以缓慢转动,对悬架 ECU 连接器端子 SS1,SS2 与车身接地间电压予以测量。若变化在 0 至 5 V 则说明正常。

2. 将转向盘拆下,将其连接器脱开,对点火开关予以连通。对端子 1、2 间电压予以测量,若在 9 至 14 V 则代表正常。

3. 同样将转向盘拆下,将其连接器脱开,于端子间对蓄电池电压予以施加,缓慢转动传感器旋转部分,对端子 2 与 7,8 间电压予以测量,变化在 0 至 ∞ 范围内均属正常。

3 结束语

在本文中主要讨论了光电式转向角传感器与车高传感器的原理及检修方法,此外还有速度传感器、惯性力传感器以及声呐传感器等,在此不做详述。由于电控悬架系统具有优良性能,故而在汽车中使用越来越广泛。而传感器在电控悬架系统中属于重要部件,故而一定要做好传感器的识别与检修工作,避免故障,对地面反力予以平衡,保证车身所受影响最小,以满足人们对汽车稳定性与舒适性的要求。相信随着汽车行业的快速发展,未来电控悬架系统会越来越普及,不再是高档车的专利,在普通汽车上也能获得使用。

参考文献

[1] 张永丽.汽车电控悬架自诊断系统浅析[J].职业技术,2010(12):93.

[2] 徐兴,陈照章,全力,等.ECAS 客车车身高度的实时跟踪[J].机械工程学报,2011,47
(2):136 - 141.

[3] 石维佳,马彬,马水,等.TMS320F2812 在电控悬架系统中的应用[J].自动化仪表,
2011,32(5):73 - 76.

[4] 马振锋.关于现代汽车四轮定位及电控悬架系统检修问题的探讨[J].电子世界,2012
(24):37 - 39.

点评:这篇毕业设计首先分析了汽车电控悬架的控制原理与工作结构。指出在现代轿车上应用率较高的则为光电式转向角传感器与车高传感器。论文的主体部分分析了车高传感器和方向盘传感器的原理和检修方法。在主体部分文章插入了这两个传感器的工作原理图,并对每个部位进行标注。然后对其具体的检修方法进行了分析。在结束语部分,则对未来电控系统进行了展望。

作为一篇毕业设计,本文符合要求,但字数和参考文献上有欠缺。同学们可以学习这篇毕业设计的写作方法,也可利用所学的理论知识或者在顶岗实习过程中的实践知识进行更为深入的分析。这样整体内容会更加翔实。

ABS 系统故障与维修

6.1 ABS 系统概述

ABS 系统是在普通制动系统的基础上增加的一套自动制动压力调节装置,我们都知道,汽车在紧急制动时,前轮由于制动力会出现抱死的现象,这样前轮将出现失去转向的能力,而后轮出现抱死,则会出现侧滑、甩尾、调头甚至翻车的严重事故,而加装的这套装置可以在汽车紧急制动时,使车不出现抱死的现象,从而能有效地防止事故的发生。

ABS 系统主是通过压力调节器调节制动管路中制动压力(气压或液压)的大小,使整个制动过程中车轮始终不会抱死,并且滑移率始终保持在 10%～20% 的范围内,试验证明,当车轮的滑移率在 10%～20% 时,轮胎与地面之间具有最大的纵向附着系数,并且具有较大的侧向附着系数,此时制动性能最佳。纵向附着系数与侧向附着系数与滑移率之间的关系如图 6-1 所示。在图 6-2 中,制动时,制动管路中的压力会迅速上升,车轮转速迅速下降,车轮的周向速减速度增大。当减速度增大到一定的程度时,压力调节装置降低制动管路中的压力,由于汽车惯性的作用,车轮转速又会上升,车轮的周向加速度又会增大。当加速度增大到一定程度时,压力调节装置又会增大制动管路中的压力,实施制动,于是车轮转速又会下降。如此周而复始,直到汽车完全停下,这就是 ABS 的调节原理。

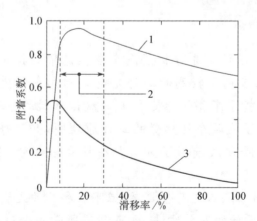

图 6-1 制动时附着系数与滑移率的关系

1—纵向附着系数;2—ABS 工作范围;3—侧向附着系数

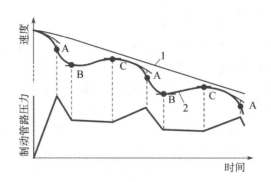

图6-2 ABS基本的调节原理

1—车轮实际速度(车速);2—车轮周向速度

现代汽车液压式ABS系统的组成如图6-3所示。

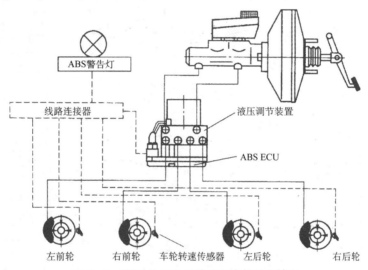

图6-3 液压式ABS系统的组成与工作情况

6.2 ABS系统故障诊断分析

　　ABS系统与常规制动系统是密不可分的,一旦常规制动系统出现故障,ABS系统就无法正常工作,因此本节所讲的ABS系统故障诊断与分析的基础前提是常规制动系统工作正常,只对因ABS系统所引起的故障进行分析。

　　液压式ABS系统的常见故障有:制动时车轮抱死,ABS的作用时刻不对,放松驻车制动时制动警告灯亮等。

　　故障发生的部位一般为:制动灯开关,驻车制动开关,车轮速度传感器,ECU供电与搭铁,ECU,液压调节装置中的电磁阀等。

一、制动时车轮抱死

1.故障现象

车辆在紧急制动时,制动踏板没有反弹振动感,且出现车轮抱死拖滑现象。

汽车类专业毕业设计指南

2. 故障产生的主要原因及处理方法

红色制动警告灯常亮时,制动时 ABS 系统不投入工作,紧急制动时车轮将会抱死,传感器、ABS—ECU、执行器及其控制电路有故障时,ECU 将记录故障代码,同时黄色 ABS 警告灯亮,ABS 系统将不能正常工作,但常规制动系统能够正常工作,紧急制动时车轮会抱死。像这种故障,解决时一般以更换元件和检修电路为主。

制动时车轮抱死故障的诊断流程如图 6-4 所示。对于这种故障需要说明的是:红色制动警告灯亮表明驻车制动未释放或缺少制动液,这两种情况是危险状态,不能行车。黄色制动警告灯亮表明 ABS 系统有故障,紧急制动时 ABS 无法正常工作,但常规制动系统正常工作,这种情况是可以行车。

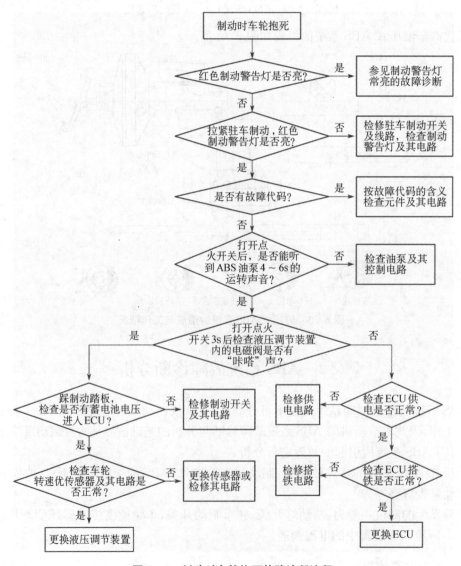

图 6-4 制动时车轮抱死故障诊断流程

二、ABS 系统作用时刻不对

1. 故障现象

高速时紧急制动，ABS 系统没有工作，车轮出现抱死现象，但当车辆即将停止时，ABS 开始工作，在踏板上有较强的反弹振动感，制动警告灯与 ABS 故障指示灯显示正常。

2. 故障产生的主要原因及处理方法

ABS 系统的作用时刻是以一定的车速紧急制动，车轮即将抱死的时候，开始起作用。当车速低于某一值(约 15 km/h)后，即使车轮抱死也不会起作用(因为车速低，不会出现侧滑与甩尾现象，所以没有必要工作)。低速制动时 ABS 起作用，一般是由于车轮转速传感器产生的信号失准(但在其值域控制区内，因此不会报警)，使 ECU 错误地进入起作用状态。解决这种故障一般是将传感器进行清洁、调整或更换。

这种故障的诊断流程如图 6-5 所示。

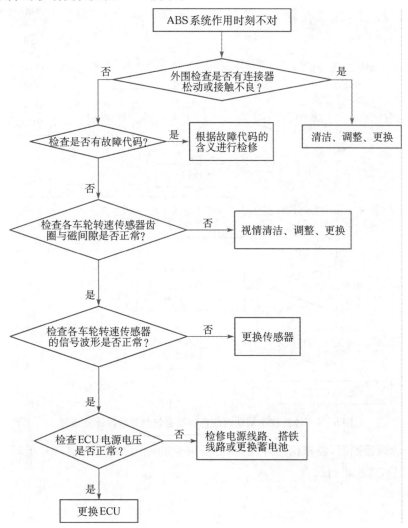

图 6-5 ABS 系统作用时刻不对故障诊断流程

三、放松驻车制动时红色制动警告灯亮

1. 故障现象

汽车在行驶中,未踩制动踏板,且已解除了驻车制动,但红色制动警告灯常亮。

2. 故障产生的主要原因及处理方法

制动警告灯受储液室中制动液量开关和驻车制动开关的控制,当红色制动警告灯亮时,ABS 的继电器不工作,ABS 系统将不投入工作。

这种故障的诊断流程如图 6-6 所示。

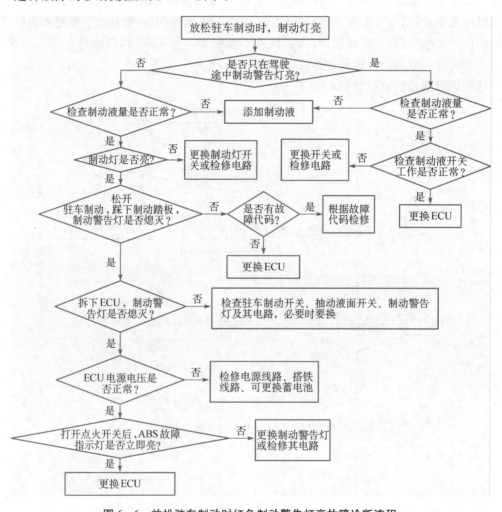

图 6-6 放松驻车制动时红色制动警告灯亮故障诊断流程

在进行故障诊断时,要根据故障现象,分析可能的原因和部位,制订并填写诊断检测计划(见表 6-1),逐步进行排查。

表6-1 诊断检测计划表

序号	可能原因	项目检查	检查方法	检查结果	正常值	结果判定
1						
2						
3						
4						
5						
6						
7						
班组长意见						

6.3 ABS系统故障维修

根据上节的诊断检测结果,确定故障部位,制订、填写维修方案(见表6-2),并实施维修。以广州本田雅阁乘用车为例对驻车制动系的维修进行说明。

表6-2 维修计划

故障部位(零部件)	故障原因	修复方法

一、ABS维修时的注意事项

(1)在拆卸作业前,切记先给ABS系统卸压,并断开ABS系统ECU的电源,收好钥匙和熔丝(工作未结束前不可通电)。这是由于ABS系统大多是电控型,这种ABS都采用了蓄压器,其中的压力可高达几十兆帕,拆卸前如不卸压,可能会导致高压油喷出伤人。卸压的方法很简单,只需断掉点火开关,反复踩动制动踏板,直至感觉不到阻力时为止。有的车可能要踩上三、四十下。卸压之后的拆卸作业即与一般制动系统无异,但需要留心轮速传感器的位置。

(2)更换抽动衬块时,回压活塞之前要先拧开制动钳的放气螺塞,否则液压缸中的积垢可能被压入管路造成元件失效。回流的油液还可能使计算机得到错误的信息,以为制动系统错误动作而使ABS关闭。

(3) ABS 的电器故障大多数并不是元件失效,而是连接不良或脏污所致。如故障代码提示是传感器故障,应首先检查传感器的各个接点处是否良好、有无锈蚀等,如发现锈蚀,应予清理并涂覆防护油,重新接好再进行测试,问题可能就此解决,并不一定非要换传感器不可(如果传感器是安装在变速器中,机油中的铁屑被磁头吸附后也可能导致传感器故障。补救措施是清理磁头并更换机油)。本田雅阁轿车的转速传感器均安装在各轮的内侧。

二、本田雅阁轿车 ABS 系统的检测

1. 制动系统排气

首先确认贮液罐内的制动位应处于 MAX 线处。由两人操作,让助手慢慢踩下制动踏板数次后,然后将踏板踏住不动。松开排气螺钉,使空气从系统中排出。对每个车轮都重复上述步骤进行排气,直至制动液内不出现气泡时为止。排气顺序应按右后轮→左后轮→左前轮→右前轮进行操作。

排气过程中,应注意主缸贮液罐内加入制动液,使液位达到 MAX 线。

2. 液压系统内部泄漏的测试

从乘客侧仪表板的工具箱下脱开 ABS 系统 6 引脚检测接头,然后把它接到 ALB 检测仪上。取下调节器贮液罐的过滤器,然后将贮液罐内的制动液加注到"MAX"标线处,用扳手将高压制动液从放油螺塞中排出。

起动发动机,松开驻车抽动。将方式选择开关选到"1"位,压下"Start Test"按钮,试验开始。

在 ABS 泵运转时,将手指放在调节器贮液罐分离器的顶部,如果感到有制动液流出分离器,则有一个电磁阀发生了泄漏,转入下一步测试。如果感觉不到有制动液流出分离器,则说明该电磁阀正常,重新装上调节器贮液罐过滤器,将贮液罐内的制动液回注至"MAX"位置。

使用专用工具将高压制动液从放油螺塞排出,然后使用 ALB 检测仪,选择方式开关,重复前面步骤 3~4 次。如果电磁阀停止泄漏,重新装上调节器贮液罐的过滤器。将贮液箱内的制动液回注至"MAX"水平线。如果电磁阀仍发生泄漏,则应更换调节器。

3. ABS 功能测试

(1) 测试说明

ALB 检测仪通过模拟系统的功能和条件来确认防抱死制动系统的工作是否正常。使用检测仪之前,应检查确认防抱死系统(ABS)指示灯没有显示系统出现故障;当点火开关接通后,指示灯应发亮;发动机起动 1 s,指示灯应熄灭。

在下述任何一种情况时,均应使用检测仪 1—5 模式进行系统工作状况的检测。

① 在更换任一个 ABS 元件后。

② 在更换制动液或排放出系统内的空气后。

③ 在进行可能影响到传感器及其线路的车身或悬架的维修后。

在开动汽车前,一定要取下 ALB 检测仪。否则会引起事故的发生,同时也降低制动效能。

(2) 测试步骤

① 断开点火开关,从位于乘客侧登记表板处的工具箱下脱开 6 引脚的检测接头,将 6

引脚检测接头接到 ALB 检测仪上,如图 6-7 所示。检测时应将汽车停放在水平地面上,楔住车轮。将变速器置于手动变速器模式的空挡位置及自动变速器方式的驻车挡。

②起动发动机,松开驻车制动器。

③按下述方法使用 ALB 检测仪:将方式选择开关转到"1",按下"Start Test"(开始测试)开关:

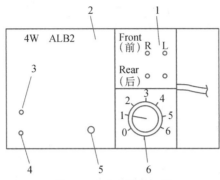

图 6-7　方式选择开关

1—监视灯;2—ALB 检测仪;3—"测试在进行"指示灯;

4—电源接通指示灯;5—"开始测试"指示灯;6—模式选择开关

a."测试在进行"指示灯应发亮。

b.过 1~2 s 后,4 个监视灯都应发亮。

c. ABS 指示灯不应发亮(否则,表明与 6 引脚接头相接的检测仪线束出了故障)。

当"测试在进行"指示灯发亮时(ON),不要转动方式选择开关。

④将方式选择开关转到"2",见图 6-8。

⑤紧紧踩住制动踏板,按下"Start Test"(开始测试)开关,见图 6-9。"测试在进行"(Test Progress)指示灯发亮的同时,ABS 指示灯应熄灭,制动踏板上应有反弹力,否则要进行检修。

⑥将模式选择开关分别转到 3,4,5,在每一位置均要执行步骤⑤程序。

模式 1:将每个车轮的模拟行驶信号由 0→180 km/h→0 送给 ABS 电脑,此时抽动踏板不应有反弹力,见图 6-9。

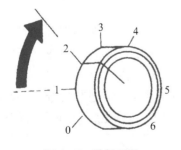

图 6-8　选择开关

图 6-9　运行顺序

1—加速;2—减速;3—开始;4—大约 30 s;5—结束

模式 2:先后将每个车轮的行驶信号和左后轮的抱死信号送给 ABS 电脑,应有反弹力。

模式 3:先后将每个车轮的行驶信号和右后轮的抱死信号送给 ABS 电脑,应有反弹力。

模式4:先后将每个车轮的行驶信号和左前轮的抱死信号送给ABS电脑,应有反弹力。

模式5:先后将每个车轮的行驶信号和右前轮的抱死信号送给ABS电脑,应有反弹力。

⑦ 检查要点

a. 要检查期间,如ABS指示灯发亮,检查有无故障码输出。如有,则根据该故障进行检修。

b. 在模式2至模式5的情况,如踏板无弹力,ABS指示灯不亮,其原因可能是:

压力开关卡住;

出油阀阻塞或卡住;

调节器线束连接不良。

三、本田雅阁轿车ABS系统故障码的读取与说明

1. 故障码的读取

(1)故障码的读取步骤

① 从位于乘客仪表盘下的接头盖上拔出诊断接头,用专用工具连接2个引脚。

② 接通点火开关,不要起动发动机。

③ 记录ABS指示灯闪烁的频率。闪烁频率代表故障码,如图6-10所示。

在起动发动机时,应将跨接线与诊断接头断开,否则只要发动机运转,故障指示灯(MIL)就会一直发亮。

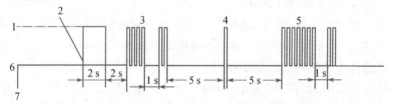

图6-10　ABS指示灯的闪烁频率

1—ABS指示灯亮;2—接通点火开关;3—故障码;4—2(主码:4;次码:2);

4—故障码:1(主码:1;次码:无);5—故障码:7—2(主码:7;次码:2);

6—ABS指示灯灭;7—连接跨线

(2)故障检修说明

① ABS电脑能对同一故障码显示3次。

② 如果ABS指示灯不亮,则可能是传感器件断裂,仪表盘灯接触不良引起的。

③ 如果没有数清闪烁频率,关闭点火开关,然后再接通,使ABS指示灯重新循环闪烁。

④ 完成修理工作后,将发动机罩下的ABS熔丝/继电器盒内的ABS B2(15 A)熔丝拆开至少3 s,以删除ABS电脑存贮的故障码,然后再次接通点火开关进行检查。

⑤ 如果将ABS电脑接头拔下,或将ABS电脑从车上取下,则电脑中的存贮将被删除。

⑥ 一边读码,一边记录下主码和次码。

2. 故障码说明

故障码说明见表6-3。

表 6-3 故障码说明

故障码		故障元件和系统	故障区域	可能的原因	不出现症状时的原因	诊断说明
主码	次码					
①	一	泵电动机超速运转		• 制动液内混有空气 • 压力开关卡在 OFF 位 • 压力开关与电脑间的电路断路 • 压力开关与车身搭铁间的 P-SW 电路断路或搭铁不良 • 泵的排液量下降 • 出油阀泄漏 • 卸压阀泄漏 • 制动液泄漏 • ABS 电脑故障		当电脑探测到泵电动机继电器接通的信号持续 40 s 以上而 ABS 不工作时,ABS 指示灯点亮
	②	泵电动机		• R/C 后视镜熔丝(7.5 A)与发动机罩下的 ABS 熔丝和继电器盒间的电路断路或对搭铁短路 • PMR 电路断路或对搭铁短路 • 泵电动机继电器故障 • 蓄电池和发动机罩下的熔丝和继电器盒间的电路断路 • ABS MOTOR(40 A)熔丝熔断 • ABS 电脑熔丝(10 A)熔断 • 电机驱动电路和发动机罩下的熔丝和继电器盒内的 MCK 电路断路或对搭铁短路 • 发动机罩下的熔丝和继电器盒与 ABS 电脑间的 MCK 电路断路或对搭铁短路 • 发动机罩下的 ABS 熔丝和继电器盒与泵电动机间的电路断路或对搭铁短路 • 泵电动机故障 • 泵电动机与车身搭铁间的电路断路或搭铁不良 • ABS 电脑故障	• MCK 电路间歇性中断 • 泵电动机继电器驱动电路间歇性中断 • 泵电动机驱动电路间歇性中断	• 当探测到 MCK 引脚处是蓄电池电压并且泵电机继电器 OFF 时,ABS 指示灯点亮 • 当探测到 MCK 端子处的电压为 0,并且泵电动机继电器 ON 时,ABS 指示灯点亮
	③	高压泄漏		• 出油阀泄漏 • 释压阀泄漏 • 压力开关电路接触不良	• 压力开关间歇性地中断 • 压力开关电路间歇性地中断	在发动机运转时,如探测到压力开关的 ON/OFF 循环信号,ABS 指示灯将点亮,ABS 起作用后,存贮将被擦除

故障码		故障元件和系统	故障区域	可能的原因	不出现症状时的原因	诊断说明
主码	次码					
①	④	压力开关		• ABS 电脑和压力开关间的电路对搭铁短路 • 压力开关卡在 ON 位 • ABS 电脑故障		在每次初始诊断时都探测到压力开关 ON 信号,则 ABS 指示点亮,当电脑探测到压力开关 OFF 信号后,存贮将被擦除
	⑧	高压系统		• 蓄压器气体泄漏 • 卸压阀所设定的压力改变 • 后出油电磁阀延迟关闭 • 压力开关所设定的压力变化	在正常温度下,ABS 指示灯可能不亮;而在寒冷的气温下,ABS 指示灯将点亮	在初始诊断时,当压力开关处于 OFF 位置时,进行本项诊断,泵电动机工作使压力开关 ON,然后电磁阀瞬间接通,如压力开关信号由 ON 变为 OFF,则 ABS 指示灯点亮
②	①	驻车制动器		• 贮液罐内的液位过低 • BACK-UP LIGHTS/METER LIGHTS(倒车灯和仪表灯)熔丝与制动指示灯间的电路断路 • 制动指示灯泡熔断 • 制动指示灯和 ABS 电脑间的电路断路或对搭铁短路 • 驻车制动开关卡在 ON 位 • 制动指示灯和驻车制动开关间的电路对搭铁短路 • 制动液位开关卡在 ON 位 • 制动指示灯和制动液开关间的电路对搭铁短路 • ABS 电脑故障	在驻车制动器仍然作用时行车(无故障显示)	行车时,探测到驻车制动开关 ON 信号达 30 s 以上,则 ABS 指示灯点亮
③	①	齿轮脉冲发生器	右前轮	• 脉冲齿轮破裂 • 转速传感器安装不当	转速传感器间歇性地中断工作	当转速传感器信号周期性消失时,ABS 指示灯点亮
	②		左前轮			
	④		右后轮			
	⑧		左后轮			
	⑫		轮胎直径不同	• 安装了不同直径的轮胎		安装了不同直径的轮胎时,ABS 指示灯点亮;当驻车制动开关为 ON 时,不能进行本项测试

续表

故障码		故障元件和系统	故障区域	可能的原因	不出现症状时的原因	诊断说明
主码	次码					
④	①	齿轮脉冲发生器	右前轮	• 转速传感器内部电路断路,或对搭铁短路 • 转速传感器和ABS电脑间的正极导线断路或对搭铁短路 • 转速传感器和ABS电脑间的负极导线断路或对搭铁短路 • 转速传感器和ABS电脑间的正极导线和负极导线短接 • 接头松动或端子接触不良 • 转速传感器间隙不当 • ABS电脑故障 • 齿轮脉冲发生器丢失 • 调节器不能正确减压	• 转速传感器内部电路间歇性中断 • 两个前轮打滑 • 变速器换到过低的档位	当车速为10 km/h以上且转速传感器信号消失时,ABS指示灯点亮;当驻车制动开关为ON时,不能进行本项诊断
	②		左前轮			
	④		右后轮			
	⑧		左后轮			
⑤	—	后轮抱死	右/左轮	转速传感器内部电路断路或对搭铁短路 • 后轮制动器拖滞 • 调节器减压不当 • ABS电脑故障	• 转速传感器内部电路间歇性中断 • 由于拉起驻车制动后,驻车制动开关卡在OFF位而导致车轮打滑 • 汽车打滑	在行车过程中当某一个车轮或两个后轮抱死,且转速传感器信号消失时,ABS指示灯点亮
	④		右轮			
	⑧		左轮			
⑥	—	失效保护继电器	前/后轮	• 失效保护继电器和ABS电脑间的继电器驱动电路对电源短路 • ABS电脑内的继电器驱动晶体管故障 • 失效保护继电器卡在ON位 • 失效保护继电器和ABS电脑间的电磁阀驱动电路对电源短路		在失效保护继电器通电之前,如探测到电磁阀端子处的电压为蓄电池电压,ABS指示灯将点亮
	①		前轮			
	④		后轮			
⑦	①	电磁阀	右前轮	• 失效保护继电器卡在OFF位 • 发动机罩下的ABS熔丝/继电器盒与ABS电脑间的电磁阀驱动电路断路 • 电磁阀与ABS电脑间的电磁阀驱动电路对搭铁短路 • ABS电脑内的电磁阀驱动晶体管故障 • 电磁阀与ABS电脑间的电磁阀驱动电路对电源短路 • 电磁阀内的驱动电路对电源短路 • 电磁阀和ABS电脑间的进油电路与出油电路短路	• 电磁阀驱动电路间歇性中断 • 电磁阀搭铁电路间歇性中断 • 失效保护继电器间歇性中断	• 在初始诊断及汽车起步时,每个电磁阀都瞬时通电,当电脑探测到电磁阀端子处的电压为蓄电池电压时,ABS指示灯点亮 • 在常规诊断时,探测到电磁阀OFF信号时,电脑探测到电磁阀端子处的电压为0,ABS指示灯点亮
	②		左前轮			
	④		后轮			

故障码		故障元件和系统	故障区域	可能的原因	不出现症状时的原因	诊断说明
主码	次码					
⑧	①	ABS起作用		• 车速在 10 km/h 以下时,转速传感器信号消失 • ABS 电脑故障	• 转速传感器内的电路间歇性中断 • 在不平道路上行驶	当 ABS 持续作用时,ABS 指示灯点亮
	②	CPU 数据有差异		• ABS 电脑故障		当 CPU 测得的数据不同时,ABS 指示灯点亮
	④	IC(集成电路)		• ABS 电脑故障		在常规诊断时,如 IC 内有异常情况,则 ABS 指示灯将点亮

6.4　本田雅阁轿车 ABS 系统 ABS 电脑和失效保护继电器的拆装

1. ABS 电脑的更换

首先拆下乘客侧的护板,脱开 ABS 电脑接头,如图 6‐11 所示,拆下三颗固定螺栓即可将电脑拆下。按相反的顺序安装。

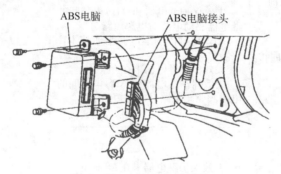

图 6‐11　ABS 电脑的更换

2. ABS 电脑继电器的位置

ABS 电脑有两种类型的继电器——失效保护继电器和电机继电器,元件位置见图 6‐12。

拆下失效保护继电器和电机继电器,即可依次检查继电器端子 C 和 D 是否导通,正常时应导通;检查继电器端子 A 和 B 间是否导通,正常时应不导通,如图 6‐13 所示。在继电器端子 C 和 D 间连接一个 12V 的蓄电池,此时继电器端子 A 和 B 间应导通。当拆下蓄电池时,就不导通。

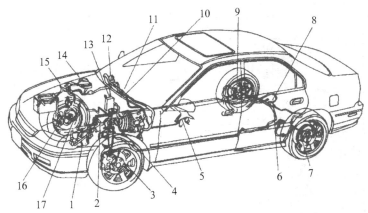

图 6‑12　ABS 系统元件及接头位置

1—调节器装置;2—左前轮传感器接头;3—左前轮传感器;4—主缸;5—驻车制动开关;6—右后轮传感器接头;7—左后轮传感器;8—左后轮传感器接头;9—右后轮传感器;10—ABS 检查接头(6 引脚);11—ABS 诊断接头(2 引脚);12—失效保护继电器;13—ABS 电脑;14—发动机罩下的熔丝、继电器盒;15—发动机罩下的 ABS 熔丝、继电器盒;16—右前轮传感器接头;17—右前轮传感器

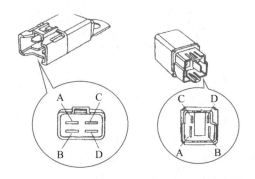

图 6‑13　失效保护继电器和电动机继电器

3. 调节器的拆卸与安装

（1）拆卸

参照图 6‑14 所示进行拆卸。断开调节器的 14 引脚接头和泵电机的 2 引脚接头,从调节器支架上拆下线束夹(安装线束夹时,应将线束调到图 6‑14 上方所示的尺寸进行装配)。旋下 3 个 M8 固定螺母,即可将调节器从支架上拆卸下来。

（2）安装

在将调节器装到车上之前,一定要先慢慢倾斜调节器,使空气从调节器的进油口排出,如图 6‑15 所示(在安装时,一定不要使调节器倒置或倾斜过度)。按与拆装相反的顺序安装调节器。

检查调节器体上的标志字母,正确连接制动软管,各管路的安装位置如图 6‑16 所示。

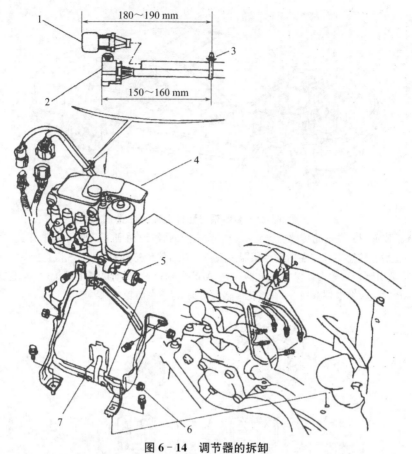

图 6-14　调节器的拆卸

1—泵电机的 2 引脚接头；2—调节器 14 引脚接头；3—线束夹；
4—调节器；5—橡皮塞；6—M8 螺母；7—调节器支架

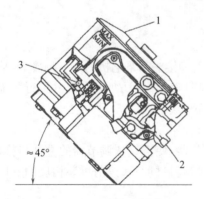

图 6-15　倾斜调节装置

1—贮液罐；2—调节器；3—进油口

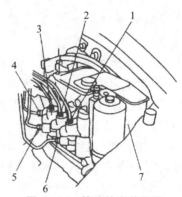

图 6-16　管路的安装位置

1—连接右前轮至 FR 的管路；2—连接左后轮至
RL 的管路；3—连接右后轮至 RR 的管路；4—连
接左前轮至 FL 的管路；5—连接主缸副侧的管
路；6—接自主缸主侧的管路；7—调节器

起动发动机并使之怠速运转几分钟后,检查 ABS 指示灯是否熄火;制动管接头有无制动液泄漏。关闭发动机后,检查贮液罐内的制动液位是否处于"MAX"线处,然后给制动系统排气并检测 ABS 的功能。

6.5 车轮转速传感器的检测与拆装

1. 检测

(1) 前轮脉冲发生器/传感器的检测:查看脉冲发生器的轮齿是否有断齿或受损。用手旋转驱动轴,同时测量传感器和脉冲发生器之间所有的圆间的间隙,如图 6-17 所示。其标准间隙:0.4～1.0 mm。如果任何一点间隙超过 1.0 mm,很可能是转向节变形,需要更换转向节。

(2) 后轮脉冲发生器/传感器的检测:首先检查脉冲发生器的齿牙是否有磨损或断齿。然后,用手旋转驱动轴,同时测量传感器和脉冲发生器之间所有圆周间的间隙,其标准间隙:0.4～1.0 mm,如图 6-18 所示。检查间隙时,如有任何一点间隙超过 1.0 mm,很可能是因为转向节变形,需要更换转向节。

(3) 车轮转速传感器信号的检查:使用 ALB 检测仪(模式 0)来确认车轮转速传感器的工作是否正常。

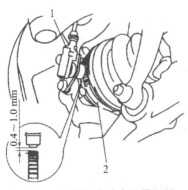

图 6-17 前轮脉冲发行器间隙
1—前轮传感器;2—前轮脉冲发生器

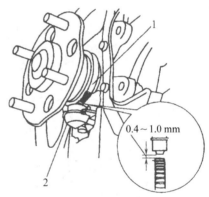

图 6-18 后轮脉冲发生器间隙
1—后轮脉冲发生器;2—后轮传感器

检测时,从位于乘客座椅下的横梁接头盖上拔出 6 引脚的检测接头,将其接到 ALB 检测仪上。顶起汽车,使四轮离地并用安全架支撑住汽车。而后接通点火开关,将方式选择开关转到"0"位。将变速器置于空挡位置,用手转动每个车轮(以每秒钟一圈的速度旋转),确认当车轮旋转时,检测仪上相应的监控灯会闪烁。但在某些情况下,前轮不一定转动得快得到足以清楚地看到监控灯的闪烁,如有必要,可起动发动机使前轮慢慢地加速和减速。监控灯闪烁表明车轮转速传感器的信号正常。如果监控灯不闪烁,则应检查相应的传感器及其间隙和接线/接头。

2. 维护

车轮转速传感器经检查有故障时，只能进行更换。在维护更换时，只需拆下车轮转速传感器的接头与两颗固定螺栓，即可将传感器拆卸下来。安装时，按拆卸的相反步骤安装。前传感器与后传感器的拆卸如图 6-19 和图 6-20 所示。

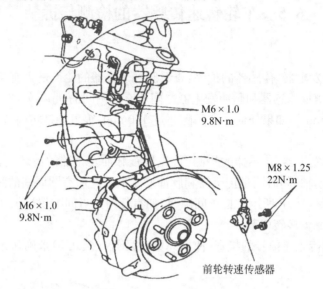

图 6-19　前传感器的拆卸

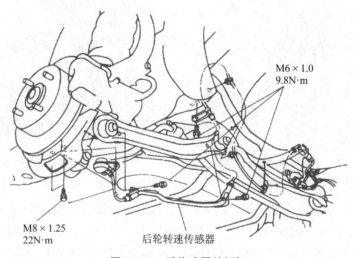

图 6-20　后传感器的拆卸

6.6　检　验

确认计划的维修项目全部实施完成之后，进行试车，验证前面的推断是否正确，检查故障是否完全排除，并对维修质量进行评价。

毕业设计参考范文一

汽车 ABS 轮速传感器原理及检修

摘要:ABS 作为一种非常重要的主动安全装置已广泛应用于汽车底盘系统中,大大提高了汽车制动时安全系数,而轮速传感器的正常工作是保证该系统正常运行的前提.本文就轮速传感器作用、结构原理及检修方法进行阐述,对轮速传感器故障诊断有一定参考意义.

关键词:ABS;轮速传感器;检修方法

1　汽车 ABS 作用及结构原理

1.1　汽车 ABS 的作用

汽车在制动过程中,常常会因为驾驶员紧急刹车,出现车轮抱死现象,车轮抱死往往会引起汽车的侧滑、甩尾、掉头等问题,造成非常大的安全隐患。ABS 是汽车防抱死制动系统的简称,它是在常规制动系基础上,加装一套电控液压制动调节装置,既能防止车轮抱死,还能使汽车在制动状态下有良好的转向能力,从而大大提高了制动尤其是紧急制动时汽车的安全系数。

1.2　汽车 ABS 的结构

ABS 系统通常由电子控制单元(ECU)、制动压力调节器、轮速传感器和 ABS 警示装置等组成。电控单元根据轮速传感器的输入信号实时监测和判断汽车各车轮的运动状态,当判断车轮存在抱死倾向时,控制制动压力调节器对相应制动轮缸的制动压力进行调节,解除抱死危机。

1.3　汽车 ABS 的工作原理

ABS 的工作原理就是在汽车制动过程中电控单元通过不断检测车轮运转速度的变化,按特定的控制方法,通过电磁阀调节制动轮缸制动压力,最终使汽车车轮能获得最佳制动效率,消除车轮抱死问题,使汽车在整个制动过程中能够保持良好的行驶稳定性和方向可操作性。当 ECU 监测到系统故障,将恢复常规制动,关闭 ABS,同时点亮 ABS 警告灯,以提醒驾驶员尽快进行修理。

2　汽车 ABS 轮速传感器检修

2.1　ABS 轮速传感器故障现象及原因

ABS 轮速传感器常见的故障现象是信号接触不良,线路中断等造成 ABS 不起作用,ABS 警告灯常亮、不亮和间歇点亮现象。此类故障大多是因为轮速传感器自身的损坏、线路故障或齿圈与感应头之间间隙过大造成传感器信号输出异常,另外也有可能是传感器安装不当或行驶途中异常振动造成传感器偏斜。

2.2 ABS 轮速传感器检修注意事项

（1）当点火开关打开时，不能随便拆卸车轮轮速传感器，否则会损坏传感器元件。

（2）维修过程中，应保持场地和维修工具的清洁干净，防止尘埃物进入传感器造成信号异常。

（3）对轮转速传感器检查维修时，一定不能碰伤齿圈的轮齿和传感头，更不能将齿圈作为支点来回撬动。否则，可能会引起轮齿变形，使轮转速传感器信号不正常。

如果其超过了设置电压的阈值，逆变回馈设备就进行工作。对通过滤波之后电流的信号和电压进行采集并处理，然后对其进行 PI 调节，可以出现对 SVPWM 进行控制的信号，以便利用驱动的电路对逆变装置开关的关断和导通进行控制，逆变装置把直流电转化为交流电，通过滤波器的处理，使变压器的压力得到改变，进而对动力的照明体系的用电进行供给。

3 ABS 系统的故障检修案例

ABS 系统常见的故障，主要有 ABS 系统不工作、ABS 系统工作频繁、制动距离过长、ABS 警告灯点亮、ABS 警告灯亮但 LED 灯不亮、制动踏板颤动或有噪声以及制动踏板工作异常等现象。虽然各种车型 ABS 系统结构、安装位置等可能不同，但对各种故障的检修思路和方法却大同小异。

在我们的汽修工作中，必须根据车型及故障特点进行分析。本文选取了几个典型的故障案例进行分析。

一辆奥迪车 ABS 故障灯报警，ABS 系统不起作用，读取故障码显示左后轮速传感器损坏，故障数据截图记录如下。

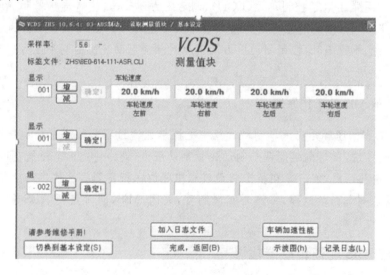

图 1　数据故障截图

故障发生时采集到的数据：奥迪 ABS 数据路试时，时速超过 20 公里就会强制性退出检测，保证行驶安全。

根据维修经验，我们使用下列步骤进行排除。

（1）使用空载电压检测法对比两后轮数据，左为 450 mV；右边为 4.7 V，左边电源或信号地出现问题，再次检查信号电源电压为 4.7 V，说明信号地线对地断路。

（2）检查电脑信号地到传感器的信号地线路的连接，使用试灯加载测试，发现线路无断路、短路问题。

（3）结合上述检查判断 ABS 电脑损坏。

（4）更换电脑。

最后故障排除。

另有一辆奔驰 ML500 越野车其故障现象为在行驶中仪表板上的 ESP、ETS 以及 ABS 这 3 个仪表灯全部点亮。首先，根据 ESP、ETS 以及 ABS 等仪表灯全部点亮，故障可能涉及一个综合控制件或 ECU 及外围电路。用故障诊断仪 STAR 进行检查，查询 ESP 系统后得到 1 个故障码 C1402，疑为"高压回流泵故障"；出现这个故障码的可能部位有 ABS 泵、ESP 控制单元以及相关电路。由于涉及机械控制，只能用代替法，故用另一辆车上的 ABS 泵进行了替换试验，清除故障码后进行路试，调取故障码仍是 C1402，这说明 ABS 泵没有问题。又将两车的 ESP 控制单元进行了对调。由于更换了 ESP 控制单元，进行路试时发现 ETS 灯仍然会在起步时亮起，而 ABS 灯却在起动后常亮了。调取故障码仍是 C1402，由此可以排除 ABS 泵和 ESP 控制单元的问题。对照 ABS 系统电路图，发现 ABS 泵 A7/3 中的高压回流泵 M1 上只有 2 根连接线，1 根线在左前照灯附近搭铁，另 1 根是由 K25 继电器控制。K25 继电器有 5 个脚，1 号脚和 2 号脚分别连接到 ESP 控制单元 N47 的 10 号脚和 12 号脚。而 5 号脚则分 2 条线，1 条线连接到 ESP 控制单元 N47 的 11 号脚，另 1 条线连接到 M1 高压回流泵，3 号脚则连接常正电源线。再仔细检查了 ABS 泵和 ESP 控制单元上的线束插头，并测量了相关线路的阻值，未发现问题；从电路图，可看出继电器 K25 在 ESP 控制单元和 M1 高压回流泵之间起着线路连接作用，为此将 K25 继电器进行了替换试验，进行路试，ETS 灯和 ESP 灯不再点亮，故障码 C1402 也没有再出现，故障排除。

4　结论

总之，ABS 利用电子电路自动控制车轮制动力，能够防止车轮完全抱死，提高制动减速度和缩短制动距离，并有效地提高车辆制动的稳定性，防止车辆侧滑和甩尾，其正确使用和检修十分重要。

参考文献

[1] 何金戈.汽车传感器原理与检修[M].北京：化学工业出版社，2015.

[2] 梅钰.浅谈汽车防抱死系统结构原理及故障检测[J].科技创业家，2013(23):46-47.

[3] 黄江航.浅谈汽车防抱死系统的组成及工作原理[J].机械工程与自动化，2011(06): 67-68.

[4] 任宏.汽车轮速传感器的检验检测[J].科技创新，2013(22):23-24.

[5] 张连才，吴立刚.防抱死制动系统（ABS）[J].黑龙江科技信息，2009,(12):3.

[6] 李坡.ABS 防抱死系统制动系统故障检测[J].产业与科技论坛，2012,(9):66-67.

[7] 许红军.汽车 ABS 系统的结构与检修[J].汽车维修，2016,(11):46-47.

[8] 吴敏.汽车 ABS 的检修实例[J].商情，2016,(47):129.

点评：ABS作为一种非常重要的主动安全装置在现在的车型中已经是标准配置，其检修具有典型意义。

这篇毕业设计的作者，首先阐述了ABS的结构和原理，接着深入分析了其传感器的原理。并借助工具，对传感器进行诊断。最后再用奥迪和奔驰两车车辆的故障为实例来分析诊断。我们可以看到虽然不同车型的诊断有区别，但大体诊断思路是一致的。

这篇毕业设计字数符合要求，有数据分析截图。文章书写规范，对同学们具有很好的参考价值。工作经验丰富的作者，还可以对两辆车的故障诊断步骤写得更详细些。

毕业设计参考范文二

汽车 ESP 结构及常见故障检修

摘要：ESP是一种新型汽车主动安全系统，在汽车上已经得到广泛使用。这篇毕业设计首先分析了ESP的结构，接着分析了ESP的工作原理和工作结构。然后毕业设计中以实践经验为切入点，深入分析了ESP出现故障的检修方法。

关键词： ESP；故障；检修

随着现代汽车技术的发展，汽车的主动安全性已有着大大地提高。汽车电子稳定系统（简称ESP）便是一种新型汽车主动安全系统。它可实时监控汽车的行驶状态，在紧急躲避障碍物或转弯时出现转向不足或转向过度时，可使汽车避免偏离理想轨迹，从而减少交通事故。ESP系统大致由四大部分构成（如图1所示）。

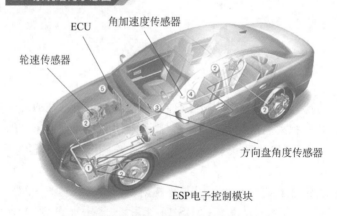

图 1　ESP 系统结构示意图

用于检测汽车状态和驾驶员操作的传感器部分、用于估算汽车侧滑状态和计算恢复到安全状态所需的旋转动量和减速度的ECU部分、用于根据计算结果来控制每个车轮制动力和发动机输出功率的执行器部分以及用于告知驾驶员汽车失稳的信息部分。

一、ESP 简介

ESP 是一套计算机程序,通过从各传感器传来的车辆行驶状态信息进行分析,进而向 ABS 和 ASR 发出纠偏指令,帮助车辆维持动态平衡。工作时,ESP 不需要驾驶员对其进行操作,而是根据实际情况做出反应,从而不再盲目服从驾驶员,使汽车行驶安全性大大提高最重要的信息由偏航率传感器提供,负责测定汽车围绕纵轴的旋转运动(偏航率),其他传感器负责记录偏航角速度和横向加速度。ESP 计算出保持车身稳定的理论值,与偏航传感器和横向加速度传感器测得的数据进行比较,发出平衡纠正指令,转向不足产生向理想轨迹曲线外侧的偏离倾向,过度转向产生向理想轨迹曲线内侧的偏离倾向,ESP 自动纠正驾驶员的不足转向和过度转向。ESP 能够自动地向一个或多个车轮施加制动力,在某些情况下每秒可进行 150 次的有效制动,以确保汽车行驶在选定的车道内。它有以下三种类型:

① 4 通道或 4 轮系统,能够自动地向 4 个车轮独立施加制动力。

② 2 通道系统,只能对 2 个前轮独立施加制动力。

③ 3 通道系统,对 2 个前轮独立施加制动力,对后轮一同施加制动力。

二、ESP 工作过程

(1)压力升高阶段。制动时,只要车轮稳定,制动钳(或车轮轮缸)中的压力相当于制动主缸产生的压力。制动踏板上的作用力直接作用在制动车轮轮缸上。进入电磁阀处于打开状态。排出电磁阀关闭。ESP 的 ECU 不参与该运行阶段。

(2)压力保持阶段。制动时,制动钳(或车轮轮缸)中的压力升高到某一车轮稳定车速,ESP 的 ECU 参与该运行阶段,通过操作选择进入电磁阀关闭,排出电动阀关闭,车辆保持匀速运行。控制电磁阀脉冲关闭时长由通/断占空比来驱动,以调节高压制动液并控制在匀速所需的合适水平。

(3)压力下降阶段。当某一侧车轮极度不稳定,某一侧车轮制动附着力迅速降低,超过滑动界限值后,ESP 的 ECU 参与该运行阶段。这时,由于进入电磁阀还处于关闭状态,计算机打开排出电磁阀,它将某一侧车轮制动钳(或车轮制动轮缸)与储能器连通,调节油泵开始工作,储能器膜片移位并压缩弹簧来降低管路中的压力,车轮恢复速度。同时,计算机控制压力调节泵将储能器中的制动液输送到制动主缸的储液室中。控制电磁阀脉冲由通/断占空比来驱动,以把高压制动液调节并控制到合适的水平。增压—保压—降压—增压过程往复循环。

三、ESP 工作原理

ESP 是一套电脑程序,通过对各传感器传来的车辆行驶状态信息进行分析,进而向 ABS 和 ASR 发出纠偏指令,帮助车辆维持动态平衡。工作时,ESP 不需要驾驶员对其操作,而是根据实际情况做出自动反应,从而实现主动安全,不再盲目服从驾驶员,使汽车行驶安全性大大提高。最重要的信息由偏转率传感器提供,负责测定汽车围绕纵轴的旋转运动(偏转率),其他传感器负责记录偏航角速度和横向加速度。ESP 电子控制单元 ECU 计算保持车身稳定的理论值,与偏转率传感器和横向加速度传感器测得的数据进行比较,发出平衡纠偏指令。转向不足产生向理想轨迹曲线外侧的偏离倾向,过度转向产生向理想轨迹曲线内侧的偏离倾向。ESP自动纠正驾驶员的不足转向和过度转向。

1. 轮速传感器

ECU根据来自轮速传感器的信号计算车轮的转速。有两种不同工作原理的传感器:被动式(感应)和主动式(霍尔)速度传感器。主动式传感器正变得越来越为普及。它们应用磁场对轮速进行非接触式检测,同时还具备识别车轮旋转方向和停转的能力。

2. 转向角度传感器

它监测转向盘旋转的角度,帮助确定汽车行驶方向是否正确。结合来自轮速传感器和转向角度传感器的输入信息,ECU计算出车辆的目标动作。转向角度传感器的工作范围(量程)为720°。在方向盘满舵转动范围内,其误差在5°之内。

3. 侧滑率和加速度传感器

侧滑率传感器记录汽车绕垂直轴线的旋转,确定汽车侧滑与否。旋转的角度取决于由ECU测得的横向加速值,并且监测车辆转向的数据。并将从其他传感器传来的信号整合,判定驾驶者的意图与实际车辆动态,进而取用修正后的参数,对制动力进行调整。

四、ESP诊断实例

一辆奔驰越野车,行驶里程8万多千米。行驶中仪表板上的ESP(电子稳定控制系统)、ETS(循迹控制系统)以及ABS(制动防抱死系统)3个仪表灯全部点亮。

首先用故障诊断仪进行检查,查询ESP系统后得到1个故障码C1402,含义为"高压回流泵故障"。根据维修经验,出现这个故障码的可能部位有ABS泵、ESP控制单元以及相关电路。经车主要求,维修人员使用另一辆车上的ABS泵进行了替换试验,清除故障码后进行路试,只行驶了很短的距离仪表板上的ETS灯就点亮了,调取故障码还是C1402,这说明不是ABS泵的问题。奔驰ML500的ESP控制单元位于发动机舱内的熔丝盒内,紧靠着发动机控制单元,为了排除故障,我们又将两车的ESP控制单元进行了对调。由于更换了ESP控制单元,所以先用故障诊断仪对控制单元进行了编码,并激活了驾驶测试。

根据维修手册,奔驰ML车系的路试标准说明如下。

(1)奔驰ML车系在更换ESP控制单元、横向加速度传感器或偏移率传感器后,必须进行标定,并进行路试学习。

(2)激活测试:用故障诊断仪进入Controlunitadaption(控制单元匹配)中的Drivingtest(驾驶测试),进行初始化路试。

注意:此时无论点火开关位于"ON"还是"OFF",路试程序都将被激活,并且会储存故障码C1200,以说明驾驶测试被激活(roadtestactive),此故障码无法用故障诊断仪清除,只有路试成功后才会自动清除。

(3)动态测试:驾驶车辆以5~25 km/h的速度向前行驶,几分钟后,向左或向右匀速地转弯使车辆做圆周运动(转向角度不能大于360°)。

进行路试时,我们发现ETS灯仍然会在起步时亮起,而ABS灯却在起动后常亮了。

调取故障码,除了故障码C1402之外又增加了1个故障码C1200,含义为"驾驶测试被激活",原来是进行完驾驶测试激活后没有退出。故障码C1200用故障诊断仪无法清除,于是维修者继续进行试车。正在一筹莫展时,仪表板上的 ESP、ETS 以及 ABS 灯全都熄灭了。将发动机熄火后再打开点火开关,我们发现仪表板上的故障灯全都不亮了,关掉点火开关,等待几分钟后再打开点火开关,故障灯又全部点亮了。再仔细观察各个仪表的显示,里程表不显示公里数,燃油表指针转了 300 多度,转速表指针也不正常。

为了使仪表指示恢复正常,维修人员进行了多次通、断电试验,但是没有效果。这时车主突然反映这辆车的仪表曾经调校过,而且在第 1 次调表时没有调好,安装后燃油表指示就不正常,后来又重新调校了一次,燃油表指示才恢复正常。听到这种情况,维修者决定重新进行仪表调校。找到仪表备份数据,使用编程器重新写入一遍程序后,各个仪表的指示都恢复正常。

经过上面的检修过程,基本上可以排除 ABS 泵和 ESP 控制单元的问题。找到 ABS 系统电路图,发现 ABS 泵 A7/3 中的高压回流泵 M1 上只有 2 根连接线,1 根线在左前照灯附近搭铁(W9),另 1 根是由 K25 继电器控制。K25 继电器有 5 个脚(4 号脚空),1 号脚和 2号脚分别连接到 ESP 控制单元 N47 的 10 号脚和 12 号脚。而 5 号脚则分 2 条线,1 条线连接到 ESP 控制单元 N47 的 11 号脚,另 1 条线连接到 M1 高压回流泵,3 号脚则连接正常电源线。仔细检查了 ABS 泵和 ESP 控制单元上的线束插头,并测量了相关线路,但没有发现问题。因为继电器 K25 在 ESP 控制单元和 M1 高压回流泵的线路之间起着重要的连接作用,于是将 K25 继电器进行了替换,在进行路试的过程中,ETS 灯和 ESP 灯不再点亮,故障码 C1402 也没有再出现,看来故障点确实在于继电器 K25。接下来需要解决被故障诊断仪STAR 激活的驾驶测试引起的 ABS 灯常亮的问题。

按照故障诊断仪上的提示,在拔掉诊断插头后进行一段距离的行驶就会关闭被激活的驾驶测试,但是我们行驶了很长的距离 ABS 灯仍然没有熄灭。

在奔驰的 WIS 中找到关于驾驶测试的说明,按照说明的规定进行行驶,ABS 灯自动熄灭了,到此故障彻底排除。

五、结　论

ESP 不是独立的系统,而是建立在别的牵引系统之上,因而也有牵引系统的特征。它有利于驾驶员操作轻松。易于汽车稳定控制,减少交通事故。在实际检修工作中,我们应认真分析其故障原理,从而排除故障。

[1] 邵长宽.凯美瑞 ABS 灯偶尔点亮[J].汽车维修与保养,2013,(12):72 - 73.

[2] 陈崇月.ESP 系统工作原理及检修[A].2010 机械工程学术论文报告[C],2013,(12):154 - 156.

[3] 张明伟 ESP 汽车电子稳定系统分析[A].2012 年河南省汽车工程协会论文[C],2012 (11):1 - 8.

[4] 何友国.汽车主动安全分析[A].2012 年安徽省汽车工程协会论文[C],2014(7):135 - 138.

［5］中国汽车技术研究中心.汽车安全发展报告［R］.社会科学文献出版社,2016.

［6］王淑君.汽车安全驾驶技术全程图解［D］.化学工业出版社,2017.

点评:在现有的车型中,ESP作为一种非常重要的主动安全装置,其检修具有越来越广泛的运用,所以这篇文章的选题很具有现实意义。

这篇毕业设计的作者,首先阐述了ESP的结构和原理,接着深入分析了其几种不同传感器的原理。接着再用奔驰车辆的故障为实例来分析诊断,诊断思路清晰,原理分析透彻。

这篇毕业设计字数符合要求,有数据分析截图。文章书写规范,对同学们具有很好的参考价值。

同学们可以注意这篇毕业设计中还参考了发展报告,大家可以注意其标注方法。

汽车空调

自动空调系统是由驾驶人设定所需车内温度,微机自动调节车内空气温度、湿度和风量等,以满足舒适性要求。自动空调系统由于在改善乘坐舒适性、安全性、环保节能、操纵方便等方面具有明显的优势,正逐步向中低档轿车普及。

自动空调系统一般由制冷系统、取暖系统、通风系统、控制系统和气净化系统5部分组成。

制冷系统是采用蒸气压缩式的制冷原理,对车内或由车外部进入车的新鲜空气进行冷却、除湿和净化,使车内空气变得凉爽舒适。其主要由压缩机、冷凝器、储液器、膨胀阀、蒸发器、车内温度传感器、车外温度传感器、光照传感器等组成。

取暖系统是把发动机的冷却水引入加热器,利用鼓风机对车内或由车外部进入车内的新鲜空气进行加热,达到取暖、除霜的目的。其主要由发动机水套、水阀、加热器芯、冷却液温度传感器、鼓风机等组成。

通风系统是利用鼓风机将车外的新鲜空气引入车内,把处理后的空气通过空调器及风道送出到需要的部位,再把车内的污浊空气排出车外,起到通风和换气的作用。其主要由内外风门、鼓风机及风道等组成。

7.1 空调制冷系统结构与检修

当车外温度超过 20 ℃时,只能靠制冷系统的冷风降温达到舒适性的目的。熟知一辆车的汽车空调制冷系统的组成、工作原理、控制电路,才能很好地诊断排除汽车空调制冷系统的故障。

一、制冷系统的结构组成及工作过程

制冷系统是汽车整个空调系统的基础部件,主要由压缩机、冷凝器、储液干燥器、膨胀阀、蒸发器、压力开关、冷凝器风扇、制冷管路、制冷剂等组成。目前大多采用热力膨胀阀制冷系统或孔管式制冷系统,如图 7-1 和图 7-2 所示。

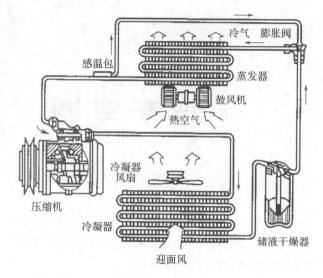

图7－1　热力膨胀阀空调制冷系统的组成

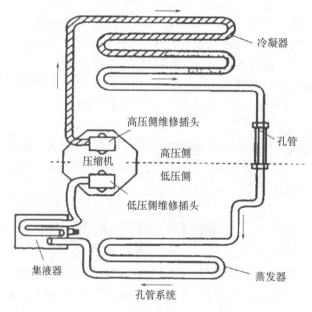

图7－2　孔管式空调制冷系统的组成

汽车制冷系统工作时,发动机驱动空调压缩机工作,在空调压缩机的作用下,制冷剂在制冷系统内进行循环。以热力膨胀阀空调制冷系统为例,其工作过程如下所述。

① 压缩机吸入来自蒸发器的低温低压(0 ℃,0.15～0.2 MPa)的气态制冷剂,将其压缩成高温高压(80 ℃,1～1.5 MPa)的气态制冷剂。

② 气态制冷剂进入冷凝器后,因车外的温度低于进入冷凝器的空调系统工作原理制冷剂的温度,加上冷凝器风扇的作用,制冷剂将部分能量传给冷凝器与其周围空气,由高温高压气体被冷凝成中温高压(50 ℃,1～1.2 MPa)的液态制冷剂流入储液干燥器。

③ 经过储液干燥器的制冷剂液体,进行储液、干燥、过滤送往热力膨胀阀。

④ 中温高压的液态制冷剂通过热力膨胀阀后体积变大,其压力和温度急剧下降

(−5 ℃,0.15～0.2 MPa),以雾状(细小液滴)形式进入蒸发器。

⑤ 雾状低温低压的制冷剂进入蒸发器后,因制冷剂的沸点远低于蒸发器内的温度,雾状制冷剂不断吸热迅速蒸发成气态制冷剂。制冷剂在蒸发过程中吸收蒸发器外表面及蒸发器周围的热量,从而使流经蒸发器表面的空气温度迅速下降,产生了制冷降温的效果。

⑥ 而后低温低压的气态制冷剂(0 ℃,0.15～0.2 MPa)又进入压缩机,开始下次循环。

二、制冷系统主要部件的结构与工作原理

1. 压缩机

压缩机是空调制冷系统的主要部件之一,其功用是:一方面维持制冷剂在系统中的循环流动;另一方面对低温低压的气态制冷剂进行加压,使之超过冷凝器外界大气的温度和压力,以便在冷凝器中向外界大气放热,并形成液态制冷剂。

轿车空调制冷系统的压缩机一般由汽车发动机驱动,其结构形式有很多种,目前斜盘式压缩机和翘板式压缩机应用较广。

(1) 斜盘式压缩机

斜盘式压缩机又称为回转斜盘式压缩机。该压缩机具有工作可靠、结构紧凑、体积小、质量轻等优点,在奥迪、捷达、红旗、富康等轿车上应用广泛。其结构如图 7-3 所示。

斜盘式压缩机采用往复式双头活塞,依靠斜盘的旋转运动,使双头活塞获得轴向的往复运动。双头活塞中间开槽与旋转斜盘装合,因此可由斜盘驱动其在前、后两个气缸内往复运动。压缩机主轴和斜盘旋转一周时,双头活塞前、后两个气缸内往复运行两个行程。活塞向前移动时,前气缸中进行压缩行程,后气缸中则进行吸气行程;反向时,前、后两个气缸的作用互相对调。回转斜盘式压缩机的缸数为双数,常见的有 6 缸和 10 缸。各气缸沿圆周方向、前后成对均匀布置,各气缸均装有进、排气阀,各气缸的进气腔和排气腔分别通过管路连通。

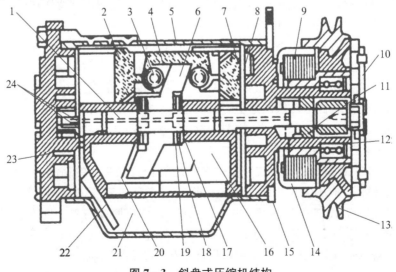

图 7-3 斜盘式压缩机结构

1—主轴;2—活塞;3—钢球;4—支承盘;5—外壳;6—旋转斜盘;7—吸簧;8—外放泄阀板;9—电磁离合器线;10—压盘;11—密封座;12—滑动轴承;13—带轮;14—离合器线圈外壳;15—前端盖;16—气缸前半部;17,19—推力座圈;18—推力轴承;20—气缸后半部;21—油池;22—吸油管;23—后端盖;24—油泵齿轮

（2）翘板式压缩机

翘板式压缩机具有结构紧、工作平稳、质量轻的优点。各气缸以压缩机轴线为中心均匀布置，各气缸的轴线与输入轴的轴线相互平行。活塞与翘板用连杆和球形万向节相连，以协调活塞与翘板的运动。翘板中心用钢球定位，并用一对齿轮限制翘板只能左右摆动而不能转动。由于斜盘与翘板的接触面为斜面，所以当压缩机工作时，主轴带动斜盘一起转动，翘板则以定位钢球为中心做摇摆运动，并通过连杆带动活塞在气缸内做往复直线运动。其工作原理如图 7-4 所示。

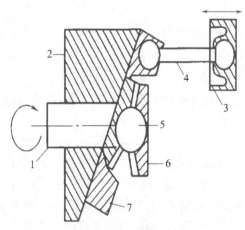

图 7-4 翘板式压缩机的工作原理

1—压缩机主轴；2—斜盘；3—活塞；4—连杆；5—定位钢球；6—防转链齿轮

（3）可变排量压缩机

由于压缩机的动力由发动机提供，且转速随发动机转速而变化，从节约能源方面考虑，出现了可变排量压缩机。可变排量压缩机有容量固定变化式和连续变化式两种。

① 容量固定变化式可变排量压缩机

丰田轿车采用的容量固定变化式可变排量压缩机，是在压缩机移动活塞的旋转斜盘上增加了一个可变排量机构。它可以使全部 10 个气缸同时工作（称全容量 100％ 工作），也可以使其中的 5 个气缸工作（称半容量 50％ 工作），空调 ECU 根据冷却液温度传感器信号确定是否给可变排量机构的电磁线圈通电，从而控制压缩机在全容量和半容量之间转换。可变排量压缩机的结构如图 7-5 所示，主要由柱塞、电磁阀、电磁线圈、单向阀和排出阀等组成，可变排量机构位于压缩机的后部。

图 7-5 所示为容量固定变化式可变排量压缩机全容量工作的情况。此时电磁线圈不通电，电磁阀在弹簧弹力的作用下，将 a 孔打开、b 孔关闭。高压制冷剂经过旁通通回路从 a 孔进入柱塞的右侧，使柱塞右侧压力增大。因此，柱塞克服弹簧弹力向左移动，排出阀挤压在阀盘上通过由旋转斜盘转动产生的活塞运动，在后部（5 个气缸）也产生高压，于是压缩机所有 10 个气缸都运转。此时，在压缩机后部产生的高压将单向阀向上推，来自压缩机后部的高压气体与来自压缩机前部的高压气体一起流至冷凝器。

图 7-6 所示为容量固定变化式可变排量压缩机半容量工作的情况。此时电磁线圈通电，电磁阀阀芯在磁场力的作用下上移，将 a 孔关闭、b 孔打开。高压制冷剂不能经过旁通回路进入柱塞的右侧，作用于柱塞右端的压力降低，柱塞在弹簧力的作用下回到右侧，排出

阀离开阀盘,停止压缩机后部5个气缸的工作。此时,单项阀由于上下压差而落下,关闭从后部排出高压气体的通道,防止压缩机前部产生的高压制冷剂回流。

当压缩机重新启动时,以半容量工作,从而减少了压缩机起动时的振动。

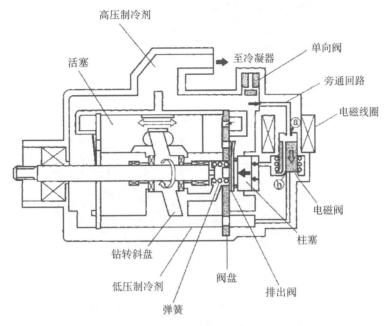

图7-5　容量固定变化式可变排量压缩机全容量工作的情况

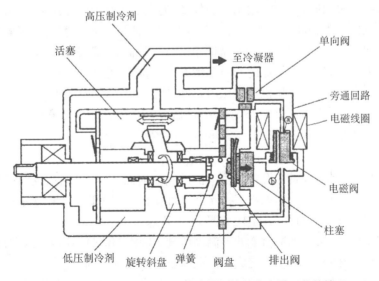

图7-6　容量固定变化式可变排量压缩机半容量工作的情况

②　容量连续变化式可变排量压缩机。大众车系轿车采用的容量连续变化式可变排量压缩机的结构如图7-7所示。该压缩机通过改变斜盘的倾斜度来改变压缩机的容量,调节范围为5%～100%。斜盘的倾斜度取决于每个活塞两侧的压力差。活塞右侧的压力受压力腔内压的影响,压力腔内的压力由调节阀和节流管道控制。

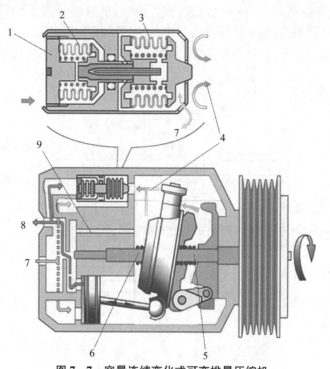

图 7-7 容量连续变化式可变排量压缩机

1—调节阀;2,3—波纹管;4—腔内压力;5,6—弹簧;
7—低压;8—高压;9—节流管道

压缩机大排量输出时,压缩机输出压力较高,通过节流管道的作用使压力腔内的压力升高。当压力腔内的压力升高到某一值时,调节阀开启,使压力腔与近期低压侧接通,故压力腔的压力处于较低状态。此时,由于压缩机输出压力较高,即活塞左侧的压力较高,因此活塞两侧的压力差增大,从而使斜盘的倾斜度增大,活塞行程变长。

压缩机小排量输出时,压缩机输出压力较低,通过节流管道作用使压力腔内的压力上升较小,调节阀处于关闭状态。此时,由于压缩机输出压力较低,活塞左侧的压力较低,因此活塞两侧的压力差较小,从而使斜盘的倾斜度减小,活塞行程变短。

2. 冷凝器

冷凝器是热交换装置,通常设置在发动机散热器前面,一般采用铝或铜材料制成芯管,并在芯管周围焊接散热片。通常在冷凝器的前面装有电控风扇,以增强冷凝器的散热率。冷凝器有管片式和管带式两种,其结构如图 7-8 所示。

空调系统工作时,从压缩机出来的高温高压气态制冷剂流过冷凝器时,在外部空气的冷却作用下,高温高压的气态制冷剂变成了高温高压的液态制冷剂。注意:安装冷凝器时从压缩机排出的制冷剂气体必须由冷凝器的上端进入,其出口必须在下方,否则会引起制冷系统压力升高,冷凝器有胀裂的危险。

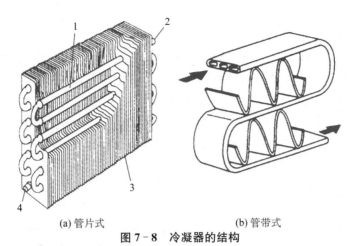

(a) 管片式 　　　　　　　　　　　(b) 管带式

图 7 - 8　冷凝器的结构

1—散热管；2—入口；3—散热片；4—出口

3. 储液干燥器

储液干燥器一般安装在冷凝器与膨胀阀之间，主要作用是储存制冷剂，过滤制冷剂中的杂质和除去制冷剂中的水分。其结构如图 7 - 9 所示。

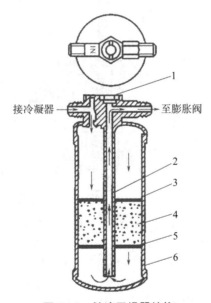

接冷凝器　　　　　至膨胀阀

图 7 - 9　储液干燥器结构

1—观察窗；2—吸取管；3—滤清器；4—干燥剂；5—滤网；6—壳体

它由玻璃观察窗、干燥剂、滤清器等部分组成。通过观察玻璃观察窗可以观察制冷的量。有些储液干燥器上装有易熔塞，当储液干燥器因冷凝器散热不良或其他零部件过热而温度急剧上升时，易熔塞熔化，排出系统中高温高压制冷剂，防止制冷系统中其他机件损坏。

4. 膨胀阀

膨胀阀是制冷系统的重要组成部件，其性能的好坏直接影响整个制冷系统的正常工作。

膨胀阀在制冷负荷和压缩机转速变化时，能自动调节进入蒸发器的制冷剂流量，以满足制冷要求，保证车内温度稳定。膨胀阀的主要类型有内平衡式膨胀阀、外平衡式膨胀阀和

H 型膨胀阀等。

（1）内平衡式膨胀阀

图 7-10 为内平衡式膨胀阀的结构。它由节流孔、感温系统和调节机构等组成。

节流孔的功用是对液态高压制冷剂节流降压。感温系统主要包括金属膜片、毛细管、感温包等。感温包内充满制冷剂气体，它通过毛细管感应蒸发器出口温度。调节机构包括阀体、阀座、顶杆、弹簧等。

感温包内气体的压力作用在金属膜片上方，而金属膜片下面承受经阀芯和顶杆传来的弹簧力与平衡压力（节流后的制冷剂压力）共同作用，阀芯直接控制节流孔的开度。当金属膜片受力平衡时，金属膜片的位置、阀芯的位置、节流孔的开度均固定。

当蒸发器出口温度较高时，感温包内气体的压力也高，作用在金属膜片上方的压力增大，使金属膜片、顶杆、阀芯向下移动，节流孔开度增大，使进入蒸发器的制冷剂流量增加，制冷量也相应增大；反之，当蒸发器出口温度较低时，节流孔开度减小，进入蒸发器的制冷剂流量减小，制冷量也相应减少。由于平衡压力是由膨胀阀内部将节流后的制冷剂引至金属膜片下方产生的，所以称之为内平衡式膨胀阀。

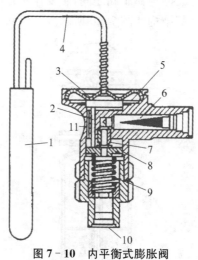

图 7-10　内平衡式膨胀阀

1—感温包；2—顶杆；3—支撑片；4—毛细管；5—膜片；
6—滤网；7—节流孔；8—阀芯；9—弹簧；10—出口；11—内平衡孔

（2）外平衡式膨胀阀

外平衡式膨胀阀的结构与内平衡式膨胀阀的结构大同小异。内平衡式膨胀阀膜片下方的压力是蒸发器进口压力，而外平衡式膨胀阀膜片下方的压力是蒸发器出口压力。因蒸发器内部会有压力损失。所以出口压力要小于进口压力。这样要达到同样的阀开度，外平衡式需要的过度热要小些，蒸发器容积效率可以提高。

（3）H 型膨胀阀

H 型膨胀阀安装在蒸发器的进、出口之间，阀上的感温器直接处在蒸发器出口介质中，感应温度不受环境温度影响，也不需要通过毛细管而造成时间滞后。H 型膨胀阀的结构如图 7-11 所示。在 H 型膨胀阀进口通道中，设有一个球阀控制的节流孔，节流孔的开度由调节弹簧和感温器控制。感温器（或称感温包）位于蒸发器出口通道上，直接感应蒸发器出口的温度。当蒸发器出口的温度升高时，感温器内气体的压力增大，膜片向下移动，通过推杆推动球阀克服弹簧力向下移动,节流孔开度增大,进入蒸发的制冷剂流量增加,制冷量也随之增加;反之,当蒸发器出口的温度下降时,感温器内气的压力下降,在弹簧力作用下球阀向上移动,节流孔开度减小,进入蒸发器的制冷剂流量少,制冷量也随之减少。

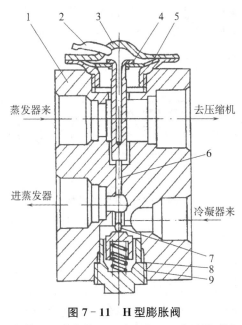

图 7－11　H 型膨胀阀

1—阀体;2—灌充管;3—动力头;4—感温器(推杆);
5—膜片;6—传动杆;7—球阀;8—调节弹簧;9—弹簧座

5. 蒸发器

汽车空调蒸发器属于直接风冷结构,是制冷系统中的重要部件之一。制冷系统工作时,来自膨胀阀的低压雾状制冷剂通过蒸发器时,吸收蒸发器周围空气的热量,借助鼓风机将冷空气吹入车厢,从而达到降低车内温度的目的。同时低压雾状制冷剂变为低温低压气态制冷剂,并回到压缩机。目前轿车上采用的蒸发器有管片式、管带式和层叠式 3 种类型。

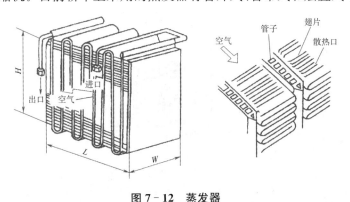

图 7－12　蒸发器

6. 孔管及集液器

孔管式制冷系统最大的特点是,用简单的节流孔管取代了结构复杂的膨胀阀,用集液器取代了储液干燥器。

（1）孔管

孔管的结构如图 7-13 所示。在一根工程塑料管中间装置了一条节流用的铜管（内径为 5 mm）；塑料管两端装有金属过滤网；塑料管外表面装有 O 形密封圈。孔管一端插进蒸发器，另一端插进从冷凝器来的橡胶管。孔管的结构简单，不易损坏，但只能起到节流降压的作用，不能有效地控制进入蒸发器的制冷剂流量。当压缩机高速运转时，蒸发器有可能蒸发不彻底，在其出口出现液态制冷剂。

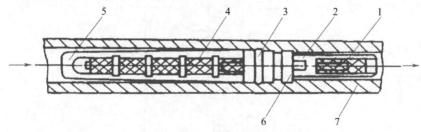

图 7-13 孔管的结构

1—毛细管；2、5—壳体；3—O 型圈；4—过滤网；6—塑料管；7—供液管

（2）集液器

为了避免压缩机发生"液击"损坏，蒸发器出口一定要安装集液器。集液器可以实现气液分离（将蒸发器出来的液态制冷剂缓冲，使其完全蒸发成气态制冷剂进入压缩机，防止"液击"），去除水分（集液器中同样装有干燥剂），储存多余制冷剂 3 种功能。

集液器的结构如图 7-14 所示，通常节流孔管会将较多的液态制冷剂节流入蒸发器用以蒸发，集液器允许蒸发器中的气态、液态制冷剂及冷冻润滑油流入其内进行储存、干燥过滤、气液分离。工作时，制冷剂从顶部进入容器，液态制冷剂沉入容器底部，而在顶部的气体制冷剂被吸出管引向压缩机，允许少量冷冻润滑油和少量液态制冷剂流回至压缩机。

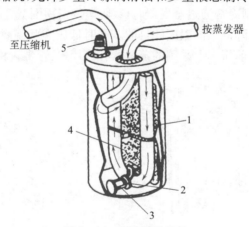

图 7-14 集液器的结构

1—出气管；2—泄油孔；3—滤网；4—干燥剂；5—测试孔口

7. 制冷剂及冷冻润滑油

（1）制冷剂

目前汽车上常用的制冷剂是 R134a（CH_2FCF_3），其特性如下所述。

① 沸点：-26.5 ℃；冰点：-101.6 ℃。在蒸发器内容易蒸发，蒸发温度低。

② 无色,无味,无毒。不易燃,不易爆,但在高温下或遇明火和红热表面时,将分解放出有毒的刺激性气体。不会破坏臭氧层。

③ 具有一定的吸湿性。对某些橡胶有腐蚀,对铜和铅有腐蚀性。

④ 与冷冻润滑油互溶,不起化学反应,不改变润滑油的特性。

对制冷系统要求:蒸发压力应稍高于大气压力,防止制冷系统产生负压而吸进空气,使制冷能力下降;冷凝压力不宜太高,对制冷设备、管路的要求也会提高,并且会引起压缩机功耗的增加。

（2）冷冻润滑油

冷冻润滑油的作用是润滑,冷却,密封,降低压缩机噪声。其本身的物理特性:淡黄色,无味,无毒,吸水性强。

冷冻润滑油的工作环境:完全溶解于制冷剂中,并与制冷剂一起在制冷系统中循环;在高温(120 ℃)与低温(-30 ℃)交替的条件下工作。

对冷冻润滑油的要求如下。

① 凝固点要低,在低温下具有良好的流动性。

② 具有一定的黏度,受温度影响较小。

③ 与制冷剂相溶性要好,否则,润滑油就会聚集在冷凝器和蒸发器的底部,阻碍制冷剂流动,降低换热能力,也就不能随制冷剂返回到压缩机中,压缩机将会因缺油而磨损加剧。

④ 具有较高的热稳定性。化学性质要稳定,与制冷剂和其他材料不起化学反应。

⑤ 挥发性要差,没有结晶状石蜡析出,不含有水分。

三、空调制冷系统中的控制装置

空调制冷系统中控制装置的功能是保证空调制冷系统正常运转,同时也保证空调系统工作时发动机的正常运转。空调控制系统主要是通过控制压缩机电磁离合器的结合与分离实现温度控制与系统保护,通过对冷凝器风扇转速的控制调节制冷负荷。

1. 电磁离合器

电磁离合器通常安装在压缩机前端,用来连接或断开空调压缩机与发动机曲轴带轮。它由空调 A/C 开关、温度开关、压力开关、空调控制器等控制,用来控制压缩机的停机、开机。

电磁离合器一般都是由带轮、压力盘、电磁线圈、驱动盘、轴承组成,如图 7-15 所示。

驱动盘和压力盘通过铆接的弹簧片连为一体,驱动盘与压缩机轴通过花键连接。电磁线圈固定在压缩机前缸盖上,带轮通过轴承固定在压缩机外壳上。当电磁线圈通电时,产

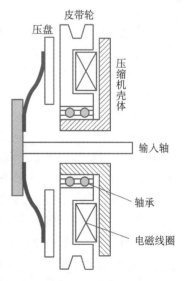

图 7-15　电磁离合器

生磁场,使压力盘与带轮接合,发动机动力由带轮通过压力盘、驱动盘传到压缩机轴,压缩机开始工作。当电磁线圈断电时,磁场消失,压力盘与带轮分开,带轮在轴承上随发动机自由转动,压缩机不工作。

2. 温控开关

温控开关又叫恒温器或温度开关，它是用来感受蒸发器表面的温度，防止由于蒸发器表面结冰而造成车内空气不能循环，导致制冷能力下降。其感温元件通常安放在蒸发器表面，当车内温度上升到某一值时，温控开关的触点闭合，使电磁离合器电路导通，压缩机开始工作；当车内温度下降到某一值时，温控开关的触点断开，使电磁离合器电路切断，压缩机停止工作。

（1）机械式温控开关

机械式温控开关是利用波纹管的伸长（温度升高时）或缩短（温度降低时）来接通或断开触点，从而使压缩机工作或停止。

机械式温控开关的工作过程是：当蒸发器温度升高时，毛细管里的感温制冷剂便因温度升高而膨胀，波纹管亦膨胀推动线圈回路，使其通电产生电磁吸力，压缩机旋转，制冷系统开始制冷。

当车厢内温度降低到调定温度以下时，波纹管收缩，框架则逆向转动，使触点断开，电转动调节凸轮可以改变弹簧的预紧度，从而改变温度的设定值。

（2）热敏电阻式温控开关

该温控开关的感温元件是一个具有负温度系数的热敏电阻，安装在蒸发器出口位置，其特性是温度升高，电阻值下降。热敏电阻将蒸发器出口温度的变化转化为电信号，传送到放大器进行放大，通过放大器控制电磁离合器电路的导通与断开。

3. 压力开关

汽车空调制冷系统中，一般都设有压力开关，分高压开关和低压开关两种。

（1）高压开关

高压开关一般安装在压缩机到冷凝器之间的高压管路上或储液干燥器上，其作用是防止制冷系统在异常高压下工作。若系统压力过高，它将自动切断电磁离合器回路，使压缩机停机，保护制冷系统零部件特别是压缩机不被损坏。有的高压开关在汽车空调系统压力过高时，还接通冷凝器风扇高速挡电路，自动提高风扇转速，以降低冷凝器的温度和压力。高压开关有触点常闭式和触点常开式两种。

（2）低压开关

空调系统有时因某些原因造成制冷剂泄漏时，冷冻油也可能随着泄漏。此时如果开启空调系统，将会因制冷剂严重不足或没有制冷剂而引起压缩机润滑不良，使压缩机遭受损坏。为此制冷系统中设置了低压开关来保护压缩机的工作。低压开关一般安装在储液干燥器与热力膨胀阀之间的高压管路上或储液干燥器上，用来感受制冷系统高压侧的制冷剂压力变化。当制冷系统高压侧压力低于一定值时，膜片带动动触点与静触点分离，切断电磁离合器线圈电路，压缩机停止工作。

（3）高低压组合开关（三位压力开关）

有些汽车空调制冷系统中，将高压开关与低压开关组合成一体。高低压组合开关的作用是：防止因系统制冷剂泄漏，高压侧压力过低而损坏压缩机；当系统内制冷剂压力异常升高时，保护系统不受损坏；在正常状况下，使冷凝器风扇低速运转，实现低噪声，节省动力；在系统压力升高后（即中压时），使冷凝器风扇高速运转，以改善冷凝器的散热条件，实现风扇二级变速。

高低压组合开关一般安装在储液干燥器上，感受制冷系统高压回路的压力信号。其工作过程是：当制冷剂压力≤0.196 MPa时，由于弹簧的压力大于制冷剂压力，因此低压保护静触点和动触点断开；当制冷剂压力为0.2～3 MPa时，制冷剂压力超过弹簧力，弹簧受力压缩，而金属膜片不变性，低压保护静触点和动触点接通，压缩机正常工作；当制冷剂压力≥3.14 MPa时，制冷剂压力既高于弹簧压力，也高于金属膜片的弹力，此时金属膜片由拱形变平，推动销子向箭头方向移动，推开高压保护动触点，电路断开，压缩机停止工作。

4. 冷却液温度开关

冷却液温度开关也称水温开关，一般安装在发动机散热器或者冷却液管路上，感应发动机冷却液温度，控制压缩机离合器，防止在发动机过热的情况下使用空调，冷却液温度开关多为双金属片结构，当发动机冷却液温度超过规定值时，触点断开，直接切断（或者触点闭合通过空调放大器切断）电磁离合器电路，使压缩机停止工作；而当发动机冷却液温度下降至某一规定值时，触点动作，自动恢复压缩机的正常工作。

也有的汽车冷却液温度开关用来控制冷凝器风扇的高速挡，当发动机温度超过某一规定值时，冷却液温度开关自动接通风扇的高速挡，对冷凝器进行强制冷却，以减小发动机的负荷。

5. 制冷剂过热开关和热力熔断器

制冷剂过热开关和热力熔断器是配套使用的。它们的作用是防止压缩机在制冷剂严重缺乏或者漏失的情况下继续运转，使压缩机损坏。

过热开关一般安装在压缩机缸盖里面，是一种温度—压力感应开关。在制冷系统处于正常状态下，过热开关保持常开；当系统因制冷剂泄露导致制冷剂不足时，制冷系统压力低，润滑不良，压缩机温度异常升高，过热开关感温管内的气体膨胀并推动膜片上移，使触点闭合，接通热力熔断器电路。

6. 环境温度开关

当环境温度过低时，压缩机内冷冻油黏度较大，流动性较差，润滑不良，如此时起动压缩机，压缩机会加剧磨损甚至损坏。有些汽车设有环境温度开关，串联在电磁离合器电路中，在环境温度低于4 ℃时，环境温度开关断开，切断电磁离合器的电路，使空调制冷系统不工作；环境温度高于设定值时，自动接通电磁离合器电路。汽车空调使用手册规定，在冬季不用制冷时，要求定期开动空调制冷系统，以使制冷剂能带动润滑油进行短时间的循环，保证压缩机以及管路连接部位和阀类零件的密封元件等不因缺油而卡死失灵。这项保养工作应在环境温度高于4 ℃时进行，冬季低于4 ℃时最好不要起动压缩机。

7. 发动机怠速或失速控制

在早晚交通高峰的道路上行驶，汽车发动机经常处于怠速运转状态，发动机输出功率小。此时开启空调制冷系统可能会造成发动机过热而停机。为防止这种情况发生，需要在发动机上增加怠速时使用空调的怠速提升装置。

此外，发动机怠速运转且空调开启时，一旦有其他因素使发动机转速下降，将造成发动机失速而熄火。为防止这种情况出现，一般汽车空调控制电路中设有防止发动机失速的控制电路。空调的控制单元通过检测点火线圈的脉冲来计算发动机的转速，当发动机转速低于一定值时，切断空调压缩机的电磁离合器电路。

8. 传动带保护控制

汽车空调压缩机多数是由传动带与发动机曲轴、发电机或动力转向泵相连的，如果压缩机出现故障而锁死,传动带会被损坏,其他附件也不能工作。为了防止该情况的发生,有些空调控制电路中采用了传动带保护控制电路。空调 ECU 同时接收发动机转速信号和压缩机转速信号,当两个转速信号的差异超过某一限值时,空调 ECU 便认定压缩机出现故障,随后就切断压缩机电磁离合器的电源,使压缩机停止工作,以保证其他附件正常运转。

7.2　空调制冷系统检修与使用中的注意事项

1. 空调检修时使用制冷剂注意事项

① 人体安全。由于制冷剂低温高压储藏,所以应避免与人体部位接触。

② 操作安全。高压储液罐不可接触高温或明火,否则会产生有毒气体造成事故;不可在系统中加注制冷剂的情况下焊接管路;搬运时防止撞击、震动;维修空调系统时,需戴上手套和防护眼镜,如果有制冷剂溅到皮肤或眼睛里,应该立即用大量冷水冲洗,然后在皮肤上涂上清洁的凡士林,并迅速请医生治疗。

③ 环境安全。制冷剂密度大,浓度达到 28.5% 就会使人窒息,操作环境应通风良好。

④ 储存安全。应放置在 40 ℃以下干燥、阴凉、通风的库房中,避免曝晒,远离火源。

⑤ 其他事项。加注制冷剂时,钢瓶不可倒立;抽真空应彻底;排放制冷剂应从低压端进行,且要进行回收处理等。

2. 冷冻润滑油使用注意事项

① 冷冻润滑油易吸水,用后应马上将盖拧紧。

② 不能使用变质浑浊的冷冻润滑油。

③ 不允许向系统添加过量的冷冻润滑油,否则会影响汽车空调制冷系统的制冷量。

④ 不同牌号的冷冻润滑油不能混用,以免造成变质。

⑤ 在排放制冷剂时要缓慢进行,以免冷冻润滑油和制冷剂一起喷出。

⑥ 更换制冷系统部件时,应适当补充一定量的冷冻润滑油,添加量按维修手册进行。

⑦ 在加注制冷剂时,应先加冷冻润滑油,然后再加注制冷剂。

3. 膨胀阀使用注意事项

① 膨胀阀虽然设置了调节螺杆,但是一般来说,产品在出厂之前就已经调节好了,在使用过程中一般是不允许调节的。

② 膨胀阀的阀体要垂直放置,不能倾斜安装,更不能颠倒安装。

③ 感温包一定要贴紧蒸发器出口管道,且接触面要除锈干净。当感温毛细管管径小于25 mm 时,感温包贴在吸气管顶部;当管径大于 25 mm 时,感温包包扎在水平管下侧 45° 或侧面中间。

4. 储液干燥器使用注意事项

① 垂直安装(一般偏斜在 15° 以内)。这样才可保证出口管将随制冷剂一起循环的冷冻润滑油压出储液干燥器,并流回压缩机,同时保证出口到膨胀阀都是液态制冷剂,使膨胀阀正常工作。

② 进出口不能接错。若接错进出管口,冷冻润滑油就会储存在储液干燥器内,压缩机没有足够的冷冻润滑油;同时,其出口还会有气泡,使膨胀阀无法正常工作。

③ 安装或维修制冷系统时,储液干燥器应最后接入系统。防止新干燥剂吸收空气中的

水分而破坏其干燥功能。

④ 带观察窗的储液干燥器，可通过观察窗来检查制冷剂量。如有较多的气泡，说明制冷剂不足，应补充。

5. 冷凝器及蒸发器使用注意事项

① 定期清洗和除去冷凝器、蒸发器表面污泥和灰尘。

② 翅片倒伏时，可用尖嘴钳子校正。

③ 经常检查接口及表面是否有泄漏的油迹，及时排除。

6. 电离合器使用注意事项

① 使用电压。电磁离合器根据线圈电压大小，可分为 12 V 和 24 V 两种，主要以 12 V 为主，不可以用错。

② 与压板间隙。此间隙非常重要。若太小，则离合器脱开时，压板会拖着衔铁；若太大，则离合器工作时，两者之间接合不上。一般取 0.25 mm。

③ 表面清洁。离合器表面不允许有油污，否则会造成打滑。

7.3　空调制冷系统故障常用的直观诊断方法

1. 看（查看系统各部件的表面）

① 起动发动机，转速稳定在 1 500 r/min 左右，制冷系统运行 5 min，把空调功能键调到最大位置，鼓风机调到最高挡，看观察窗中制冷剂流动情况。

若观察窗很明净、清晰，观察孔内无气泡，仅在发动机转速变化时可能会出现气泡，但片刻就消失，高低压管的温度正常，用歧管压力表测量高、低压的压力正常，说明制冷剂适量。

孔内无气泡。有两种情况：一种是孔内无气泡且看不见液体在流动，用手摸压缩机进出口无冷热感觉，出风口无冷风，表明系统内无制冷剂；另一种是孔内无气泡但看见孔内液体快速流动，高压管烫手，低压管有冰霜，用歧管压力表测量，高、低压的压力都过高，表明制冷剂过多。

偶尔有气泡，且蒸发器表面有结霜，说明制冷剂稍微不足或有水分。若用歧管压力表测低压管压力过低，表明制冷剂不足；若膨胀阀出现冰堵，则表明系统有水分。

有大量气泡或泡沫状，这种情况说明制冷剂严重不足或有大量空气。此时应检漏修理，修理后抽真空，再加注制冷剂。

观察窗玻璃上出现条纹状油渍或黑油状泡沫。这种情况有 3 种可能：若压缩机进排气口有明显的温差，停止压缩机，孔内油渍干净，则说明制冷系统内的冷冻机油过多，应放掉一些冷冻机油；若压缩机进排气口有明显的温差，停止压缩机，孔内仍有油渍或其他杂物，则说明制冷系统内油变质、脏污，应清洗制冷系统，重新注入冷冻机油和制冷剂；若压缩机进排气口无温差，空调出风口无冷风，则说明制冷系统无制冷剂，观察窗上是冷冻机油。

② 查看系统中各部件与管路连接是否可靠密闭，是否有微量的泄漏存在。

③ 查看冷凝器、蒸发器翅片是否被杂物封住或倾倒变形。

2. 听

首先，听压缩机电磁离合器有无发出刺耳噪声。如果有噪声，则可能是电磁线圈老化吸力不足，通电后因打滑而产生噪声；也可能是离合器片磨损造成间隙过大，使离合器打滑而产生噪声。

其次,听压缩机在运转中是否有液击声。如有液击声,可能是制冷剂过多或膨胀阀开度过大,应释放出一些制冷剂或调整膨胀阀开度。

3. 摸(用手触摸空调设备各连接管路的温度)

触摸高压回路(压缩机出口→冷凝器→储液器→膨胀阀进口)应呈较热状态。如果某处特别热或进出口有明显温差,说明这个地方堵了。用手感觉压缩机的进气管和排气管之间应该有明显的温度差,前者发凉,后者发烫。用手感觉比较冷凝器进入管和排出管的温度,正常情况下,前者热一些,因为冷凝器上部温度比下部温度要高。用手摸储液器前后温度要一致。冷凝器输出管到膨胀阀输入管之间是制冷剂高压区,温度应该均匀一致。

触摸低压回路(膨胀阀出口→蒸发器→压缩机进口)应较冷。用手摸膨胀阀前后要有明显的温差,即前热后凉。膨胀阀出口到压缩机之间的软管应该凉而不结霜,正常情况应为结霜后即化,用肉眼看到的只是化霜后结成的水珠。

如果高压、低压回路之间没有明显温差,说明制冷系统不工作或系统泄漏,制冷剂严重不足。

4. 利用温度计、压力表、万用表、检测仪检测有关参数

(1)温度计检查

蒸发器正常工作时,其表面温度在不结霜的前提下越低越好;冷凝器正常工作时,冷凝器入口温度为 70 ℃左右,出口温度为 50 ℃左右;储液器正常情况下温度应为 50 ℃左右,若储液器上下温度不一致,说明储液器有堵塞。

(2)压力表检查

歧管压力表的结构如图 7-16 所示。

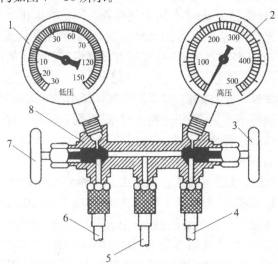

图 7-16 歧管压力表的结构

1—低压表;2—高压表;3—手动高压阀;4—高压侧软管;
5—制冷剂或抽真空插头;6—低压侧软管;7—手动低压阀;8—歧管座

它由高低压指示表、高低压手动阀、高低压管接头组成。蓝色软管插低压侧管插头 S，黄色软管接真空泵或制冷剂罐管插头，红色软管接高压侧管插头 D。

将歧管压力表的高、低压端分别接在压缩机的排气、吸气口的维修阀上。风机风速调至高挡，温度调至最冷挡，起动发动机，将速度控制在 1 500～2 000 r/min 时检查（时间不超过 30 s，以保护低压表）。其正常状况是：高压端压力应为 1.37～1.57 MPa，低压端压力应为 0.15～0.25 MPa。若不在此范围，则说明系统有故障，其故障原因及排除方法如表 7-1 所示。

表 7-1　制冷系统、低压表示数不正常原因及排除方法

故障现象			故障原因	排除方法
高压表	低压表	其他部位		
低	低		制冷剂不足	加注适量制冷剂
低	低	观察窗中有连续气泡	制冷系统有泄露	检漏修复，加注适量制冷剂
偶尔低	偶尔低		系统内有水分	排放出制冷剂，抽真空，重新回流制冷剂
低	低	干燥器及管子结霜	制冷剂流动受阻	检查管路、膨胀阀、储液干燥器等
高	高		制冷剂过多	放出部分制冷剂
高	高	发动机转速下降时，观察窗中也见不到气泡	冷凝器散热不良	检查冷凝器风扇是否工作，检查冷凝器是否脏污、积满灰尘，必要时要清洗冷凝器
过高	过高	低压管道结霜或露珠	膨胀阀工作不良	检查膨胀阀，必要时更换
过高	过高	低压管路发热	系统中混入空气	排放出制冷剂，抽真空，重新回流制冷剂
低	高		压缩机故障，系统高、低压窜气	修理或更换故障部件

（3）万用表检查

用万用表检查空调电路故障。

（4）检测仪检查

使用专用检测仪，对系统进行故障读码、基本设定及数据分析等。

5. 空调制冷系统常见故障的现象、原因及诊断步骤

空调制冷系统常见故障主要有不制冷、制冷不足、各调节功能失灵等。调节功能失灵故障的原因与故障现象对应性较强，诊断较容易。现将不制冷、制冷不足的故障现象、原因及诊断步骤列成表，如表 7-2 所示。

表 7 - 2　空调制冷系统常见故障的诊断

常见故障	故障现象	故障原因	故障诊断步骤
不制冷	打开 A/C 开关,各出风口出风正常,但不凉。把温度调节到最冷,仍然不出凉风。	压缩机皮带过松、制冷管路泄露、堵塞;电磁离合器及控制开关损坏;膨胀阀损坏;空调继电器损坏;线路故障等	① 检查皮带张紧度:如过松,则调整 ② 如皮带张紧度正常,检查制冷剂量;如制冷剂有泄露或不足,应检漏修复,加注适量制冷剂 ③ 如制冷剂正常,检查电磁离合器工作情况:如电磁离合器不能吸合,要检查离合器、离合器控制开关、空调继电器及线路
制冷不足	打开 A/C 开关,各出风口出风凉度不够。温度调节滑键开到最冷,仍不够凉。	压缩机皮带过松、压缩机打滑;制冷剂不足或过多,系统中有空气;压缩机损坏,内部有泄露;冷凝器脏污,冷凝器气流不畅;蒸发器脏污	① 检查皮带张紧度:如过松,则调整 ② 如皮带张紧度正常,检查制冷剂量:如制冷剂有泄露或不足,应检漏修复,加注适量制冷剂 ③ 如制冷剂量正常,检查电磁离合器工作情况 ④ 检查冷凝器散热情况 ⑤ 检查蒸发器是否脏污

7.4　常见的空调维护操作

1. 制冷系统的检漏

空调系统的工作环境恶劣,经常会受到强烈的震动,容易造成组成部件、管路的损坏及插头松动,导致制冷剂向外泄露,影响空调的正常工作。常用的检漏方法有以下几种。

(1) 外观检漏

泄露部位会同时泄漏冷冻润滑油,如果发现某处有油污,可用干净的白抹布擦净,涂上肥皂水,如有气泡出现,说明此处泄露。

(2) 用检漏仪检漏

可用电子检漏仪或卤素检漏灯检漏。电子检漏仪的结构如图 7 - 17 所示。

在圆筒状铂阳极里设有加热器,并可加热到 800 ℃ 左右,在阳极外侧装有阴极,在阳极和阴极之间加有 12 V 直流电压。为使气体在电极间流动,设有吸气孔和风机,当有卤族元素的阳离子出现时,就会产生几个微安的电流,由直流放大器放大,使电流计指针摆动或使音程振荡器发出不同的声响,以示系统制冷剂泄漏程度。

电子检漏仪的操作步骤如下所述。

① 将检漏仪电源接上,并预热 10 min 左右。

② 将开关拨至校核挡,确认指示灯和警铃工作正常。

③ 将仪器调到所要求的灵敏度范围。

④ 将开关拨到检测挡,将探头放到被检测部位,如果有超过灵敏度范围的泄漏量,则警铃会发出声响。

一旦查出泄露部位,探头应立即离开此部位,如果有超过灵敏度范围的泄露量,则警铃会发出声响。

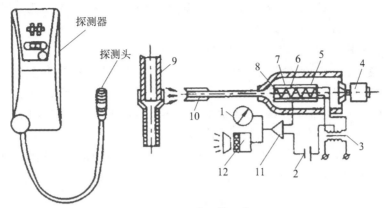

图 7-17　电子检漏仪

1—电流计；2—阳极电源；3—变压器；4—风机；5—阴极；6—阳极；
7—外壳；8—电热器；9—管道；10—吸气孔；11—放大器；12—音程放大器

如果制冷系统有大量泄露或刚经过维修，周围空间存在大量制冷剂气体，则应先吹净空气再进行检查，否则无法检测到确切的泄漏部位。

2. 制冷系统的排放

由于修理或其他原因，需要拆卸制冷系统中的部件时，首先需将系统卸压，将系统内的制冷剂排放掉，其排放方法如下所述。

① 关闭高低压表的高低压手动阀，如图 7-18 所示接好管道。将歧管压力表装在维修阀上，把中心软管的自由端放在抹布中。

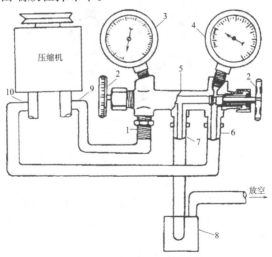

图 7-18　制冷剂的排放

1—高压管；2—手动阀；3—高压表；4—低压表；5—表阀；
6—低压管；7—中间管；8—集油罐；9—排气口；10—吸气口

② 慢慢地开启高压手动阀，以调节制冷剂流量，不能将阀开得很大。如果让制冷剂放得太快，冷冻润滑油会从该系统中跑掉。

③ 当歧管压力表高压表的读数降到 343 kPa 以下时，慢慢开启低压手动阀，使制冷剂从高、低压两侧同时排出。

④ 随着压力下降,逐渐开大高、低压手动阀,直到两个仪表的读数都为 0 kPa,制冷剂排放结束,关闭压力表的高、低压手动阀。

3. 制冷系统抽真空

为了清除制冷系统内部的空气和水分,并进一步检查系统的密封性,经常需要对制冷系统进行抽真空作业,以降低水的沸点,使水变成蒸气后排出。由于冷冻润滑油的饱和蒸气压比水小得多,所以在系统抽真空时,冷冻润滑油是不会被抽出去的。溶解于冷冻润滑油内的水分在抽真空时,自己沸腾蒸发,从油中逸出,被真空泵抽出去。

制冷系统抽真空时,按图 7-19 所示方式连接。打开歧管压力表的高、低压手动阀,起动真空泵至少工作 15 min,低压表值在 7 kPa 以下。

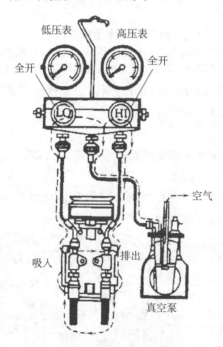

图 7-19 制冷系统抽真空

关闭高、低压手动阀,其表针在 10 min 内不得有回升。若回升,则表示系统有泄露,应进行检漏和修补。

如果 10 min 内表针没有明显回升,再次起动真空泵,打开歧管压力表的低压手动阀,继续抽真空 15 min,使其真空压力表指针稳定,然后关闭高、低压手动阀,再关闭真空泵,即可向系统中充注制冷剂。

4. 制冷剂的充注

在制冷系统检漏和抽真空以后,即可向制冷系统充注制冷剂(充注前,要先确定注入制冷剂的数量,充注过多或过少都会影响制冷效果)。

5. 冷冻润滑油的加注

按规定容量加注冷冻润滑油。当空调系统关闭时,冷冻润滑油滞留在系统各部件上。维修时,应将压缩机中的剩余油量先排出,经计量后再决定需补充加注的油量(冷冻润滑油加注过多,会导致黏滞;冷冻润滑油加注过少,则会损坏压缩机)。

添加冷冻润滑油可按如下步骤进行:按抽真空的方法先对制冷系统抽真空。选用一个有刻度的量筒,盛入比需添加的冷冻润滑油还要多的冷冻润滑油。将连接在压缩机上的低压软管从歧管压力表上拧下来,并将其插入盛有冷冻润滑油的量筒内。起动真空泵,打开歧管压力表上的手动高压阀,补充的冷冻润滑油就从压缩机的低压侧进入压缩机中。当冷冻润滑油量达到规定时,停止真空泵的抽吸,并关闭高压手动阀。

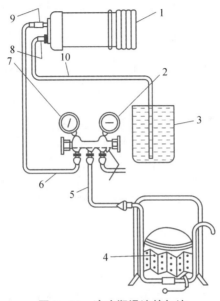

图 7－20 冷冻润滑油的加注

1—压缩机;2—低压表;3—量筒和冷冻润滑油;4—真空泵;5—中间软管;
6—高压软管;7—高压表;8—低压检修阀;9—高压检修阀;10—加油管

毕业设计参考范文一

汽车空调系统实用维护作业与故障检修方法

摘要:汽车空调能在一定程度上为乘客提供良好的车内环境,但是,当其经常处于震动或运动状态时,就会比较容易出现故障,因此,为了使汽车空调的作用得到更好的发挥,本文首先对空调的作业程序和方法进行阐述,主要对汽车空调制冷系统故障与检修问题做简要论述。并写出了空调系统检修的方法,希望对从业者提供参考。

关键词:空调;检修;步骤

随着气温的逐步回升,汽车空调的维护与故障检修开始进入高峰期。常见汽车空调维护作业项目主要包括:制冷剂的排放、制冷剂的加注或补充、冷冻润滑油的加注或补充、系统抽真空及系统检漏等。这些维修作业项目完成的好坏,将直接影响汽车空调系统的运行性能。

1 汽车空调结构原理

汽车空调在进行设计的时候与家用空调的设计是有很大的差别的。由于使用环境和供电系统的不同,使得汽车空调在进行设计的时候有着特殊的要求。汽车空调一般都是由制冷系统、采暖装置与通风换气系统组成。制冷系统主要由压缩机和电磁离合器组成,它的工作原理主要是电磁感应带动压缩机工作;采暖装置也可以称为是水暖装置,它的主要工作原理是汽车在进行行驶的时候,水循环带动水暖装置工作;通风换气系统的主要原理是汽车在进行工作的过程中,不断地与外界气体进行交换,达到制冷或者制热的效果。空调在使用过程中,制冷系统相对比较爱出问题。本文就以制冷系统为例,谈谈它的检修方法及诊断思路。

2　制冷系统维护作业程序

对制冷系统进行维护作业时,一般参照图1所示的步骤进行。

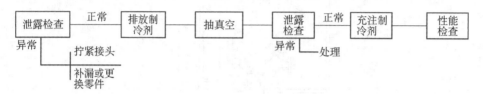

图 1　制冷系统维护作业程序

3　制冷系统的检漏

对制冷循环系统进行检漏时,可以采用以下几种方法。

3.1　电子检漏仪检漏法

汽车空调电子检漏仪(图2)检漏方法是首先打开电源开关,将检漏仪的灵敏度调整到合适;然后将检漏仪的探头在所有可能渗漏的部位附近移动(速度不要过快),当检漏装置发出报警时,即表明此处存在泄漏。因制冷剂挥发快,此种方法在小空间使用效果较佳,如蒸发器等部位。检测时空调鼓风机建议使用低挡转速。

3.2　肥皂泡沫法

图 2　汽车空调电子检漏仪

当没有检漏设备时,可利用肥皂水对可能产生泄漏的部位进行直接检查,方法是通过歧管压力计给制冷系统内充入 8～12 kg 左右的干燥氮气,然后把肥皂水或其他起泡剂涂在需要检查的部位,如各连接头、焊缝等,如发现有排气声或吹出肥皂泡,则说明该处有泄漏。如没有氮气瓶,也可充入一定压力的制冷剂进行检漏,但这将造成制冷剂的浪费。这种方法简单、实用、安全,尤其适用于检漏灯不易接近的部位,但灵敏度较差,操作完毕后应清除干净。

3.3　油迹法

制冷剂与冷冻油能互溶,并随着制冷剂在系统内循环,如因密封不良而使制冷剂泄漏时,也会带出少量的冷冻油,泄漏处便会形成油斑,时间一长又粘上尘土便形成明显的油渍。

根据这种现象就能找到泄漏部位,不过只有在泄漏量较大时,这种现象才明显。

3.4 着色法

将某种颜色的染料加入制冷系统中并随制冷剂一起在管路中循环流动,当系统管路或部件发生泄漏时,加入的染料也随之渗漏出来并粘在泄漏部位使之变色,通过观察制冷系统管路和部件的颜色,就能很容易地发现泄漏部位。

3.5 真空保压法

在抽真空作业完成之后,不要急于加注制冷剂,而是保持系统真空状态一定的时间(一般数十分钟至数小时)后,观察歧管压力计上的低压表真空度是否发生变化。如真空指示没有变化,则说明系统无泄漏;如真空指示回升,则说明系统有泄漏。这种方法只能判断系统有无泄漏,而无法具体指示泄漏部位,因此,只用于加注制冷剂前的初步检漏。

4 制冷剂的排放

汽车空调系统在进行拆卸部件、系统检修等许多维修项目之前,都必须首先放出系统中的制冷剂。排放制冷剂时,须注意环境通风,并不能有明火,否则将产生有毒气体。排放制冷剂的操作方法如下:

(1)关闭压力表组上的高、低压手动阀,将压力表组的高、低压软管分别连接到空调系统的高、低压检修阀上,将中间软管端头用干净擦布包上;

(2)缓慢打开高压手动阀,让制冷剂从中间软管排出,注意阀门开度要小,否则冷冻油将随制冷剂一同排出;

(3)观察高压表,当其压力降到 0.35 MPa 以下时,逐渐打开低压手动阀,使制冷剂从两侧同时排出;

(4)随压力下降,逐渐开大两个手动阀,直到制冷剂完全放出为止。

若想回收制冷剂,在上述操作的基础上可将中间软管接到真空泵入口,真空泵出口接到回收罐上,然后开启真空泵,便可将制冷剂回收到罐中。

5 制冷系统抽真空

检修完空调系统后,系统内难免要进入空气,空气中含有大量的水蒸气,它对空调系统有很大的破坏作用,因此必须将空气彻底抽出。抽真空时,由于压力越来越低,水逐渐汽化成蒸气而被抽出,这个过程比较慢,因而抽真空最少需30分钟以上,若真空泵的容量小,还需更长时间。为使空气尽可能被彻底抽出,还可采用重复抽真空法,即在第一次抽完后,再重复抽1~2次。抽真空的具体操作方法如下:

(1)将压力表组的高、低压软管分别与空调系统的高、低压检修阀相连,中间软管与真空泵相连;

(2)打开高、低压手动阀,并启动真空泵,注意观察两个压力表,经30分钟以上的时间后,抽真空至负压为 0.1 MPa(低压表上的绿色刻度段);

(3)关闭高、低压手动阀,观察压力表 5 分钟,若压力不回升,便可结束抽真空(也可再重复抽1~2次);

（4）先关闭高、低压手动阀，然后关掉真空泵。

6　加注冷冻润滑油

汽车空调系统正常运行时，冷冻油的消耗非常少，不需要进行补充，只要按规定每两年更换一次即可。制冷系统小的泄漏也无须补充冷冻油，但较多泄漏（15 mL 以上）时则需补充冷冻油，其补充量如下：

① 若更换冷凝器，则补充 30～50 mL 冷冻油；

② 若更换蒸发器，则补充 30～50 mL 冷冻油；

③ 若更换储液器，则补充 10～30 mL 冷冻油；

④ 若更换压缩机，则补充 40～60 mL 冷冻油；

⑤ 若更换管道，则补充 10～20 mL 冷冻油；

⑥ 若全部更换或是新装空调，则按压缩机说明书上的规定量加注，一般压缩机在120～170 mL 之间。

冷冻润滑油的加注在系统抽真空前、后均可进行，具体方法有以下几种。

（1）直接加注

若在抽真空前加注冷冻油，就可采用直接加注法，其方法很简单。先用量杯量取所需要的冷冻油量，然后从压缩机的旋塞口将所量取的冷冻油倒入即可。

（2）抽真空加注

利用抽真空法加注冷冻油，也是在抽真空之前进行，加注完后还须对系统进行抽真空。

其方法如下：

① 先按抽真空法对系统抽真空，抽完后关闭真空泵和高低压手动阀；

② 将所要加注的冷冻油放入量杯中，计算冷冻油量时要将加注管中的残余油量考虑进去；

③ 按图 3 所示连接整个系统，即将低压软管从表组一端卸下并伸进冷冻油中，高压软管仍接高压检修阀，中间软管仍接真空泵；

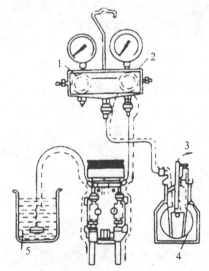

图3　抽真空法加注冷冻润滑油

1—手动低压阀关闭；2—手动高压阀开启；3—排出空气；4—真空泵；5—冷冻润滑油

④ 开启真空泵,打开高压手动阀,冷冻油便被徐徐吸入压缩机中。加注完毕后,关闭真空泵及高压手动阀。

（3）压缩机吸入加注

启动发动机,开启空调,使压缩机运转,利用压缩机本身的抽吸作用,可从低压阀处将冷冻油吸入。

7 加注制冷剂

当对空调系统进行抽真空并经检查确实不存在泄漏部位后,便可进行制冷剂的加注作业。每种压缩机加注制冷剂的量都有严格规定,加注量过多或过少都将影响压缩机的寿命和空调系统的制冷效果。

加注制冷剂的方法有两种:一种是从低压侧加注,这种加注方法最适于补充制冷剂,其优点是安全性好,但速度较慢;另一种是从高压侧加注,这种加注方法不适合用于补充制冷剂,其优点是速度快,但不安全。

从低压侧加注制冷剂的步骤为:

（1）抽完真空后,关闭高低压手动阀,将中间软管从真空泵改接到制冷剂罐,用手拧紧接头。制冷剂罐必须保持正立;

（2）先顺时针方向转动注入阀旋转手柄,使阀针扎破罐口,然后逆时针转动旋转手柄使阀针抬起;

（3）拧松歧管压力计中间接头,待听到有气体流出声最好是有白气冒出时,立即将其拧紧(目的是排出中间软管内的空气);

（4）启动发动机,开启空调系统,打开低压手动阀,即开始加注;

（5）加注过程中制冷剂罐外表应很凉且结霜,霜化则说明罐内制冷剂已加完。若一罐不够,可换罐再加,直到注入规定量为止;

（6）加注完毕后,先关闭低压手动阀,再关闭空调系统及发动机,最后迅速卸下软管。

从低压端加注的是气态制冷剂,在加注过程中制冷剂罐必须保持正立,不能倒置,否则液态制冷剂进入压缩机,将造成压缩机的"液击"损坏。在从低压侧加注的过程中,罐中的制冷剂不断吸热汽化,因此罐子的外表很凉且结霜,手拿制冷剂罐时最好戴上手套。拧松表组中间接头是为了驱赶中间软管内的空气。

从高压侧加注制冷剂的步骤为:

（1）~（3）步与从低压侧加注时相同;

（4）将制冷剂罐倒立,打开高压手动阀,当从表组观察孔观察到一股液态制冷剂(淡黄色)流入空调高压管内时,立即关闭高压手动阀;

（5）启动空调,使压缩机低速运转几分钟,然后停机;

（6）重复（4）、（5）两步,直到加注足量为止。

从高压侧加注的是液态制冷剂,在加注时罐子应倒立。加注时,空调系统必须停机,否则高压倒冲制冷剂罐,易造成爆炸伤人。

8 汽车空调故障检修方法

汽车空调出现故障后,由于故障原因多种多样,导致故障点难以捕捉,作为汽车维修工,需要掌握汽车空调工作的基本原理,运用一些现代的检修工作,根据检测结果和故障现象,对汽车空调故障点进行准确定位并排除故障。具体检测方法与结果分析见表1。

表1 汽车空调系统性能检测的结果分析

检测结果	有关故障症状	故障原因	故障处理方法
排放（高端）压力过低	压缩机停止工作后,压力迅速降至 200 kPa,然后逐渐下降	系统中有空气	排放、抽空以及按规定数量再次加注
	当冷凝器被水冷却时,观察玻璃（视窗）上无气泡显示	系统中制冷剂过量	
排放（高端）压力过高	流过冷凝器的气流减小或无气流流过	冷凝器或散热器片阻塞 冷凝器或散热器风扇运转不正常	进行清洁处理 检查电压及风扇转速
	到冷凝器的管路过热	系统中制冷剂流动受阻	检查受阻管路
排放压力过低	观察玻璃上气泡过量:冷凝器过热	系统中制冷剂不足	检查是否泄漏 给系统加注制冷剂
	停止压缩机后高低压迅速平衡,低压端高于正常值	压缩机排放阀故障 压缩机密封件故障	更换压缩机
	膨胀阀出口无霜冻,低压表指示真空	膨胀阀故障 系统中有湿气	更换 排放、抽空、按规定数量再次加注
吸入（低端）压力过低	观察玻璃上气泡过量;冷凝器不热	系统中制冷剂不足	排放泄漏故障 排放、抽空及按规定数量再次加注 按需要加注
	膨胀阀无霜冻,低压管路不冷,低压表指示真空	膨胀阀冻结（系统中有湿气） 膨胀阀故障	排放、抽空以及按规定数量再次加注 更换膨胀阀
	排放温度低,通风气流受阻	蒸发器冻结	在压缩机关闭的条件下运转风扇,然后检查蒸发器温度传感器
	膨胀阀霜冻	蒸发器阻塞	清洁处理或更换
	储液罐/干燥瓶出口冷而进口热（在运行时应当热）	储液罐/干燥瓶阻塞	更换
吸入压力过高	低压软管和检测点比蒸发器周围温度低	膨胀阀开启时间过长 膨胀阀毛细管松动	修理或更换
	当冷凝器水冷时,吸入压力降低	系统中制冷剂过量	排放、抽空以及按规定数量再次加注
	压缩机停止工作后,高低压迅速平衡,在运行时,高低压指示均摇摆不定	密封垫故障 高压阀故障 异物黏附在高压阀中	更换压缩机

续表

检测结果	有关故障症状	故障原因	故障处理方法
吸入和排放压力过高	冷凝器中流过的气流减小	冷凝器或散热器片阻塞 冷凝器或散热器风扇工作不正常	修理或更换
	当冷凝器水冷时,观察玻璃上无气泡显示	系统中制冷剂过量	排放、抽空以及按规定数量再次加注
吸入和排放压力过低	低压软管及金属端部比蒸发器凉	低压软管部件阻塞或扭结	更换压缩机
	与储液罐/干燥瓶周围相比,膨胀阀周围的温度过低	高压管路阻塞	清理 检查电压及风扇转速 检查风扇方位
制冷剂泄漏	压缩离合器脏	压缩机油封泄漏	更换压缩机
	压缩机螺栓脏	螺栓周围泄漏	拧紧螺栓或更换压缩机
	压缩机密封垫被油浸湿	密封垫泄漏	更换压缩机

9　结论

　　汽车空调大大改善了汽车的乘坐环境,提高了汽车的舒适性。近年来,各种完善的多功能型空调装置的应用,受到用户的普遍欢迎。但对于汽车空调维修人员来说也面临新的挑战。本文对汽车空调的主要功能,必备的维修工具,空调修理、维护等知识做了介绍,希望能帮助维修人员学习提升解决汽车空调一般故障的技能。

参考文献

[1] 邵志坚.奥迪 A6 轿车故障速查手册[M].北京:中国标准出版社,2014.

[2] 许汉松.汽车空调的结构原理与检修[J].科技世界,2015,(15):80-81.

[3] 任春晖.基于故障树分析的汽车空调系统故障诊断研究[J].中国农机化学报,2013,(5):182-184,174.

[4] 魏青.汽车空调的维护及常见故障分析[J].机械工程与自动化,2013,(3):193-194.

[5] 张俊霞.汽车空调制冷系统常见故障及诊断方法[J].石家庄职业技术学院学报,2009,(6):41-43.

[6] 王坤.汽车空调系统的故障诊断及检修方法[J].汽车维修,2018,(1):12-16.

[7] 赵杰.汽车空调制冷系统故障及检修之我见[J].科技与企业,2016,(9):218-221.

[8] 刘德金.汽车空调制冷系统故障及检修分析[J].大众汽车,2013,(4):20-21.

点评：这篇毕业设计，既具有理论分析，也有故障诊断实例。首先分析了制冷系统的维护程序，接着分析了制冷系统的检漏方法和制冷剂的排放方法等。文章的主体部分对汽车空调的故障检修方法进行了阐述。同时对各种检测结果和故障方法列表进行说明。

本文的字数符合要求，有图有表。文章书写规范，数据翔实可靠，文章分析非常具有条理性，可供同学们参考。同时我们可以看出这篇毕业设计选题较好，论证方法和方法运用具有创新性，看得出作者对汽车空调领域的理论知识和实操把握较好。

毕业设计参考范文二

汽车空调的合理使用与维护

摘要：空调即空气调节器，是对室内空气的温度、湿度、风速、风向及清洁度等方面进行调节的装置。汽车空调的使用，大大提高了乘员的舒适性和安全性，合理地使用与维护会减少其产生故障的概率，延长使用寿命，降低油耗，并且可以减少对乘员身体的伤害。本文从汽车空调的日常使用和合理维护保养的角度提出看法和见解，供读者参考。

关键词：汽车；空调；使用；维护

汽车空调由制冷系统、暖风系统、加湿系统、通风系统、空气净化系统和控制装置等部分组成，主要通过对车内空气的温度、湿度、风速、风向及清洁度等方面进行调节，进而提高乘员乘座的舒适性，通过对风窗玻璃的加热、吹风等方式保证雨雾天气驾驶员的视野，以提高行驶的安全性。当炎热夏日或寒冷冬天来临时，能将车内空气调节到乘员感觉到舒适的温度，在雨雾等恶劣天气，通过对风窗的处理，恢复驾驶员的视野保证行车安全，汽车空调的作用显得尤其重要。然而，很多驾驶员尤其是许多新手，在使用空调时，由于不合理的使用，加上没有养成良好的维护习惯，导致汽车空调出现故障的概率明显升高，汽车油耗明显增加；更有甚者，由于不合理的使用，导致车内乘员身体健康受到影响。合理使用汽车空调，养成日常维护的好习惯，不仅可以减少故障概率，节约能源，保证乘员的身体健康，并且能全面提高汽车空调的工作可靠性，延长其使用寿命。

一、汽车空调的合理使用

1. 养成汽车空调定期保养的习惯，定期清理或更换空调滤芯，散热器时常用清水冲洗；

2. 启动汽车前，确保空调关闭，车辆启动运转几分钟后再打开空调；每次停车时，先关闭空调再熄灭发动机；

3. 停车前5分钟左右，建议先关闭空调，但不关闭鼓风机，让风机吹干蒸发器表面水分，保持其干燥，防止异味和滋生细菌；

4. 定期运转空调，让空调各部件得到必要的润滑，保持良好状态，在冬季时，空调每周最好运转几分钟；

5. 建议不要一直使用最大风速,以避免风机过热;

6. 太阳下长时间暴晒的车辆,进入车内后,应先打开所有车窗通风,开启空调后,应置于外循环,尽快把热气排出车外,等车厢内温度下降之后,再关闭车窗,空调换成内循环;

7. 空调的出风口方向尽量别随意调整,开冷气时风口向上,开暖气时风口向下;

8. 定期将鼓风机开到最高档,将空调风道内的灰尘吹出来,并用专用的风道清洗液进行清理、杀菌和除异味;

9. 空调使用时间不宜过长,间隔一段时间可以关闭空调,隔一会儿再开;

10. 建议不要长时间使用内循环,应该开一会儿内循环,再开一会儿外循环,让新鲜空气进入车厢,避免对人体产生危害;

11. 没有启动发动机,建议不要开暖气,因为乘用车的暖风是靠发动机冷却水的温度来加热的,发动机水温没有升高时,是没有暖气的;

12. 停车后,不要原地长时间使用空调;

13. 不要在风口附近堆放物品,导致风口被堵,使空调的空气流通不畅;

14. 空调凉度不够,应尽快查找故障原因,而不是开大鼓风机的风量;

15. 不要把风口对着人吹,尤其是面部,否则影响身体健康;

16. 空调温度不宜开得过低或者过高,否则,不仅导致油耗增加,还会导致乘员的身体不适;

17. 前挡玻璃除雾时,开自然风,并将车窗打开一点,以利于空气流通,必要时可以制冷,但不能开暖风;

18. 开空调时,不要在车内吸烟;

19. 建议使用活性炭式空调滤芯;

20. 汽车高速行驶时,关闭车窗开空调比开窗关闭空调更省油。

二、汽车空调的合理维护

(一)使用前的常规检查

当炎炎夏天来临,需要开始频繁使用汽车空调制冷系统前,应进行以下几项初步检查:

1. 检查空调制冷系统冷凝器,查看其是否脏污或者变形,必要时进行清洗,若变形严重需要维修或者更换;

2. 通过干燥器上设置的制冷剂观察窗,打开空调,检查制冷剂流动情况,若在空调运转过程中,透过玻璃窥视孔观察制冷剂流动过程中,发现有少量气泡,且制冷剂清澈则为正常;否则需要到4S店进行检修;

3. 检查空调滤芯是否脏污,必要时清理灰尘,脏污严重时更换;

4. 检查空调压缩机皮带松紧程度,皮带是否有裂纹,必要时予以调整或者更换。

(二)空调系统的日常维护

1. 为保持空气畅通,蒸发器表面以及冷却风扇、车内出风口的调节板、开关等部位要定期清洁,冷凝器也应经常用清水冲洗;

2. 不定期通过观察窗查看制冷剂的流动情况;

3. 养成定期检查制冷系统各管路接头是否松动或损坏、接头处有无泄漏痕迹的习惯,发现问题及时处理;

4. 空调效果不佳时,及时停止空调的使用,以防止问题进一步严重;

5. 在春秋季节,不需要使用空调时,建议每隔2周左右让空调运转10 min左右;

6. 不定期将鼓风机调至最高档,使得蒸发器内保持通畅通、清洁和干燥;

7. 注意检查空调暖风系统的暖水阀是否漏水;

8. 空调每两年需检查、清洗,在清洗管路时,根据储液罐里干燥剂的吸水情况,必要时更换储液罐;同时,清洗完管路后最好更换节流装置,以保证其良好的技术状况。

三、空调维修案例两则

1. 鼓风机只有高速挡

车型:凌志LS400。

故障症状:空调鼓风机只有高速挡,而没有低速挡。

诊断步骤:

(1) 故障现象开启空调时,空调鼓风机只有高速挡,而没有低速挡。

(2) 故障分析与排除:由于鼓风机高速运转正常,这说明电源部分正常,故障主要出在功率晶体管A/C微机控制器或微机控制器功率晶体管的电路上,即空调风机控制器电路。

用一只正常的10 W灯泡做成试灯,一端接蓄电池正极,另一端接功率晶体管的A2,将功率管的A1端直接接电池负极,再将功率晶体管的B2接头接上10 Ω的可变电阻,电阻另一端与电池正极相接,调节可变电阻阻值,正常时,灯泡的亮度会随阻值的变化而变化,而此时灯泡却一直没亮,这说明功率晶体管有故障。

更换一新的功率晶体管,鼓风机转速恢复正常,故障排除。

分析:LS400轿车空调鼓风机采用自动空调鼓风机,而控制系统无法通过微机自诊断读出,从图1可以看到,空调微机输出一个正电压信号给鼓风机功率放大管基极R2,导通功率二极管,从而控制鼓风机搭铁回路,且鼓风机转速在功率管未饱和之前会随着晶体管基极112点的电压升高而加快,当高速继电器接收来自微机端子输出的一个信号,高速继电器吸合,鼓风机以高速运转。

2. 捷达C轿车,压缩机离合器不吸合

行驶过程中空调压缩机离合器突然分离,而且再也不能吸合。导致制冷剂温度过高,膨胀压力太大,冲破易熔塞而泄漏。但用压力计测试制冷系统压力时发现压力完全正常,由此可以判定故障应存在于电气电路部分。打开点火开关,接通空调开温5 ℃开关及连接电路正常。然后,脱开发动机微机的连接插头,测量发动机控制单元至空调控制器。

发动机微机通过空调控制器控制空调压缩机离合器的接合与分离,其工作过程如下:当按下空调开关后,空调加入信号经温度开关,低压开关由28引脚进入发动机微机。当微机接收到该信号后,将根据怠速开关和节气门位置传感器信号确定空调是否加入及如何加入。如果怠速开关闭合,即发动机处于总速工况时,微机收到空调加入请求信号后,将不会立即接通空调继电器,而是给140 ms的延时,同时,微机将提高发动机转速。这样,当空调压缩机工作时,发动机将有足够的功率补偿,使怠速保持稳定。若节气门全开,即发动机在全负荷工况运行时,即使空调开关接通,微机也将切断空调继电器,使空调压缩机停止工作。当节气门脱离全开位置时,微机会接通空调4继电器,使空调压缩机恢复工作。检查空调控制

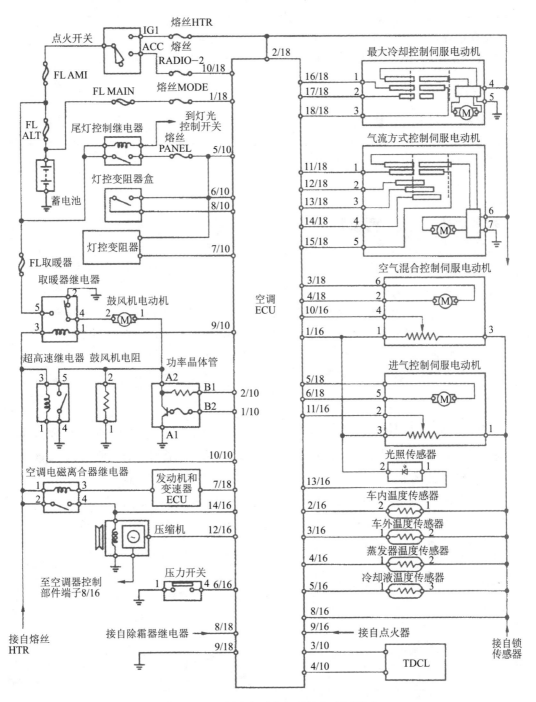

图1　LS400轿车自动空调系统电路原理图

器,发现空调控制器上的熔丝没有熔断但连接良好。其30和1引脚供及74引脚与微机76引脚接地均正常。检查4引脚,测量74引脚,却始终是发电机电压13.5 V,无接地,而空调压缩机离合器不接合时,该引脚电压值为发电机电压,在空调压缩机离合器吸合时,电压为

0 V,74 引脚与蓄电池负极相通。把 74 引脚人为接地后,空调压缩机工作正常。因此怀疑是发动机微机未接收到空调请求信号,从而不能对 76 引脚进行接地控制。故重新脱开微机插头,着重检查 28 引脚及 76 引脚,对这两处插针、插孔进行处理后装复试车,一切正常。至此查明故障原因为发动机微机插头接触不良,导致空调系统不能正常工作。

四、结语

综上所述,对于汽车空调而言,合理使用,加上完善的维护,在提高车辆乘坐舒适性和安全性的基础上,保证乘员的身体健康,降低油耗,减少故障概率,保证空调具有较好的技术状况,延长使用寿命,进而充分发挥其效能。

参考文献

[1] 张文青.冬季汽车空调使用与保养[J].时代汽车,2018,(2):109-111.
[2] 许汉松.汽车空调的结构原理与检修[J].科技世界,2015,(15):80-81.
[3] 常玉香.汽车空调的结构原理与检修[J].科技信息,2013,(23):126.
[4] 阎雪艳.汽车空调常见故障的诊断与检修[J].科技经济市场,2017,(12):29-30.
[5] 王坤.汽车空调系统的故障诊断及检修方法[J].汽车维修,2018,(1):12-16.
[6] 赵杰.汽车空调制冷系统故障及检修之我见[J].科技与企业,2016,(9):218-221.

点评:这篇毕业设计,和上一篇有所不同。它偏重与日常的使用方法和维护保养方法。同时它又以凌志和捷达两车为例,将空调维护中的方法进行了详细细致的描述。

对于学生而言,我们很难做到选题、论点、论证方法、材料都具有创造性。同学们可以从这其中的某一个方法入手,力求突破。同时,毕业设计要达到学校的要求,合理规范。

汽车钣金维修

第八章

8.1 汽车钣金概述

汽车新技术的发展及新材料的广泛使用,使现代汽车与传统汽车有着巨大差别,这也给现代汽车钣金维修带来新的难题。汽车轻量化是在保证汽车的强度和安全性能的前提下,尽可能地降低汽车的装备质量,从而提高汽车的动力性,减少燃料消耗。随着人们对轻量化的要求越来越高,各种汽车的车身钢板重量越来越轻,钢板厚度越来越薄,材料的合金成分越来越复杂。承载式车身就是一种全新的汽车车身结构,由于其突出的轻便性、节能性和安全性,已为国内外越来越多的轿车所采用。承载式车身与传统的非承载式车身结构不同,其车身是由若干块金属结构板焊接成的一个结构单元,而传统的结构是把装饰性的钢车身安装在结构钢制成的车架上。

与传统的非承载式车身相比,这种车身的完好与否不只是一个外观问题。作为整个车体的承载结构,它对轿车的操纵性能、行驶性能及乘员的安全与舒适性都有决定性的影响,而且所用的材料也有明显不同。这就对车身修复技术提出了更高的要求,对钣金修理技术人员的责任、知识、作业和任务产生了重大影响。在维修技术专业化的今天,钣金技术人员接到需要维修的车辆后,不能再像以往一样仅仅凭经验和眼睛来判断事故,而是得依靠专业的检测仪器进行检测;也不能仅凭经验进行维修,而是要严格按照技术数据进行维修。事实证明,只有依靠专业的设备才能准确地检测出事故车辆的故障所在。

汽车消费的需求使得汽车产业迅猛发展,也带动了汽车维修行业的快速发展,使得汽车维修行业分工越来越精细化,汽车车身修复已经从汽车修理工种分离出来,成为一个独立的职业工种。

8.2 汽车钣金维修工艺

车辆被撞击受损之后,钣金维修工作也就随之开始了。从事故车进厂后的损伤分析到钣金工的诊断测量,从"手术台"上的拉伸校正到焊机镐锤下的局部整修,从钣金件的装复到车辆的调试,在各项工艺流程中,专业技术人员要用种类繁多、形式各异的设备工具,如车身校正仪、大梁校正仪、电子测量系统、钣金修复机、焊机以及各种打磨切割等工具,采用各种各样的检测维修技术,确保车辆在几何尺寸和使用性能方面恢复到原车水平。本节将以事故车的专项修理过程为主线,讲解汽车钣金维修工艺。

8.2.1 损伤诊断

损伤诊断是钣金维修的第一步重要工作,根据汽车损伤诊断的基本步骤,需要在以下环节做好每一项诊断检测工作。

1. 了解汽车车身材料、结构和车架焊接工艺

要选择妥当的钣金维修方式,必须了解车身制造材料和车架焊接工艺。现代汽车与传统汽车在车身制造材料、车架焊接工艺上的差别,导致维修方式发生了变化。比如,传统的车架式车身主要是由低碳钢或中碳钢制成,在进行焊接和切割时,应使用气动车身锯,如果使用传统的氧—乙炔切割则会对车身造成较大的破坏。现代整体式车身构架通常是用高强度钢或合金材料(如铝合金)制成,在结构零件修理中必须使用 CO_2 保护焊、惰性气体保护焊或点焊机进行焊接。另外,钢板厚度的变化以及车身材料合金成分的不同,在焊接方式和相关技术参数的选取上也会有所差异,这就需要熟悉车身材料以便合理维修。汽车发生碰撞损坏后,必须采用全方位拉伸的方法进行校正,尽量不采用加热的方式,以防止金属内部结构发生改变,导致强度降低,使汽车再次碰撞时不能有效保护乘客。

从车架焊接工艺方面来讲,现代车身修复一般采用熔焊、压力焊和粘接等方式,而过去在车身修复中占主导地位的焊条弧焊和氧—乙炔气焊在现代车身修复中就要谨慎采用了。焊条弧焊现仅用于车架式车身以及低碳钢车身的修复,氧—乙炔气焊、压力电阻焊和粘接只用在一些特殊的工艺中。对于新型的铝质车身修复焊接更是需要特殊的焊接工艺,不同结构的车身大梁要采用不同的焊接工艺。在进行车身钣金焊接维修时,要采用不会降低车身原有强度和耐久性的最佳焊接方法,就需要熟悉原车各部分所采用的焊接工艺。

2. 检测损伤基本情况

检测损伤的过程中,需要目测碰撞的位置,确定碰撞的方向及碰撞力的大小,并检查可能存在的损坏。对于事故中损坏的车辆,应询问事故发生时汽车的速度和撞车及翻车的部位、方向及角度,了解被撞汽车的撞击形式、位置和角度等情况,以直观的方法确定碰撞损伤的部位和可能波及的区域。还可结合试车和测量仪器对汽车进行全面检查,确认车身底板是否变形,车身是否受到整体损伤和整体扭斜,检查和确认车门开启是否自如等,以确定汽车的损坏程度和修理方式。

3. 确定所有受损部位

撞击后的车辆不仅是外表的损伤,虽然车辆在被撞击损伤后,直接看到的只是外表的损伤,甚至保险定损也经常只是对损坏的部位进行评估。其实不然,现在的轿车在车身设计上多数采用刚柔结合的设计原理,利用吸收分解理论来缓冲撞击力,保证乘客最大程度的安全,所以当车辆受到撞击后不仅是撞击部位的变形损坏,其整个车身的多处,如大梁、悬架和发动机等部件也可能产生变形。

有时,有些车辆前面受到撞击,经检测发现后部也发生了变形。遇到这种情况,如果在钣金维修中只是简单地修复被撞击部位,那么必定会对车辆的行驶带来隐患。因此在车辆受损之后需要观察车身受损状况,弄清楚碰撞时车身如何受力,力是如何沿着车体传递的,对损伤部位和相关区域的部件进行深入的分析和科学的诊断,才能确定所有受损部位。检测过程中需要沿着碰撞路线系统检查相关部件的所有损伤,直到没有任何损伤痕迹以及周

边区域的损坏为止。

图 8 - 1　轿车车架

4. 利用设备工具对受损部位进行测量

（1）拆检

测量工作需要与拆卸工作结合起来进行，否则便无法准确鉴定全部损伤情况。为便于对车身进行维修操作和彻底检验损伤，同时避免维修操作时对被拆卸件造成不必要的损伤，要对有关部件进行拆卸。拆卸的原则是尽量避免零件的损伤和毁坏，连接件的拆卸方法除用扳手外，还可以根据实际情况采用电钻、锯、錾和气割工具等。

（2）测量的重要性

准确测量是顺利完成各种碰撞修复所必需的程序之一。就整体式车身来说，测量对于成功的损伤修复更为重要，因为转向系和悬架大都装配在车身上，而有的悬架则是依据装配要求设计的。汽车主销后倾角和车轮外倾角是一个固定（不可调整）的值，这样，车身损伤就会严重影响到悬架结构。齿轮齿条式转向机通常装配到钢架上形成与转向臂固定的联系，而发动机、变速器及差速器等也被直接装配在车身构件或车身构件支承的支架（钢板或整体钢梁）上。所有这些元件的变形都会使转向机或悬架变形，或使机械元件错位而导致转向操作失灵，传动系的振动和噪声，连接杆端头、轮胎、齿轮齿条、常用接头或其他转向装置的过度磨损等。因此，为保证汽车正确的转向及操纵驾驶性能，关键加工尺寸的配合公差必须控制在允许范围内。

（3）测量方法

拆检后的测量是"确诊病情"和"动手术"的必要前提。详细的损伤情况可用车身尺寸图相对车身上具体点的测量估测出来，这已成为一种被广泛应用的方法。车身尺寸图中的数值是以对角线测量法为基础得出的。测量点和测量公差要通过对损伤区域的检查来确定。一般引起车门轻微下垂的前端碰撞，其损伤不会扩展越过汽车的中心，因而后部的测量就没有太多的必要。在碰撞发生较严重的位置，必须进行大量的测量以保证适当的调整顺序。但是，大量的测量记录也可能引起不必要的混淆。在整个修理过程中，不论是传统的车架式车身汽车还是整体式车身汽车，测量是非常重要的。必须将受伤部位上的所有主要加工控制点对照生产厂家说明书进行复查，否则就不可能将汽车修复得令人满意。

为了做到这些，钣金技师必须注意：

① 准确地进行测量；

② 多次测量；

③ 重新核实所有的测量结果。

对受损车辆进行测量，要注意利用先进的测量系统提高工作效率。在事故车变形检测的过程中，只有经验丰富的专业技师才可以根据事故的大小、撞击的部位，准确分析车辆损伤程度，再由专业钣金技师利用现代化的精密测量设备对车辆进行全面严格的检测，其检测结果要与制造厂商提供的底盘车身数据图进行对比，从而确定合理的修复方案。

（4）测量中车身数据的作用

专业技师即使拥有丰富的事故车修复经验，但如果他不能掌握车辆变形前后的精确数据，也就很难准确地制定修复方案，所以对事故车进行专业检测并得到准确的数据才能使专业技师有的放矢。从车身大梁定位参数方面来讲，各种车型的数据参数是整个修复工作的依据，测量、定位、拉伸和检测都是在原车数据参数的基础上开展的，没有车身大梁定位参数，就无法做好修复工作。车身设计和制造时，就是以车身基准控制点作为组焊和加工的定位基准，同时也是修复工作中测量的基准，这些基准点的偏差将直接影响到汽车的各项性能。例如，前悬架支承点的偏离直接影响到前轮定位角和汽车轴距尺寸。同时，对于一些特殊尺寸，我们可以查阅车身数据资料。

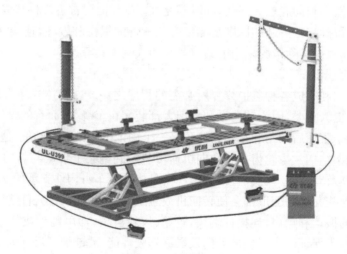

图 8-2　大梁校正仪

8.2.2　确定维修方案

1. 应考虑的主要问题

对车辆进行损伤诊断之后，就需要制定科学的修复方案了。这一阶段的主要工作是：针对直接受损部位、间接受损部位及惯性效应受损部位，确定具体的修复方式；根据车身各部位材料的应用情况，确定需要采用的焊接工艺；考虑在校正拉伸过程中如何使用辅助支撑定位，以确保顺利修复；考虑在实施焊接换件作业中如何对所需更换部件进行准确定位，以避免在焊接完毕后再对更换的部件位置进行校正。

2. 确定修复方案的原则

制定的修复方案，除了要考虑降低维修成本之外，还要综合考虑整体维修质量，比如局部拉伸时如何保证周边部位不受影响,切割和焊接时如何保证金属内部结构尽量不发生较大变化以及使用何种钻孔、打磨工具才不会对安装造成影响。凡是与整体修复方案有关的因素,考虑得越周详越好,这样才能在后续的工作中有备无患。

3. 维修方案对技术人员的要求

要掌握科学高效的修理工艺,技术人员必须了解当今计算机辅助设计的车架结构知识,计算机辅助设计的车架对碰撞能量的吸收和传递方面的知识。除此之外,技术人员对车辆碰撞损伤程度的确认、需要更换的部件、需要修理的部位、修理方式的确定、设备工具的选用以及各种操作规范化等方面的知识都必须熟知,才能确保修复效果最佳化,进而提高客户满意度。

4. 车漆未受损伤的维修方案

确定维修方案需要视情而定,择优而取。在碰撞部位损伤并不严重的情况下,就需要根据具体情况,确定是采用传统钣金喷涂方案,还是新兴的凹陷修复技术。实际上,只要车漆未受损伤,大多数情况下都可以采用凹陷修复技术。

凹陷修复技术是由日本于 1986 年研发出来的,经过近 20 年的发展,在汽车美容行业形成了一个单独的项目,在日本及欧美国家已得到广大车主的认可。1999 年,北京中民通汽车修理厂将凹陷修复技术引入中国,经过国内多年的探索与实践,现已具备了一套完整的适合于中国国情的推广方案。

汽车凹陷修复技术是对汽车车身各部位的因外界力量撞击而形成的各种凹陷进行修复的新兴技术。它操作简单,运用光学、力学及化学等多方面技术原理,对未损伤车漆的凹陷部位通过局部的特殊工艺进行修复,无须传统的钣金、喷漆就可以达到 100% 的复原,让车辆恢复原有状态,该技术大大缩短了修复时间。

凹陷修复技术主要针对尚未损伤车漆的凹陷,由于保留了原有车漆,就避免了烤漆所造成的漆雾、漆流、色差、色变和橘皮等缺陷,从而最大限度地保留了车辆原有价值,这是传统钣金技术无法比拟的。

修复一个凹陷部位大约只需 10～90 min,大幅度降低了维修费用,大约只需传统钣金、喷漆总费用的 50%。经该技术修复后的车体凹陷部位不易变形、褪色,也不会产生裂痕。

凹陷修复投资小,收益高。企业经营该项目,只需要有一个 3～6 m² 封闭的车间即可。一次投入,后期不用过多添加材料。几乎只有人工操作成本,而且还弥补了钣金的一部分缺陷,这种维修方式修复时间快,节省了很多不必要的费用,是汽车美容店、维修店以及汽车销售公司所看好的技术。

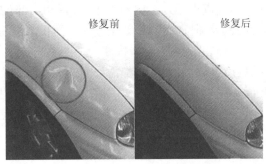

图 8-3 凹陷修复前后对比图

5. 车身严重损坏的维修方案

（1）车身更换

当汽车发生严重损坏时，车身整体几乎全部被撞烂，底板严重变形，两侧面、汽车顶盖、发动机舱盖和行李舱盖几乎没有一处好的地方，判定为车身整体无法修复时，可按照用户需求进行整车车身的更换。在坏车上拆下全部可用的总成和零部件，对发动机等主要总成进行全面检查和修理。换用新的轿车车身总成和需要更换的全部零件，按照整车装配工艺重新予以装配。车身的更换费用和各总成的更换费用很高，甚至可达到购买新车的一半费用。

（2）车身局部更换

当汽车发生碰撞时，损伤只发生在局部，如前后翼子板、车门、发动机舱盖或行李舱盖受到损伤时，可以进行车身局部更换，达到省事、省时和降低成本的目的。随着轿车国产化率的提高，在一些制造厂家的汽车配件中有部分汽车车身钣金件出售，其价格远低于车身钣金件的修理费用。拆卸损坏后的车身钣金件，可视损坏程度的轻重，决定重新单独修复或者当废铁处理，如能修复，待修复后可做备件以备更换。

（3）车身底板校正

当汽车发生严重损坏，涉及车身底板发生变形，无须全部更换车身，先应进行车身底板校正和车身校正，再修复损坏的车身钣金件。车身底板校正全部完成，保证了车身底板的立体位置，可以保证轿车车身的总体位置，确定了发动机总成和前悬架的安放位置，可恢复汽车车轮的定位角度及其他总成的定位。车身底板校正后，再进行车身钣金修理。

（4）车身侧面校正

撞车时，车身侧面受到严重损伤，使车身一侧发生凹陷变形。碰撞力较大时，车身侧面变形可能由一侧传至车身底板，使车身底板发生严重变形，可能传至顶盖，顶盖发生变形。甚至从车身底板和顶盖传至另一侧，使车身侧面凸起，应以校正的方法使其恢复原来的形状。当一侧门槛发生严重变形并且涉及车身底板时，应使用牵引法牵引门槛。可视变形部位和变形情况在门槛处焊上一块或几块牵引铁。顶住前后两端车身底板，使用液压机和牵引索牵拉牵引铁。根据变形情况的不同，还可以在车身底板的前后两端的相反方向进行辅助牵引，有时也能取得良好的效果。

（5）车身支柱换修

当车身支柱、前风窗支柱、前围支柱或后支柱严重损坏后，无法简单修复，只能采用更换法，把损坏后的一段支柱用锯割或气焊方法切割下来，进行相关部位的校正。如支柱损伤，可能涉及车身顶盖和车身底板等部位的变形，首先应使大面积部位的变形得以恢复，然后才能换上一段规则和形状完全相同的支柱。

车辆发生较为严重的碰撞事故，绝大多数都需要对车身大梁进行拉伸校正。确定了整体式车身结构的损伤程度，并完全弄清楚了损伤区域之后，如果根据具体情况需要进行拉伸校正，在受损车辆上"手术台"之前，需要将与碰撞有关的装饰件及机械部件进行拆卸，然后再对事故车进行拉伸校正。

8.3　汽车钣金设备

8.3.1　校正设备

1. 校正设备的分类

目前,市场上的校正仪分为各种款式,较为突出的分为两种:框架式(地八卦)、平台式。无论何种款式都必须具备以下共同点:

(1) 具有高强度的车身定位及固定装置。

(2) 具有较多形状及功能各异的维修拉具,能满足修复不同部位的需要。

(3) 能进行多点、全方位的校正拉拔工作。

(4) 能够进行精确地测量,准确检测出各基准点的偏离量及修复误差。

不同类别的校正仪各具特点,框架式较为突出的优点是:占地较小,移动灵活,价格低廉,适合小型修理厂。但是也有其缺点,那就是车辆装夹比较麻烦,需借助举升设备将车辆举起,然后平稳放在校正仪上装夹,配备的 2 个拉塔只能在地面上移动,而不能够在工作台上随意转动,带来操作上的不便。同时拉拔力有分力抵耗,使得拉力不够强劲。

平台式校正仪就克服了框架式设备的缺点,车辆可以通过电动绞盘把汽车牵引到倾斜的工作台面上,整个平台的高度可以通过液压举升装置进行调节,有利于车身底盘的维修与测量,配备的 2 个拉塔可以沿工作台轨道做周边 360°旋转,车辆可进行多点、全方位的维修。同时,拉塔内的油缸垂直工作无拉力损耗,拉拔力强劲有效,是目前市场上最为理想的校正仪,但是价格较贵,且占地面积较大,移动不方便。

2. 校正设备的操作流程

不论何种设备,其操作大体分为以下四步:上车;定位、夹紧;拉拔;测量。

测量是汽车修理中不可缺少的重要环节,不仅在诊断过程中需要测量,在修复过程中也要进行测量。目前测量分为 3 种:

(1) 测距法。这是最简单实用的一种测量方法,直接用钢卷尺测量各构件基准点的距离。

(2) 定中规法。利用中心置规进行测量。

(3) 三维坐标测量法。目前市场上已经出现了激光测量法,能更准确、有效地将损伤车辆修复如新。

无论采用何种测量方法,都必须先对损伤车辆进行检测,找出控制点的形状与位置偏差。

3. 拉伸校正的方法

拉伸过程中要注意方法和程序。拉伸时,每一次拉伸一小点,然后松开链条,卸力、测量。操作时,注意"从内到外"完成的顺序:

(1) 首先是长度,沿着汽车中心线,对汽车的纵向方向进行拉伸。

(2) 然后是宽度校正,对汽车的横向方向进行校正。

(3) 最后是高度校正。

由于高强度的整体式车身在加热时很敏感,通常不要试图一步就完成校正拉伸。一般应该遵循拉伸—保持平衡—再拉伸—再保持平衡的流程,循环往复。如果一些车身被碰撞以后折叠得太紧,金属有损裂的危险,就需要对其加热。加热时要注意,只能在棱角处或两层板连接得太紧的地方加热。如果在车架纵梁内侧较低位置,或在箱型截面部分加热,只能使其状态进一步恶化,加热只能作为清除金属应力的一种手段,而不能把它作为软化某一部分的方法。

在预先确定的部位上施加拉力,使损坏的钢板慢慢地恢复其尺寸和形状,完全消除弯曲钢板的应力,实现准确的车身修理。

4. 修复车身的技术要求

无论采用何种修复方式修理车身表面,都需要达到规定的技术要求,恢复车辆原有的性能和表面外观质量。

(1)外形的复原。修复时,无论大面积的平滑结构还是局部过渡处的楔形结构,都必须恢复到原来的形状。当恢复到原来的形状确有困难时,可适当改变原来的形状。但切忌画蛇添足,不伦不类,不但外形要对称美观,还要坚固耐用。

(2)连续曲面的完整性和精致性。轿车车身大部分是用模具大批量冲压生产的,具有表面的完整性和精致性。修复时对于流线型曲面要连续过渡;对于曲面转折处要圆滑过渡;修复后的外表面应光亮如新,不允许有皱褶、皱纹、凹痕、敲痕、擦伤和肉眼可见或手触摸能感觉到的明显缺陷。特别是大面积修复时要保证连续曲面的完整性、流线性、连续性和精致性。

(3)足够的强度和刚度。轿车车身在原设计中具有足够的强度和刚度,修复后的车身要保证其强度和刚度。修复后的车身应保证振动噪声在允许的范围内,不能由于振动引起异常响声。确保车身在一定行驶里程内不得有疲劳损坏,车身整体必须有一定的刚度,保证车身钣金件在使用过程中有保持原有形状的能力。

8.3.2 焊接机

1. 焊机和焊接方式的选择

在修理受碰撞而损坏的汽车时,焊接是一种常用的方法。焊接方式较多,焊机的种类也很多。焊接维修时,要采用不会降低车身原有强度和耐久性的最佳焊接方法;尽量采用点焊或惰性气体保护焊进行焊接,一般不在新型的汽车车身上使用氧—乙炔焊接;除了汽车制造商进行过钎焊的零部件外,一般不对车身零部件进行钎焊。现代汽车车身维修的焊接一般采用惰性气体保护焊、电阻点焊、钎焊和锡焊,在此进行简要介绍。

(1)惰性气体保护焊。惰性气体保护焊的应用:焊接高强度、低合金钢车身材料;焊接铸铝件,如破裂的变速器、气缸和进气管等。

典型焊接位置和基本焊接方法:

① 对接焊。将2个相邻的金属边缘安装在一起,沿着2个金属板相互配合或对接的边缘进行焊接。

② 搭接焊。焊接2个相互重叠的金属板。

③ 堆焊。在外面的一个或若干个工件上打一个孔,电弧穿过此孔,进入里面的工件,孔被熔化的金属填满。

④ 点焊。定时脉冲被触发时,将电流引入被焊的两块金属板。

⑤ 对镀锌金属进行惰性气体保护焊时,不需将锌清除掉,以免将金属的厚度降低后强度也降低。

(2)电阻点焊。电阻点焊是汽车制造厂对整体式车身进行焊接时最常用的一种方式。电阻点焊机适用于车身上要求焊接强度高、不变形的薄钢板。常见的应用范围包括车顶、车门窗、车门槛板以及外部部件。电阻点焊与电压、电流和加压时间有关,与使用的电阻点焊机、焊接金属板的材料厚度等因素有关。点焊时注意采用正确的焊接顺序,一般不沿着一个方向连续进行点焊,当电极头发热并改变颜色时,应停止焊接使其冷却,也不要沿角落的半径部位进行焊接,这样易产生应力集中而导致开裂。

(3)钎焊。钎焊只能用在密封结构处。钎焊在焊接过程中只熔化有色金属,而不熔化母材。钎焊类似于两个物体粘在一起,熔化的黄铜充分扩散到两层母材之间,形成牢固的熔合区。焊接处抵抗碰撞的抗弯强度小于母材的抗弯强度,只能对汽车制造厂已进行过钎焊的部位进行钎焊,其他地方不可钎焊。

(4)锡焊修补法。对于局部无法修复或难以修复的曲面形状可用锡焊将要修复的部位填平成曲面形状。锡焊前应在修焊表面涂上焊锡膏,用焊枪的火焰把钣金表面烤热,把焊锡熔化,将焊锡焊到要修补的表面上,焊的厚度随曲面要求而定,使焊后表面恢复形状。焊锡修补后,往往表面不够理想,可用砂轮和砂纸打磨,使表面呈圆滑过渡曲面形状。

8.3.3　车身维修工具的应用

在车身修整过程中,钣金维修工具应用较为频繁。汽车钣金维修工具包括通用工具、车身修理工具等。通用工具包括各式扳手、改锥、钳子和铁剪刀等。车身修理工具主要有:

(1)球头锤。是钣金作业的多用途工具,用于校正弯曲结构,一般用于车身部件。

(2)橡皮锤。用于柔和地敲击薄钢板,不会损坏油漆表面。

(3)铁锤。铁锤是复原损坏钣金件所必需的工具,铁锤用来敲打损坏的金属板使其大致回到原形,在更换金属板时则用于清理损坏的金属板。

(4)镐锤。维修小的凹陷,其尖端用于将凹陷从内部锤出,对中心进行柔和的轻打即可,其平端与顶铁配合作业可以去除高点和波纹。

(5)冲击锤。维修大的凹陷,用于凹陷板面初始的校正,或加工内部板和加强部位,需要较大的力量,一般不用于光洁表面。

(6)精修锤。用冲击锤去除凹陷之后,用精修锤以得到最后的外形。

(7)顶铁。通常顶在锤敲击金属板的背面,用锤和顶铁一起作业使高凸的部位下降,使低凹部位上去。

(8)楔形铁。具有多种形状和尺寸,可与不同的面板形状匹配使用。

(9)撬镐。用以进入有限的空间,撬起凹点,具有不同的长度和形状。

8.3.4　维修方法的选择

车身修整的方法通常有以下几种:

1. 钣金修理拉环法

拉环牵引修理法是近年来引入的钣金修理法,所谓拉环牵引修理法是根据钣金件受损部位的大小焊上一定数量的平垫片拉环,平垫片拉环称为牵引介质,将钢丝绳穿入介质中,然后用人力或机械牵引钢丝,通过介质使钣金件受损部位受力向外牵引,使其恢复到原来的位置和形状,特别是对于较大面积的变形,双层结构的钣金件、不易拉近的部位、转角过渡处和车门立柱等,采用拉环牵引法修理显得更加方便。

2．加热收缩法

局部加热收缩法是钣金修理的常用方法。钣金件的损坏变形主要是相关部位的拉伸变形,用加热收缩法消除拉伸应力,可以恢复原来形状。

3．手锤和顶铁修理法

手锤和顶铁修理法是传统的钣金修理方法。钣金工一手持手锤,另一手持顶铁或其他工具进行钣金敲打整形修理。钣金手工作业需有钣金工的技巧和经验,而好的钣金修理技术不是一朝一夕能够得来的,钣金修理主要有变形曲面整形和形线校正。

8.3.5 装复调试

车身修复工作结束之后,需要进行装配。将经过修整的车身和局部附件、需更换的部件和拆卸件,按原车的要求进行总装。装复之后,还需要对车辆进行调试或试车,对于发生严重碰撞的车辆,务必进行四轮定位。

做四轮定位就是通过四轮定位仪,检测出被测车辆的各轮倾角和束值是否符合原厂标准,如不符合可作随机调整。只有车辆的定位数据准确,车辆的操控性能、稳定性能才能达到最佳状态,轮胎的使用寿命也才能达到最长。

通过四轮定位检查,如果发现某些数据不符合规定标准,还要进行调试检测,直到所有的参数和数据都在标准范围内为止。

毕业设计参考范文一

汽车车身凹陷修复技术研究

摘要：车辆在使用的过程中,出现磕碰是非常常见的。对于汽车车身的一些损伤,有很多的汽车维修企业都普遍的采用钣金喷漆工艺进行修复。即便出现一些并不是特别严重的损伤,也还是按照传统的修复技术来进行维修。作者根据自己的实际工作经历,对汽车车身凹陷修复技术进行了较为详细的介绍,并以雪佛兰为例,探讨了汽车车身凹陷修复的具体操作步骤,希望以此能够有效地促进人们对汽车车身凹陷修复技术的了解,从而加快汽车的修复,促进汽车行业的发展。

关键词：汽车车身；凹陷修复技术；研究

传统的汽车车身修复技术,主要是通过一些钣金、原子灰和喷漆的流程而进行修理,这样做,不仅仅浪费时间,而且也浪费了大量的人力,对汽车车身造成的破坏也较大,使底层金属容易发生氧化,使汽车车身很快地就会发生变化,不利于汽车的长期保存。新时期,凹陷修复技术已经普遍地应用于汽车修理之中,对汽车修理起到了重要的作用。对汽车车身凹陷修复的具体步骤进行探讨已经显得迫在眉睫。

一、汽车车身凹陷修复技术介绍

凹陷修复技术主要是利用光学、物理学原理，将杠杆原理应用于汽车修复之中，从而使一些因为外界因素造成的凹陷有效实现修复的一种技术。凹陷修复技术有两个重要的前提：一是整个车身漆面是没有受到破坏的；二是金属表面并没有特别大的伸张。车身破损一般可以分为两种情况：轻微损伤和重度损伤。受损不是特别严重的车身，可以采用凹陷修复技术。一般情况下，如果发现车身表面的油漆没有受到破损的话，是可以采用凹陷修复技术的。

凹陷修复技术主要的修复流程是：根据凹陷部位现在的情况，可以发现凹陷区最深的一个点，在这种情况下，可以通过利用一些必要的工具将其进行顶起，那么在这种情况下，一个凹陷区就会变成两个凹陷区。在这两个凹陷区又存在着新的最深的凹陷点，继续采用同样的方法进行分裂，那么原先的一个大的凹陷区就会变成多个小的凹陷区，在这一个恢复的过程中，汽车表面逐渐得到了修复。汽车修复过程需要一些特定的工具来实施，例如专业的照明灯和一些必需的杠杆工具。和传统的一些设备不同，汽车凹陷修复技术改变了汽车的外观，使得在一些工具触及不到时，仍旧可以达到解决车身外观的问题。对于施工人员来说，即便是一个很小的凹陷，也需要长时间地进行修复工程才能做到高标准的实现。因此，可以说汽车车身凹陷修复技术对于施工人员的整体要求十分高。即使是一个经验丰富的修理人员，如果没有经过专业化的凹陷修复技术培训，基本上也是做不到标准化的维修。汽车凹陷修复技术一方面有效地为汽车修复过程提供了必要的解决方案，另一方面，也在更大层面上满足了业主的需求，使原厂的油漆可以适当地保留下来。但是，也需要注意：受损比较严重的车，汽车凹陷技术是无法进行修复的，这也是这一修复技术的一个弊端，需要进一步进行研究，不断地改进。

二、汽车凹陷修复的常用工具

（1）一套多达几十种、形状各异的凹陷修复杆，如图1所示。按杆的尺寸大小可分成大型和小型两类，大的约长 70～80 mm，小的约长 30～40 mm，使用时可根据需要选择。

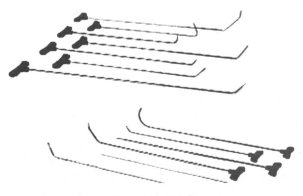

图1　车身修复杆

（2）各种不同锤头形状的硬质木手锤及形似铅笔头的硬质锥形木条等相关辅助工具。

（3）凹陷修复专用投影灯。凹陷修复专用投影灯是由带有直线条的透光玻璃板、灯箱体、灯管、可弯曲的投影灯支架以及带磁性的底座组成。

有了上述专用于汽车钣金凹陷修复的"秘密武器"后，还必须正确掌握凹陷修复的工艺步骤，才能使凹陷损伤修复后的钣金覆盖件达到免喷漆的质量要求。

三、汽车车身凹陷修复的具体操作步骤

（1）修复引擎盖。引擎盖的修复是比较容易的，在修复的过程中，其需要将隔热层拆下或者将粘连胶刮去。维修人员也可以采用重新打孔的方式进行针对性的修复，但是要注意，打孔的位置尽可能地保持隐蔽，这样可以保持车身的美观性。

（2）修复车顶。车顶的情况需要根据实际的情况来看，可以通过拆卸下部分的内板饰扣，或者拆卸下整个车顶的内饰来进行修理。它的修复过程较为灵活，但是也要十分注意，保证工具能够到达并且不存在障碍的情况下就可以，整个过程基本上不要拆卸。

（3）修复前后车门。在修复前后车门时，基本上采用的是同样的方法，都是通过将车玻璃降下来来进行修复。但是需要根据车身的凹陷情况进行考虑。当凹陷出现在加强筋里或者是车门下部边缘时，这就要求将车门内饰进行拆卸，或者可以通过车门下部的排水孔来进行修理。如果发现凹陷在上部的加强筋里，那么可以将玻璃外部的防尘条拆卸下，通过加强筋上面的自然孔进行修复。有部分的车型，其修复的过程需要将车门上部的双层进行有效分开，再进行修复。对于后车门来说，其修复过程较为简单，一般不需要将后车门拆卸就可以实现修复。

（4）修复后翼子板。在修复后翼子板的过程中，一般情况下，只需要有针对性地将后尾灯卸下即可。但是如果凹陷区在轮胎边缘时就需要将整个轮胎拆下，同时，从轮胎的护板出发，开孔进行修复。开孔器的力度一定要把握好，尽可能地避免将外部的钢板打穿。如果凹陷在后翼子板的上部后挡风玻璃的两端时，可以将挡风玻璃的内饰板拆下，从而透过内饰孔来进行修复。修复后翼子板是一个考验人的耐心和细心的工作，需要特别受到施工人员的重视，并逐渐提高他们的修复技能。

（5）修复保险杠。对于一些车型来说，保险杠无法进行修复，只有软塑料能够有效地进行修复。其主要的修复方法是：先用烤灯对保险杠进行加热，在完成这一工序之后，再开始修复。修复完成之后，需要采用一些湿毛巾进行降温和冷却，整个过程要以不伤害原车漆为好，修复保险杠需要反反复复进行操作才能达到良好的效果。

四、车身修复实例

笔者在顶岗实习的过程中，在师傅的带领下，对一事故车辆进行了修复。该车辆为雪佛兰科鲁兹，与前车发生追尾事故，造成左侧上部的车身变形严重。

1. 清洁损伤漆面

首先必须将汽车凹陷损伤区域及其周围的表面擦洗干净，必要时对表面漆膜进行抛光。抛光时取少量抛光剂涂敷于凹陷损伤区域及其周围的表面上，并选择好抛光机转速。操作时手持抛光机，将抛光盘平面与被抛光的漆面保持约 $5°\sim15°$ 角，并掌握好力度进行抛光作业。

擦洗、抛光漆面的目的是为了增强凹陷损伤区域及其周围漆膜表面的光亮度，以提高漆面的反射度。利用照射在汽车表面的光线折射，能提高维修人员在修复时观察汽车损伤区

域及其周围表面的平整度,这也就是光学原理在凹陷修复中的具体应用。

2. 投影照射

在汽车受损部位的附近安放一盏凹陷修复专用的投影灯。由于投影灯的底座是磁性的,因此可放置在汽车金属表面的任意位置。为了防止投影灯的磁性底座可能会损伤汽车表面涂层,应该用柔软的纺织物包裹衬垫好投影灯的底座再使用。打开投影灯,调整投影灯的照射角度,使投影灯面板上的直线条投影在损伤区域及其周围的表面上。

3. 观察投影线条

观察汽车损伤区域及其周围表面上的投影线,可以清晰地看到投影线在未损伤区域内呈现出的是均匀的直线条或曲线条,而在凹陷损伤区域内呈现的却是旋涡状或不规则的投影线条。

4. 选择匹配工具

修复时选择适用的凹陷修复杆和合适的手锤,对呈现旋涡状或不规则投影线的区域进行修复。在修复过程中根据具体情况适时选用修复杆或手锤等工具。具体地说,就是当凹陷修复杆需伸入距离工作窗口或孔隙较远的凹陷部位时,选用尺寸较大的凹陷修复杆;反之,选用尺寸较小的凹陷修复杆,并根据凹陷部位空间大小及所处位置,选用不同顶端形状、不同杆身曲率的凹陷修复杆。手锤的选用则主要根据凹陷深度和凹陷面积来确定。在操作过程中还应视凹陷修复的进度和凹陷损伤的变化情况,及时、灵活地更换凹陷修复杆或手锤等工具,使操作得心应手。

5. 调整凹陷区域曲率

操作时,将凹陷修复杆通过工作窗口或孔隙进行工作。如果既无工作窗口,又无合适的孔隙供凹陷修复杆伸入时,可选用薄板开孔锯,将薄板开孔锯安装在手电钻上,在合适的隐蔽部位开一个新的工作窗口(事后用特制塑胶塞封堵,这也是窍门之一)。操作时把凹陷修复杆顶端伸入到凹陷区域背面,以工作窗口或孔隙的边缘为支点,按动凹陷修复杆把柄部位,运用杠杆原理来撬动、顶撑凹陷区域。在撬动、顶撑时,应从凹陷区域外围开始,逐步将凹陷修复杆向凹陷区域的中心移动。在顶撑时用力要适度,并随时通过光线的折射来观察投影灯投射在凹陷区域的投影线,逐渐使凹陷区域的投影线与周围的投影线平齐或与周围投影线的曲率一致。

6. 修正凸起部位

对周边原有的小凸起或因顶撑过度造成的凸起现象,可使用硬质木槌适当捶击。对于过于细小的凸起,操作时可一手握槌,一手用钳子夹住硬质锥形小木块,将小木块锥部对准凸起处,通过捶击小木块来间接修正,这样可使捶击落点更精准又不致损伤漆面。捶击时应注意使捶击点的投影线与周围的投影线平齐或与周围投影线的曲率一致。当用肉眼观察凹陷损伤区域与周围的投影线平齐或曲率一致时,就可认定修复已经到位。

7. 封堵工作窗口

在整个操作过程中,应仔细观察凹陷区投影线的变化,当凹陷修复基本完成后,用与孔径相符的特制塑胶塞,封堵工作窗口。因为任何汽车在制造过程中,在许多隐蔽部位都用塑胶塞封堵工作窗口或孔洞的,所以在凹陷修复完成后用特制塑胶塞封堵工作窗口是很平常的,汽车用户也不会发现有异常,这也是免喷漆汽车凹陷修复门店对修复技术讳莫如深,汽车用户和外人看不到修复过程的原因所在。最后对漆面进行适当的抛光处理,使凹陷修复更加完美。

五、结 语

当前,汽车车身修复技术已经取得了极大的进步,但是在很多方面,这项技术仍旧存在着很多的缺陷。新时期,要不断地提高汽车凹陷修复技术,通过和一些汽车美容店相结合,提高维修人员的素质,着眼于新时代的潮流,不断地推进汽车修复,使汽车修复技术向着一个更好的方向发展。

参考文献

[1] 赖名峰.免喷漆无损汽车凹陷修复技术介绍[J].汽车维修与保养,2017,(5):97.

[2] 李双其.汽车小损伤免喷漆无损修复技术[J].汽车维护与修理,2016,(10):76 - 77.

[3] 王胜.汽车车身表面凹陷修复技术在保险理赔中的推广[J].中外企业家,2015,(3):32 -34.

[4] 朱俊.汽车车身钣金件的修复技巧[J].城市车辆,2008,(8):61 - 64.

点评:车身修复是一门实践性很强的课程。所以同学们如果选择了这个课程设计的题目,一定要到校企合作企业去实习,只有深入了解,或者是自己动手,才能更好地写出具有实践意义的毕业设计。

以这篇毕业设计为例,文章中首先分析了车身凹陷修复技术,接着分析了车身修复的常用工具,并给出了工具的图示。然后分析了车身修复的具体步骤。最后根据自己的工作经历,分析了一个实例。

车身修复因为实践性很强,有很多修理的步骤和方法用文字或者图示的方法,不容易表达清楚。同学们在数据库中查找时,也会发现此类文章不多。当然,正因为同类文章不多,所以同学们写才会显得更新颖。

新能源汽车故障诊断与维修

9.1 新能源汽车的主要类型

依照中华人民共和国工业和信息化部 2009 年 6 月 17 日发布的《新能源汽车生产企业及产品管理规则》,新能源汽车是指采用非常规的车用燃料作为动力来源(或使用常规的车用燃料、采用新型车载动力装置),综合车辆的动力控制和驱动方面的先进技术而形成的技术原理先进并具有新技术、新结构的汽车。

新能源汽车包括的范围比较广,目前主要是指混合动力汽车(PHEV)、纯电动汽车(BEV,包括太阳能汽车)、燃料电池电动汽车(FCEV)、氢发动机汽车、其他新能源(如高效储能器、二甲醚)汽车等产品。其中混合动力汽车、纯电动汽车、燃料电池汽车统称为电动汽车。电动汽车虽然目前技术尚不成熟,但前景被广泛看好。

1. 混合动力汽车(HEV)

混合动力是指采用传统燃料,同时配以电动机来改善发动机低速动力输出和燃油消耗的车型。混合动力汽车使内燃机在低油耗、少污染的最佳工况下工作,因此其最大的优点就是节能低排。混合动力汽车一般比传统燃料汽车燃油消耗降低 30%～50%,但混合动力汽车存在的问题是长时间高速行驶并不省油。

混合动力汽车也称复合动力汽车,一般装有两个以上动力源,动力源一般有蓄电池、燃料电池、太阳能电池和内燃机发电机组。

按照燃料种类的不同,混合动力分为汽油混合动力和柴油混合动力两种。目前国内市场上,混合动力车辆以汽油混合动力为主,而国际市场以柴油混合动力车型为主。

按照推进系统能量流和功率流的配置结构关系,混合动力汽车分为串联、并联和串并联三种结构形式。

按照两种不同能量的搭配比例不同,混合动力汽车可分为轻度混合动力、中度混合动力、重度混合动力和插电式混合动力汽车四种类型。

受能源和环境问题的影响,20 世纪 90 年代以来,电动汽车得到了快速发展。但是由于电动汽车电池技术问题的限制,不能满足人们的需求,所以混合动力装置应运而生,成为传统汽车向电动汽车转变的过渡产品。

2013～2017 年《中国混合动力汽车行业深度调研与投资战略规划分析报告》数据显示,

从1997年全球第一辆混合动力汽车（HEV）——丰田普锐斯（Toyotaprius）首发到2010年年底，丰田汽车全球累计销售近300万辆，约占70%市场份额。日本丰田公司在混合动力汽车研发方面处于世界绝对领先水平，但由于丰田公司核心技术保密等问题，丰田普锐斯在中国等海外市场的销量大幅下降，与此同时，国内的汽车厂家也加快了混合动力汽车的研发步伐，目前国内的混合动力汽车多数以混合动力电动客车为主。

2. 纯电动汽车（BEV）

纯电动汽车是完全由可充电电池作为驱动动力源的汽车。目前大部分汽车直接采用电机驱动，也有部分将四个车轮做成电动机的转子，直接驱动。

纯电动汽车具有本身零排放、能量利用率高、结构简单、工作噪声小等优点，但就目前来说，市场占有率却不高，其主要原因是续驶里程短（一般一百公里左右）、充电时间长、蓄电池使用寿命短且电池成本高等问题，且电力基础设施建设也影响了电动汽车产业化的发展。但从长远发展来看，纯电动汽车是推广发展的方向。近几年各大城市的电动公交车数量有明显增加。

日产Leaf是纯电动汽车的代表。

3. 燃料电池汽车

燃料电池汽车（Fuel cell vehicles），是电动汽车的一种，燃料电池的电能通过氢气和氧气的化学作用，直接变成电能。燃料电池化学反应的产物主要是电能和水，还有极度少的二氧化碳和氮氧化物，因此燃料电池汽车被称为绿色新型环保汽车。

燃料电池的能源是氢燃料，氢燃料的获取方法主要有两种：一是将甲醇、天然气、汽油等烃类化学物质，通过燃料重整器发生化学反应转化为富氢气体；二是通过石化裂解反应提取纯液化氢。燃料电池的能量转换效率比内燃机要高2～3倍，从能源的利用和环境保护方面考虑，燃料电池汽车也是一种理想的车辆。

汽车厂家虽然推出了燃料电池汽车的示范车，但是由于制造和使用成本高等问题，并没有批量生产并推向市场。

电池是电动汽车的动力源泉，也是一直制约电动汽车发展的关键因素。电动汽车用电池经过了三代的发展，已经取得了突破性进展。第1代是铅酸电池，目前主要是阀控铅酸电池（VRLA），其比能量较高，价格低，能高倍率放电，是目前唯一能大批量生产的电动汽车用电池。第2代是碱性电池，主要有镍镉、镍氢、钠硫、锂离子和锂聚合物等多种电池，其比能量和比功率都比铅酸电池高，大大提高了电动汽车的动力性能和续驶里程，但其价格却比铅酸电池高。第3代是燃料电池，其能量转变效率高，比能量和比功率都高，并且可以控制反应过程，能量转化过程可以连续进行，是理想的汽车用电池，但一些关键技术有待突破，目前还处于研制阶段。

4. 超级电容汽车

超级电容器是利用双电层原理的电容器。

双电层是在超级电容器的两极板上电荷产生的电场作用下，电解液与电极间的界面上形成相反的电荷，以平衡电解液的内电场，正电荷与负电荷在两个不同相之间的接触面上，以极短间隙排列在相反的位置上，这个电荷分布层叫作双电层，电容量非常大。超级电容作为电动汽车供电电源的优点是充电时间短、功率密度大、容量大、使用寿命长、免维护、无记忆效应、环保程度高等。目前运行成本仅为柴油车的1/3。但突出的缺点是功率输出随着里程增加而衰减,只适合短途运行。因此超级电容大部分被用于公共交通领域,或者作为纯电动车或燃料电池车的辅助电力系统。

超级电容汽车的电池一般安装在底盘上,公交车进站后,车顶充电设备自动升起,搭到充电站的电缆上,通过 200～400 A 的充电电流完成充电,充电时间一般为 20～30 s。

5. 氢燃料汽车

氢能因具有清洁、高效和可再生的特点而被誉为 21 世纪理想能源。

氢燃料汽车的动力系统是在传统内燃机的基础上加以改进后制成的。氢燃料汽车以无污染、零排放的优势被业内普遍认可,但氢燃料汽车也面临着氢的制取和液态氢的存储两大难题,氢燃料汽车除了具有零排放的优点外,还有其他的优势,例如:对氢的要求较低、燃烧性能高、内燃机技术成熟等。虽然许多关键技术尚未成熟、生产成本高且短期内实现不了产业化,但随着技术的进步,氢能源会离我们的生活越来越近。可以预见,氢能是汽车燃料的最终解决方案。

6. 太阳能汽车

汽车行业多利用光伏发电技术将太阳能转化为电能。太阳能汽车是利用太阳能电池将太阳能转换为电能,并利用该电能作为能源的汽车,它是电动汽车的一种。太阳能汽车主要由太阳能电池组、自动阳光跟踪系统、驱动系统、控制器和机械系统等组成。

太阳能汽车代表了汽车的发展新方向,被人们称为"未来汽车"。但是由于太阳能电池的能量较低,受太阳照射时间的限制,加之造价昂贵、承载能量差等缺点,目前太阳能汽车主要用于实验或竞赛方面,实用型太阳能汽车还比较少。随着技术创新发展,专家推测在未来30～50 年时间,太阳能汽车有望走入现实生活。

7. 其他燃料汽车

燃料汽车主要包括气体燃料汽车和生物燃料汽车。其中气体燃料汽车主要包括天然气汽车和液化石油气汽车。与同功率的传统燃油汽车相比,天然气汽车尾气中的碳氢排放量可减少 90%,一氧化碳可减少约 80%,二氧化碳可减少 15%,氮氧化物可下降 40%,也没有含铅物质排出。天然气汽车虽然具有低污染、低成本、安全性高的特点,但是存在动力性能降低、不易携带、需要相应的加气站等公共设施的建设等问题,因此推广使用的成本也较高。

目前国内外已投入市场的天然气汽车有梅赛德斯奔驰 b170NGT,这款车发动机使用柴油或汽油混合压缩天然气,在行驶过程中可以随意选择,一个常规燃料油箱和天然气油箱,一共可以行驶 621 英里.

生物燃料又称生态燃料,泛指由有机物组成或者制成的燃料。目前我们所说的生物燃料一般是指生物液体燃料,比如燃料乙醇和生物柴油等。

获得生物燃料的途径主要有三种:物理转化,生物化学转化,热化学转化。生物燃料不同转化途径在技术路线、生产成本以及相应产品诸方面均有显著差异。

目前全球能源和环境面临巨大挑战,汽车作为高耗能、高排放的产品之一,汽车产业改革势在必行。虽然纯电驱动汽车将是未来汽车的最终发展方向,但由于关键技术、基础设施建设等难题,油气、油电等混合动力汽车将作为过渡产品而存在。我国传统汽车领域与发达国家相比相对落后,但在新能源汽车方面却站在同一起跑线上,因此有望在此领域实现"弯道超车"。从 2001 年开始,我国投入 20 亿元研发经费,形成了"三纵"(纯电动、油电混合动力、燃料电池三条技术路线)"三横"(动力蓄电池、驱动电机、动力总成控制系统三种共性技术)的电动汽车研发格局。到2020年,纯电动汽车和插电式混合动力汽车将实现产业化生产市场保有量有望超过500万辆。

9.2 混合动力汽车的种类及特点

混合动力汽车将原发动机、电机、能量存储装置等组合在一起,通过参数匹配和优化控制,充分发挥内燃机汽车和电动汽车的优点,弥补各自的缺陷,因此混合动力汽车是当今最具开发意义的低排放、低油耗的汽车。

一、混合动力汽车的分类

混合动力汽车的分类方法很多,这里主要介绍四种常见分类方法。

1. 按动力系统结构形式划分

按照动力系统结构形式(混合动力汽车零部件的种类、数量和连接关系)划分,可分为串联式混合动力汽车(SHEV)、并联式混合动力汽车(PHEV)、混联式混合动力汽车(PSHEV)三种。

(1) 串联式混合动力汽车(SHEV)

串联式顾名思义就是发动机与电动机串在一条动力传输路径上,如图9-1所示。此结构特点是发动机在任何情况下都不驱动汽车,仅仅带动发电机为电动机提供电能。电能通过电机控制器输送给电机,电机驱车行驶。动力电池也可以单独向电机提供电能驱动汽车行驶。因此电动机功率一般大于发动机功率。

串联是混合动力汽车中结构最简单的,取消了普通汽车的变速箱,结构布置更加灵活。发动机总是工作在高效转区,因此在中低速行驶时,串联结构的混合动力汽车比普通汽车油耗更低,可以节油30%左右。同时,由于串联结构的驾驶模式只有电动模式,所以用户使用起来非常方便。

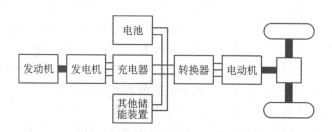

图9-1 串联式混合动力系统结构图

目前,主流的串联结构混动车型有:雪佛兰沃蓝达、宝马3增程式混合动力车型、传祺GA5增程式混合动力车型。

传祺 GA5 是目前自主品牌中仅有的串联结构混合动力车型。串联结构混合动力车型的发动机动能需要经过二次转换才能为电动机供电，会造成较大的能量损失，使得高速行驶时油耗偏高，以雪佛兰沃蓝达为例，普通的 1.4 升汽油车型高速巡航时百公里油耗在 6 升左右，但沃蓝达却达到了 6.4 升。

图 9-2　雪佛兰沃蓝达

图 9-3　广汽传祺 GA5 电动版及动力布置

（2）并联式混合动力汽车（PHEV）

并联结构是在普通汽车的基础上加装一套电驱动系统（电动机和动力电池），发动机和电动机都能单独驱动车轮，也可以同时工作，共同驱动车辆行驶。当动力电池电量不足时，发动机还能带动电动机反转为动力电池充电。目前市面上大多数混动车型都为该结构。

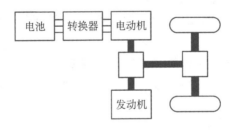

图 9-4　并联式混合动力系统结构图

并联结构的混动车型一般有三种模式可以选择：纯电模式（发动机关闭，电池为电动机供电，驱动车辆行驶，该模式多用于中低速行驶的汽车，也有部分车型可以实现高速巡航纯油模式）；发动机启动模式（发动机驱动车辆行驶，同时能够带动电动机反转为动力电池充电）；混合模式（发动机和电动机同时启动，驱动车辆行驶，该模式多用于爬坡、急加速以及其他高负荷工作的情况下）。

与串联结构不同的是，并联结构中发动机和电动机可以同时驱动汽车，因此动力性更好；其次，并联结构的三种驱动模式，可以满足汽车的多种工况要求。发动机在中高速运行时直接驱动汽车，无须进行能源的二次转换，因此综合油耗更低。但是并联结构最显著的特点是只有一台带动机，没有独立的发电机，无法实现混合模式下发动机为动力电池充电的功能。当电量耗尽时，只靠发动机驱动。并联结构更加复杂，制造成本也较高。

（3）混联式混合动力汽车（PSHEV）

混联结构是在并联的基础上加一个发电电机，发动机和电动机协同驱动车辆行驶的同时，发动机还能直接带动发电机为动力电池充电。因此，混联结构的驱动模式有纯电动式、纯油模式、混合模式、充电模式四种。

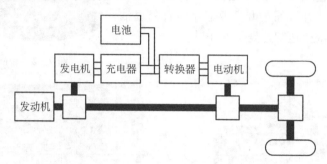

图 9 - 5 混联式混合动力系统结构图

混联结构中不使用传统的变速箱，而是用"ECVT"行星齿轮结构的耦合单元来代替。这种技术一直被丰田垄断，也有厂家采用双离合变速箱、无级变速箱等，但是效果远不及"ECVT"的变速结构。

混联结构在并联结构的基础上加入了充电功能，因此混联结构的驱动模式更多样化。混联结构中发动机和电动机全力驱动车辆时也不用担心电量消耗的问题，并且"ECVT"机构使电动机和发动机的配合更加默契，能够适应更多工况，节油效果也更加出色。不过由于混联结构更加复杂，相应车型的价格也更高。

混联结构的典型代表是丰田普锐斯车型。普锐斯于 1997 年 10 月问世，是世界上最早实现批量生产的混合动力汽车。

2. 按电机相对于燃油发动机的功率比大小划分

按照电机相对于燃油发动机的功率比大小分为重度混合型、中度混合型、轻度混合型以及微混合型混合动力汽车。

（1）微混合动力系统

简称 BSG 系统。这种混合动力系统是在传统内燃机的启动电机上加装皮带驱动的启动电机，该电机用来控制发动机的启动和停止，取消了发动机的怠速，从而降低了油耗和排放。

微混合动力系统的汽车不属于真正的混合动力汽车，因为它的电机并没有为汽车行驶提供持续的动力。在微混合动力系统里，电机的电压通常有两种：12 V 和 42 V。其中 42 V 主要用于柴油混合动力系统。

微混合动力系汽车代表的车型是 PSA 的混合动力版 C3 和丰田的混合动力版 Vitz。

（2）轻混合动力系统

简称 ISG 系统。该混合动力系统采用了集成启动电机。与微混合动力系统相比，轻混合动力系除了能够实现用发电机控制发动机的启动和停止外，还能够实现：

① 在减速和制动工况下，对部分能量进行吸收；

② 在行驶过程中，发动机等速运转，发动机产生的能量可以在车轮的驱动需求和发电需求之间进行调节。轻混合动力系统的混合度一般在 20% 以下。

轻混合动力系统汽车的代表车型是通用的混合动力皮卡车。

（3）中混合动力系统

该混合动力系统同样采用了 ISG 系统。与轻度混合动力系统不同,中混合动力系统采用的是高压电机。另外,中混合动力系统还增加了一个功能:在汽车处于加速或者大负荷工况时,电动机能够辅助驱动车轮,从而补充发动机本身动力输出的不足,从而更好地提高整车的性能。这种系统的混合程度较高,可以达到 30% 左右,目前技术已经成熟,应用广泛。

本田旗下混合动力的 Insight、Accord 和 Civic 都属于这种系统。

（4）重混合动力系统

重度混合型混合动力汽车,是指以发动机或电机为动力源且电机可以独立驱动车辆行驶的混合动力汽车。一般情况下,电机的峰值功率占发动机额定功率的 40% 以上。

丰田的 Prius 和未来的 Estima 属于完全混合动力系统。该系统采用了 272～650 V 的高压启动电机,混合程度更高。与中混合动力系统相比,完全混合动力系统的混合度可以达到甚至超过 50%。技术的发展将使得完全混合动力系统逐渐成为混合动力技术的主要发展方向。

3. 按照外接充电能力划分

可分为不可外接充电型和插电式混合动力汽车。

不可外接充电型混合动力汽车是指被设计成在正常使用情况下从车载燃料中获取全部能量的混合动力汽车。

插电式混合动力汽车又称外接充电式混合动力汽车（PHEV）,是最新一代混合动力汽车,受各国政府及汽车厂商关注,并有望在几年后广泛使用。

插电式油电混合动力汽车以电能为主要动力源,将内燃机作为辅助或备用动力装置,被认为是向纯电动汽车过渡的最佳技术方案。

插电式混合动力轿车都有车载充电机,可以使用家用电源为电池充电,而插电式混合动力公交车由于行驶路线固定,一般利用外接充电机充电。可以利用夜间用电低谷对动力电池充电以及降低排放等优势,插电式混合动力公交车已成为中等城市交通的主流。

4. 按与发动机混合的可再充电能量储存系统的不同划分

按照与发动机混合的可再充电能量储存系统不同可划分为动力蓄电池式混合动力汽车、超级电容器式混合动力汽车、机电飞轮式混合动力汽车和动力蓄电池与超级电容器组合式混合动力汽车。

二、不同类型混合动力汽车在燃油经济性、尾气排放和控制难易程度等方面的比较

表 9-1　不同类型混合动力汽车在燃油经济性、尾气排放和控制难易程度等方面的比较

项目	串联式	并联式	混联式
公路行驶燃油经济性	较优	优	优
城市行驶燃油经济性	优	较优	优
无路行驶燃油经济性	较优	优	优

项目	串联式	并联式	混联式
低排放性能	优	较优	较优
成本	低	较低	较低
复杂程度	简单	较复杂	复杂
控制难易程度	简单	较复杂	复杂

表9-2 不同类型的混合动力汽车在驱动模式、传动效率、整车布置、适用性等方面的比较

结构类型	串联式	并联式	混联式
动力总成	发动机、发电机、驱动电机等三大动力总成	发动机、电动/发电机或电机两大动力总成	发动机、电动/发电机、电机三大动力总成
驱动模式	电机是唯一的驱动模式	发动机、电机、发动机—电机混合驱动模式	发动机、电机、发动机—电机、电机—电机混合驱动模式
传动效率	传动效率较低	传动效率较高	传动效率较高
制动能量回收	能够回收制动能量	能够回收制动能量	能够回收制动能量
整车总布置	三大动力总成之间没有机械式连接装置,结构布置自由度较大,但三大动力总成的质量、尺寸较大,一般在大型车辆上采用。	发动机驱动系统保持机械式传动系统,发动机与电机两大动力总成之间被不同的机械装置连接起来,结构复杂,布置受到一定限制。	三大动力总成之间采用机械式连接装置,三大动力总成的质量、尺寸较小,能够在小型车辆上布置,结构更加紧凑。
适用条件	适用于大型客车或货车,适用于在路况较复杂的城市道路和普通公路上行驶,更加接近电动汽车性能。	适用于中小型汽车,适用于在城市道路和高速公路上行驶,接近普通的内燃机汽车性能。	适用于各种类型的汽车,适用于在各道路上行驶,更加接近普通内燃机汽车性能。

三、新能源汽车基本故障诊断策略

1. 新能源汽车基本故障诊断策略

面对高电压混合动力汽车或纯电动汽车发生故障时,"基本故障诊断策略"的流程可以提供一个基础的诊断思路,并适用于所有车辆的诊断。针对每种诊断情况遵循一种类似的方案,可最大程度地提高车辆的诊断和修理效率。

"基本故障诊断策略"是具体故障诊断思路的一个基本原则,但在实际维修诊断过程中不一定需要严格遵循这样的诊断思路,因为具体维修诊断中,有些步骤凭借个人的经验和之前的维修经历,可以直接给出答案,没有必要再去验证。

但是,针对很多初学的技术人员来说,该诊断策略可以帮助其建立一个正确的诊断思路,为日后进一步提升诊断能力打下基础。

新能源汽车的基本故障诊断策略流程如图9-6所示。

第一步,理解并确认客户报修问题。诊断策略的第一步是尽可能多地了解客户情况。例如,这个故障显现是何时出现? 何处出现该状况? 该状况持续了多长时间? 该状况多久发生一次? 为了确认客户保修问题,必须首先熟悉系统的正常工作情况。

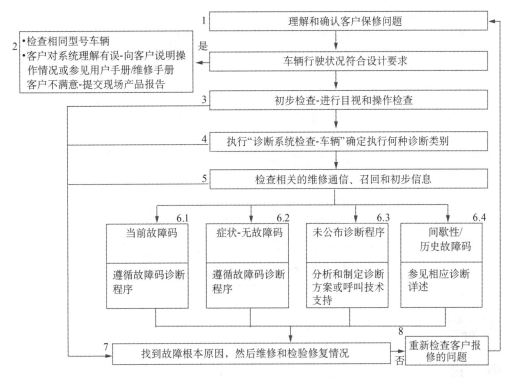

图 9-6　新能源汽车的基本故障诊断策略流程

第二步,确认车辆行驶状况。车辆正常运行时,存在该情况,那么客户描述的故障情况可能属于正常情况。在与客户描述情况相同的条件下,与操作正常的类似车辆进行比较,如果其他车辆存在类似情况,那么这可能是车辆的设计原因。

第三步,预检并进行全面的目视检查,包括:

(1)对车辆外观进行全面检查。

(2)检测是否有异常的响声或异味。

(3)采集故障码(DTC)信息,以便进行有效的修理。

第四步,执行系统化的车辆诊断与检查。通过预检获取的信息,针对故障区域进行系统化的诊断和确认,确认系统工作是否正常,并确定执行何种诊断类别。

第五步,查询或检索相关的案例信息。查阅已有案例信息,确定是否之前已有这样的故障维修案例,这样可以最大程度缩短后期维修和诊断的时间。

第六步,诊断类别。

(1)针对当前故障码:按照指定的故障码诊断以进行有效的诊断和维修。

(2)针对无故障码:选择合适的症状诊断程序,按照症状诊断思路和步骤诊断、维修。

(3)针对未公布的诊断程序:分析问题,制订诊断方案。从维修手册中查看故障系统的电源、搭铁、输入和输出电路,确定接头和其他多条电路相连接的部位。查看部件的位置,确认部件、连接器或线束是不是露在极端温度或湿度环境,以及是否会接触到其他具有腐蚀性的蓄电池酸液、机油或其他油液。

(4)针对间歇性/历史故障码:间歇性故障是一种不连续出现、很难重现,且只在条件符合时发生的故障。一般情况下,间歇性故障是由电气连接器和线束故障、部件故障、电磁/无线电频率干扰、行驶状况导致的。

以下方法或工具有利于定位和修理间歇性故障或历史故障码：

① 结合专业知识和可用的维修信息。

② 判断客户描述的症状和状况。

③ 使用带数据捕获（数据流读取）功能的故障诊断仪、数字式万用表。

第七步，找到故障根本原因，再修理并检验修复情况：找到故障根本原因后，进行修理并检验是否正确操作。确认故障诊断码或症状已消除。

第八步，重新检查客户报修问题：如果未能找到问题所在，必要时重新检查，重新确认客户报修问题。

2. 新能源汽车主要指示灯/警告灯

当纯电动汽车或插电式混合动力汽车出现故障时，通常在仪表上会显示出相应的故障灯来提醒驾驶人，并根据车辆的实际运行情况以及结合故障类型，启动相应的故障模式。

表 9－3　新能源汽车主要指示/警告灯

指示/警告灯	功能含义
🔧	保养提示
	车辆电子稳定系统（ESP）
	电机及控制器过热
	车辆胎压异常
	车辆系统故障
	动力蓄电池不能提供动力来源，蓄电池动力已切断，需及时维修
	动力蓄电池过热
	动力蓄电池可能存在故障，慢速行驶及时维修
	动力蓄电池绝缘电阻低

（1）指示/警告灯的使用思路

当新能源汽车出现警告灯点亮的情况后，可以遵循以下原则执行相应的检查，包括一看、二查和三清。

一看:看仪表上显示的故障灯,定位故障原因。

二查:查故障码和系统状态,找到故障原因。

三清:清楚故障;问题解决后,通过诊断仪重新清除故障码,从而消除仪表上的警告灯。

此外,针对仪表中出现多个故障警告灯后,通常可以参考优先级的顺序。

注意:

① 针对上电后整车无故障,但是不能进入起动模式的情况,需要先确认挡位是否在空挡,如不在空挡请退回空挡以后再尝试起动。

② 针对整车无故障,动力性能减弱的情况,需要注意电量低提示灯是否点亮,如点亮请及时充电。

③ 针对电池充满以后,电池不能连接,电池切断指示灯亮,需要查看外接充电线是否拔掉,外接充电线连接时整车不能行驶。

（2）常见故障警告灯的原因及诊断方法

① 钥匙打到 ON 挡后,仪表所有灯不亮,或闪烁,或比较暗。

可能原因。

a. 仪表灯不亮:12 V 电池的端子被拔掉或者蓄电池严重亏电。

b. 仪表灯闪烁或者比较暗:蓄电池亏电。

诊断方法。

a. 请检查发动机舱 12 V 电池的端子是否被拔掉,若被拔掉,请连接后再试。

b. 若蓄电池连接仪表灯不亮,说明 12 V 蓄电池严重亏电,需更换电池。

不更换电池的方法:在高压电池电量良好并且充电线断开的情况下,可以通过搭铁线将蓄电池与有电的 12 V 蓄电池连接,钥匙拧至 ON 位置使高压继电器吸合,DC/DC 转换器开始工作以后即可断开搭铁线连接,在操作过程中请注意安全,正负极不要反接或短接。

注意:

有些车辆需要起动以后,DC/DC 转换器才会对低压 12 V 蓄电池进行充电。

判断 DC/DC 转换器工作的方法:仪表 LED 指示电池电流为负值;通过电压表测试电池两端的电压大于 13 V。

② 12 V 蓄电池故障灯常亮。

可能原因。下述 4 个方面的原因会导致 12 V 蓄电池亏电:

a. 由于存放时间过长或者过量使用蓄电池导致 12 V 蓄电池电压较低。

b. DC/DC 转换器故障,不能给 12 V 蓄电池充电。

c. DC/DC 转换器熔断丝熔断,12 V 蓄电池上方的熔断丝熔断。

d. 连接 DC/DC 转换器至 12 V 蓄电池端的线束有问题。

诊断方法。首先尝试通过钥匙重复上电、断电操作能否清除故障灯,如不能请参照下述方法:

a. 更换蓄电池或者给蓄电池补充电。

b. 若为 DC/DC 转换器原因不能给 12 V 蓄电池充电,需要对故障进行进一步排查。

③ 动力电池故障灯常亮,整车不能起动。

可能原因。下述两个方面的问题会报出动力电池报警故障:

a. 高压电池系统(BMS)故障。

b. 高压动力电池本体单体存在故障。

诊断方法。首先尝试钥匙重复上电、断电操作能否清除故障灯，如不能清除故障灯，请执行下述方法：

a. 维修人员通过诊断仪读取故障码，根据具体故障码参照整车维修手册进行维修。

b. 检测高压部件请专业人员进行，禁止私自操作，必须注意高压安全事项，按照手册中要求进行维修。

④ 系统故障灯常亮或者闪烁，整车不能起动。

可能原因。下述 10 个方面的问题会报出系统报警故障：

a. 整车控制器 VCU 严重故障。

b. 整车 CAN 通信存在短路/断路故障。

c. 制动真空压力传感器异常。

d. 高压系统(电池/电机/压缩机/整车控制器)互锁系统故障。

e. 冷却风扇驱动故障。

f. 逆变器驱动/继电器驱动故障。

g. 加速踏板故障。

h. 压缩机或 PTC 驱动故障。

i. 电机转矩监控故障。

j. 低压主继电器驱动故障。

诊断方法。首先尝试钥匙重复上电、断电操作能否清除故障灯，如不能清除故障灯，请执行下述方法：维修人员通过诊断仪读取故障码，根据具体故障码参照整车维修手册进行维修。

⑤ 系统故障灯和动力电池故障灯不亮，电池断开指示灯亮。

可能原因。下述 4 个方面的问题会使高压回路不能建立，整车不可以行驶：

a. 高压继电器盒内熔断丝烧断。

b. 高压继电器(正极负极预充电)控制线束有问题。

c. 继电器本身损坏。

d. 预充电阻失效。

诊断方法。

a. 此问题涉及高压检查和维修，非专业人员，禁止操作。

b. 专业人员在检查时，严格遵守操作要求，注意安全。

⑥ 电驱动系统报警灯常亮。

可能原因。下述 2 个方面故障可能导致电池断开，导致驱动系统失效：

a. 电机系统故障。

b. 电机控制器故障。

诊断方法。出现故障灯和电池断开时，先查故障，再查电池断开指示灯。

首先尝试钥匙重复上电、断电操作能否清除故障灯，如不能清除故障灯，请执行下述方法：维修人员通过诊断仪读取故障码，根据具体故障码参照维修手册进行维修。

3. 新能源汽车故障诊断基本方法

(1) 诊断前注意事项

① 新能源汽车高压电气系统，包含动力电池、逆变电路、驱动电机系统、电子控制系统

和电线束等。为保证安全,所有的高压电线接线端采取密封或隔离措施,高压电线束采用洁净的橙色加以区分。维修手册上清楚标注出所有橙色线为高压电线(200~500 V)。

② 维护时注意"READY"指示灯,"READY"灯点亮发动机可能运转中,以此判断车辆此时是处于工作还是停机状态(注意"READY"指示灯熄灭后电源仍会持续 5 min 供电)。

在对车辆维修工作之前,都要确保"READY"指示灯是熄灭的,故应关闭点火开关,并把车钥匙取下来。

③ 在维护检修时按规定着装,禁止佩戴首饰、手表、戒指、项链、钥匙等。维护检修准备吸水毛巾或布、灭火器、绝缘胶布、万用表,必须选用适用于电工作业的绝缘的、耐碱胶手套及防碱性类型的鞋子和护目镜,防止电解液溢出等造成的意外伤害。

(2) 诊断前操作准备

对新能源汽车进行诊断维修、处理损坏车辆、进行事故恢复或急救工作时,必须首先禁用高电压系统,具体方法如下:

① 挡位开关置于 P 挡位置,驻车制动,拔下钥匙。

② 断开辅助电池负极端子。

③ 戴上绝缘手套拆下手动维修开关,将手动维修开关用绝缘胶布贴封起来,隔离外域与高压系统的接线端或连接器。

④ 断开手动维修开关后,在开始检查前等待 5 min,使用万用表检测需要维修的高电系统输入与输出线路的每一个相位电压,读数必须小于规定值(一般小于 3 V)。

(3) 诊断与维修基本步骤

第一步:初步判断故障前行驶状况、故障时车辆状况及对相关信息进行分析。

新能源汽车在故障状态下均会进入失效保护模式,虽然不同的汽车制造厂商设计的失效保护模式不一定相同,但是主要的动力驱动系统模式却很相似。普锐斯失效保护模式见表 9-4。

表 9-4　普锐斯失效保护模式

故障举例	故障:× 正常:○					车辆故障状态
	发动机	动力电池	电动机(MG1)	发电机(MG2)	油泵电机(MGR)	
MG1 的分解器失效	×	○	○	×	○	电机驱动正常,但发动机不能驱动,即 MG1 发电机失效
MG2 的分解器失效	○	○	×	○	○	发动机能够被起动,但是车辆不能被驱动,即 MG2 电动机失效
动力电池 ECU 内部故障	×	继电器保持断开	×	×	×	车辆不能被驱动
动力电池自身故障	○	继电器保持断开	×	×	×	车辆不能被驱动
温度传感器等故障	○	○	○	○	○	车辆正常驱动或降低驱动功率,仪表警告灯亮

第二步:采用车辆故障诊断仪诊断汽车故障时,检查并记录系统中所有的故障码,确认

高电压系统存在的故障码,并将故障信息码优先排序。

第三步:检查并记录每一个系统,并检查历史记录数据。因为历史记录数据可以被用作故障再现试验,因为它知道在故障被检测到行驶和操作的状态。

表9-5所示为普锐斯高电压系统中历史记录数据的时间顺序。

表9-5 普锐斯高电压系统中历史记录数据的时间顺序

目录	含义
END RUN TIME	在一次系统启动中发动机运转的时间
DTC CLEAR WARM	在清除 DTC 后系统启动的次数
DTC CLEAR RUN	在清除 DTC 后行驶的里程数
DTC CLEAR MIN	在清除 DTC 的时间
OCCURRENCE ORDER	故障发生的顺序

注意:目前大多数故障诊断仪的故障码读取系统界面中,会在故障码后显示故障码出现的优先顺序,提示检车诊断人员排查故障正确顺序。

第四步:在分析故障码时,需要区分与故障不关联的故障码。例如,在普锐斯车型中,不关联的故障有:

① 在日光照射不了的条件下,代码 B1424(日光传感器回路异常)有时会输出。

② 高电压系统有故障时再生制动器不起作用,电子制动系统 ECU 从 HV ECU 接受故障信号并输出故障码 C1259(HV 系统再生故障)、C1310(HV 系统故障)。

③ 电动助力系统 ECU 从 HV ECU 接受故障信号并输出故障码 C1546(HV 系统故障)。

④ 当 12 V 蓄电池端子断开,电子悬架系统输出(转向中间位置自动校正不完全故障)故障码 B2421。

⑤ 维修人员按照故障码优先顺序检查 POA60-501(相位 V 电流传感器故障),在故障恢复后清除故障码,并检查故障是否能够重现,以确定故障可靠排除。

第五步:主动测试功能应用。主动测试主要用于对新能源车辆进行故障检查,并使车保持特定的运行状态。例如,在丰田普锐斯车型中主动测试的项目有:

① 诊断模式1:将挡位开关置于 P 挡位,连续运行发动机并取消牵引力的控制,用于检查发动机点火正时、HC/CO 的排放情况;检查发动机运转情况;转速表工作情况。

② 诊断模式2:取消牵引力控制,用于检查发动机点火正时、HC/CO 的排放情况;检查发动机运转情况;转速表工作情况。

③ 变频器驱动强制停止:持续切断 HV ECU 内部的功率三极管,用于确认是否在变频器或 HV ECU 内部有漏电。

其基本的检查程序是:

① 诊断仪驱动 HV ECU 输出一个长期关闭的指令

② 系统检查变频器 U、V、W 信号,每一个端子的电压应该是 12~16 V。

③ 系统执行变频器电压检查,变频器一侧的电压应该是 14~16 V。

以上任何一步检查失效,均可以判断对应步骤中的高压零部件发生高电压的泄露。

4. 诊断与修理后检验

注意：

进行修理后,部分故障诊断码需要点火开关先置于 OFF 位置,再置于 ON 位置后,才可使用故障诊断仪清除故障码。

第一步:将点火开关置于 OFF 位置。

第二步:安装所有诊断时拆下或更换的部件或连接器。

第三步:在拆下或更换部件或模块时,可能还需重新进行程序的设定。

第四步:将点火开关置于 ON 位置。

第五步:清除故障码。

第六步:将点火开关置于 OFF 位置持续 60 s。

第七步:如果修理与故障码有关,则再现运行故障码的条件并使用"冻结故障状态"功能,以便确认不再设置故障码。

毕业设计参考范文一

纯电动汽车续航能力的提高途径

摘要:电池、电机、电控技术是纯电动汽车面临的三大关键技术,其中,电池技术是最亟待解决的问题。就电池技术分析纯电动汽车续航能力的影响因素,并针对各因素,提出提高纯电动汽车续航能力的途径。

关键词:纯电动汽车;续航能力;电池技术

1 纯电动汽车电池的应用现状

1.1 电池应用的现状

目前主要采用的是铅酸和锂离子两类电池。铅酸蓄电池是纯电动汽车发展初期主要采用的电池种类之一。很多人认为铅酸电池技术落后、性能落后、污染严重。近几年来,铅酸蓄电池由于能量低、充电速度慢、寿命短,逐渐被其他蓄电池所取代,如目前新能源汽车广泛采用的锂离子电池。与前者相比,它的电池电压高和比容量更高、循环寿命更长,而且还具有自放电率低、无记忆效应等优点。

1.2 续航能力的现状

汽油机汽车的续航里程主要跟发动机的排量和油箱容积相关。纯电动汽车的续航能力,是指其蓄电池在充足电后到下次充电前可连续行驶里程的能力。一般来说,汽油机汽车一次加满油的续航里程可达 500 公里以上,远远大于纯电动汽车的续航里程。电力驱动及控制系统是纯电动汽车的核心,也是区别于汽油机汽车的最大不同点。虽然纯电动汽车的其他装置基本与汽油机汽车相同,但是多年来,续航能力差都成为国内外纯电动汽车研发中的主要困难。据调查,国内大多数纯电动汽车续航里程可以达到 100 多公里,但有的实际上只有几十公里,国内部分新能源企业急功近利,被利益所蒙蔽,虚报电池容量和续航里程几乎是行业潜规则。

2 续航能力的影响因素

2.1 汽车的阻力

纯电动汽车在行驶过程中所受到的阻力越大,用于克服阻力而消耗的蓄电池电能就越多,相应的,其续航能力就越差。汽车行驶过程中会受到来自滚动、空气阻力、加速和坡度等多方面的影响。减小空气阻力对于提高纯电动汽车的动力性以及续航能力都有重要作用。当然,在汽车行驶过程中,这些阻力都是无法避免的:汽车在水平道路上等速行驶时,必须克服来自地面的滚动阻力和来自空气的空气阻力;当汽车在坡道上上坡行驶时,还必须克服重力沿坡道的分力,称为坡度阻力;汽车加速行驶时还需要克服加速阻力。

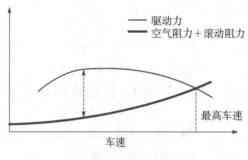

图 1 汽车阻力图

2.2 蓄电池的容量

蓄电池容量是指其在纯电动汽车行驶过程中所能提供的电量大小。蓄电池是整个汽车的动力来源,但由于材质和技术等方面的制约,蓄电池所提供的电量是有限的。一般来说,蓄电池容量的影响因素主要体现在蓄电池本身和外界影响两方面。蓄电池本身的设计和构造决定了其容量的大小,而且用电过程中,放电电流越大,电池的容量将减小得越快。另外,温度也会影响电池的容量,电池一般冬季比夏季容量低。

2.3 气温的高低

气温对纯电动汽车的续航里程有很大影响。如:锂电池的能量应用属于氧化还原反应,通过化学反应释放电离子,从而达到充放电。由于锂元素的化学特性非常活泼,因此在低温和高温状态下(冬天/夏天),反应强度不同,放电密度不同,电池的使用时间不同,而造成汽车的行驶里程不同。

2.4 辅助装置的能耗

辅助装置不仅仅指我们熟悉的照明、音响、空调和车载控制系统,还包括制动系统的空气压缩机、转向系统的液压泵等动力辅助系统。这些辅助设施除空调外,将综合消耗总能量的 6%～12%。如果这些能量消耗能够降低,就可提供更多的电量输出给动力系统,从而延长续驶里程。

3　纯电动汽车续航能力的提高途径

3.1　电池容量的扩大

国内外纯电动汽车发展的主要技术瓶颈就在于电池容量难以突破,汽车续航能力有限,还无法达到替代传统燃油汽车的水平。而提高纯电动汽车续航里程最直接的方法就是增加电池的容量,但同时又不能过多地增加汽车总质量以及蓄电池的占用空间,所以要求扩大蓄电池组本身的比能量。

3.2　减小风阻系数

风阻系数可以看成是汽车行驶阻力与车速平方之间的比值,同样速度下风阻系数大的汽车阻力就大,消耗功率大;反之车阻力就小,消耗功率也小。因此,风阻系数小的意义在于,其他条件不变的条件下,纯电动汽车的耗电量会小一些,或者相同耗电量下速度快一些。

风阻系数＝正面风阻力×2÷(空气密度×车头正面投影×面积车速平方)

(公式1-1)

气动性能与动力性、电量消耗等性能是密切相关的。合理的车身形状对于减小纯电动汽车的空气阻力具有重要作用,现代车身空气动力学工程师认为,低空气阻力系数值的汽车车身应遵循:发动机盖应向前下倾;在保险杠下面的前面,应装有合适的扰流板;车轮盖应与轮胎相平;整个车身应向前倾斜1°～2°,后端稍稍收缩,前端呈半圆。相信不久的将来,必能广泛应用,到那时,全数字化设计流程就能真正有效实现了,虽然目前虚拟数字化技术在汽车外观设计中已经起到关键作用,但由于在几个环节上还待进一步提升,比如数字模型呈现的形体比例和色彩感官与实物还是会有差异。在完成了前期CAS和VR的渲染,接下来的A级曲面的工作就显得更加重要,汽车A级曲面是指满足设计审美要求、曲面内部质量要求、工程布置及后续结构设计要求和模具制造工艺要求的可见车身外表面。随着计算机技术和信息技术的飞速发展,对车身曲面数学模型的质量要求越来越高,A级曲面的质量和最终的整体产品质量是息息相关的,A级曲面和前期的CAS还是有质的区别的,A级曲面作为造型阶段对工程阶段的最终递交物,反映理论状态的造型特征和造型质量,是汽车造型阶段的关键。随着计算机硬件性能的不断提高,其越来越快的运算速度为处理汽车设计大规模数据提供了硬件保障,数控机床等加工设备的运用,先进的制造工艺的运用(如激光焊接流水线)以及模具制造工艺的不断提高都使得最终量产样车的状态与A级曲面的状态越趋接近。A级曲面技术的日益成熟与完善,A级曲面质量的提高必将更好地为后续结构设计、工程分析、样车制造、模具制造等环节提供理论依据,为缩短开发周期,加快新产品开发节奏提供强有力的保证。现在看数字化设计是一个公认的趋势,数字化设计由于不受费用和资源的限制,往往对于设计方案的数量、更改的频次都有相当的限制。而采用虚拟数字技术后,基本上不消耗资源和能量,也不产生产品,设计方案以数字数据方式存在,可以随时修改、评测,工作量相对减低很多,因此在时间、费用的减少和方案的种类上都有明显的优势。因此数字技术已经大量地融入汽车外观设计流程中,而且这样的融入对提高设计质量和缩短开发周期,同时更全面地表现设计师的创造性想法都起到的巨大的推动作用。这并不是说数字设计就能代替传统的设计方法,而是在现有设计方法基础上发挥数字设计的优势,相信随着计算机技术的发展,在将来数字设计肯定会得到更广泛的应用,从而助推整个汽车工业飞速发展。

参考文献

[1] 李卓森.现代汽车造型[M].人民交通出版社,2005:98.

[2] 刘涛.汽车设计[M].北京大学出版社,2007:120.

[3] 苏春.数字化设计制造技术[M].机械工业出版社,2005:79.

[4] 谢星,周苏等.基于Cruise/Simulink的车用燃料电池的能量管理策略仿真[J].汽车工程,2010(5):17-18.

[5] 康小平,赵丽,刘斌.我国新能源汽车的发展现状[J].内蒙古科技与经济,2017,(24).

[6] 牛继高,周苏.增程式电动车开/关机时刻的优化[J].汽车工程,2013,(5):423-425.

[7] 徐惠明.国内外电动车用电机的发展概况及趋势[J].船电技术,2015,(4):25-28.

[8] 李涛,唐斯晓.轻便电动车未来的发展的趋势和方向[J].农机使用与维修,2017,(12):11-12.

[9] 李志.电动车的未来发展仍然任重而道远[J].当代石油石化,2018,(1):24-25.

点评:目前国内大部分学校的汽车学院已经开设了新能源检修专业或者方向,国内汽车市场对新能源汽车维修及营销也有很大的需求。所以,选择这类题目作为毕业设计的题目,首先从选题上就可以加分。

这篇毕业设计是对新能源汽车的续航里程进行了分析,分析了其续航能力的影响因素和提高续航能力的方法。

本文的字数符合要求,同时有配图。文章书写规范,数据翔实可靠,文章分析非常具有条理性,可供同学们参考。同学们还可以尝试访问专业的新能源或电池网站,查找资料。还可以找一些专著进行阅读和学习,将会非常有收获。

毕业设计参考范文二

丰田普锐斯电源系统故障诊断

摘要:环境污染和能源短缺是当今汽车工业面临的两大挑战,为了应对国家提出的可持续发展战略,各大汽车生产厂商都把混合动力这种新能源汽车作为解决这两个问题的有效途径。而混合动力汽车在实际使用过程中的维护、维修都离不开故障诊断的研究。因此,开展关于电源系统故障诊断及维修研究有着一定的现实意义。本文简要介绍了丰田普锐斯电源系统的基本情况,并重点针对其较常出现的一些故障问题与维修处理展开了具体探究。

关键词:丰田普锐斯;电源系统;故障诊断;维修

1　丰田普锐斯电源系统概述

主要总成全部由丰田汽车公司自主开发。通过对电源系统、马达、发电机、电池组等的革新,全面提升了系统性能。系统构成包括:两个动力源(采用高膨胀比循环的高效汽油发动机和输出功率提升至1.5倍的永磁式交流同步电动机)及其驱动马达、发电机、内置动力分离装置的混合动力用变速箱、混合动力用高性能镍氢电池组、动力控制总成。丰田普锐斯HV蓄电池由28块镍氢电池模块组成,蓄电池ECU电压监测系统采用每2块为1组的方式进行电压监测,共有14根电压监测线。蓄电池ECU通过1个安装在电池顶部的进气温度传感器和3个安装在电池底部的电池温度传感器监测电池组工作温度,以控制风冷系统对其强制通风冷却。蓄电池ECU通过安装在电池组负极输出端的感应式电流传感器监测HV蓄电池输出电流。

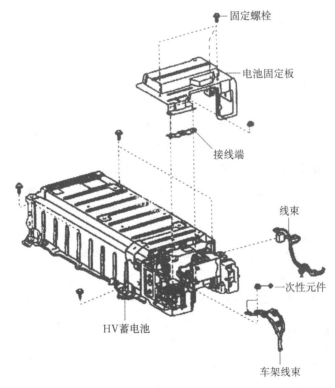

图1　HV蓄电池总成结构

2　故障诊断与维修处理

2.1　电池组容量下降

2.1.1　故障诊断

在车辆行驶过程中发生续航里程较短情况,电池容量显示不足。分析导致这一故障问题的原因时,首先,应检查充电方式是否正确,充电量是否充足,因充电量过低而造成的放电量下降情况要由充电环节来排查故障原因。其次,对放电环境温度开展检验排查,若环境温度相对较低则放电容量也会有所降低。再次,如果将蓄电池电量充满后却长时间闲置,则再次使用前便应当依据相关的标准维护流程进行处理,而后方可应用。在应用电池组之时,利用 BMS 对电池组电流、电压、环境温度等进行检查并予以统计,并结合彼时所显示的参数,最终判断出导致放电终止的具体原因。此外,在长期超出电池组正常应用能力的情况下使用,同样会导致电池性能快速下降,并反映为放电电压小,内阻大。

2.1.2　维修处理

部分故障问题通常在查找到问题发生的原因时便可获得及时处理。但是还存在着部分故障问题必须要在进行专业维修之时方可判断出其具体的故障原因。从电源系统研究人员的角度而言,查找故障问题并非其主要目的,最重要的是要找出导致故障问题发生的真实原因,以免再次出现此类故障问题。通常单体电池故障较为常见的有漏液、内部阻力增大等,一旦出现这些故障问题建议及时更换故障电池;而若是电池内阻有升高现象,电池组容量下降则应当对整个电池组予以更换。

2.2　电池组充电异常

2.2.1　故障诊断

在进行电源系统充电之时,充电电压有明显升高现象且充电耗时较短,亦或是完全无法将电量充入到电池组内。导致这一种故障问题的原因可能和环境温度、电池寿命、电池容量、充电设备故障等多方面有关。因此在具体排查导致电源系统发生故障问题时,应当先从外部影响因素开始着手检查,如环境温度及充电设备,而后再进行电源系统本身的问题排查,针对 BMS 以及电池组性能、连接部件情况及单个电池状况逐一排查,直到确定出问题故障的发生原因。

2.2.2　维修处理

针对在正常环境温度下充电时电压水平依然相对较高的情况,可观察直流内阻是否增大来判断系统有无故障问题。还可采用 BMS 对单体电池电压进行检验,如果有部分电池电压存在明显异常情况而其他电池电压则显示正常,则可确定出导致这一问题发生的原因很有可能是由于电池在经过了长时间的充放电以后,其内阻明显增大甚至是发生断路情况,处理这一问题需更换电池,如果电压具有良好均一性,则需对单体电压和与总电压展开对比,若组间对比差异显著,则可判断出电池组内线路连接处有松动情况,重新连接线路即可。

2.3　电池组放电电压低

2.3.1　故障诊断

电池输出功能大幅度降低,正常电流放电电压大幅度降低,低电量条件下汽车无法正常启动。针对导致这一种故障问题发生的原因展开具体分析,很有可能是由于电池内阻水平明显扩大,内部出现了短路情况,连接处松动,环境温度或电池组内温度过低,长时间存储未活化等。其故障排查方式与电池组充电异常基本相同,而存在差异的方面主要是:① 电池内发生短路;② 电源系统自身漏电。

2.3.2　维修处理

在进行电池组放电电压低故障问题处理之时,对于电池内短路故障原因,通常在电路充电后搁置电压将会显著下降,抑或是在充电之时电压减小,在充放电之时开展检测工作便可找出故障电池,予以更换即可。而针对电源系统内漏电故障,则应将电池组进行拆解检查,对其内部采取清洁处理,对于损坏电池及时更换。

2.4　电源系统局部高温

2.4.1　故障诊断

在车辆行驶过程中,电源系统局部温度异常升高超过5℃,且在多次观察后均发生在同一部位。导致这一种故障问题发生的原因主要包括:局部连接片松动,致使电阻增大;电源系统设计存在缺陷,内部高温无法及时排出;冷却通道被阻塞抑或是冷却风扇出现故障问题。

2.4.2　维修处理

针对原系统局部高温故障问题在进行处理之时,应当检查其设计流程是否合理,冷却系统风扇运转是否正常,在进出口位置的灰尘堆积是导致局部高温的常见原因,因此应定期检查风机运行状态,针对存在故障问题的风机及时予以更换,对风道当中所积聚的灰尘要及时予以清除。在电池组运行之时,外部设备同样会对电池组造成一定程度的影响,并将由此导致局部温度升高。此外,造成局部温度异常升高的原因还有一点,便是在电池应用局部形成了新的热源,受到这一方面原因的影响而引发高电阻,其可能造成的后果危害主要包括两方面,即:① 电池自身内阻增大,在电池的反复性充放电过程当中引起了较高的热量;② 连接片抑或是接线端子松动,电阻水平明显上升。因而针对主电流回路上的线路连接,应定期开展检查处理,确保电池始终保持良好运行性能。

3　结束语

镍氢蓄电池的热管理主要是针对高温充电效率问题。蓄电池在常温状态下充电,高温放电,对其容量和特性基本无影响。随着温度升高,蓄电池的充电接受能力逐渐下降,这是因为镍氢蓄电池充电过程中有析氧的副反应作用。所以镍氢蓄电池在混合动力汽车上使用,都进行了强制通风冷却设计。但是要使各蓄电池模块能得到可靠的冷却,必须要保证冷却风道的畅通无阻,否则 HV 蓄电池工作得不到散热,结果导致热失控,使蓄电池的充电效率和SOC 容量迅速下降,影响蓄电池的循环寿命,甚至出现运行安全问题。

镍氢蓄电池各个模块(或单格)电压的均衡问题直接影响蓄电池的SOC。由于蓄电池的制造和使用问题导致了蓄电池单格电压的偏差,而几百个单格电池串联成动力蓄电池组总成,对每一个单格电池电压保持一致性尤为重要,它是动力蓄电池组正常工作的必要保证。所以大多数的电动汽车或混合动力汽车在动力蓄电池控制中有电压均衡电路一项设计。普锐斯车 HV 蓄电池组 SOC 要求控制在 60% 的目标值,放电下限控制在 40%,充电上限也不超过 80%,所以没有配备蓄电池电压的均衡控制。但是一旦由于蓄电池的个别模块(或单格)电压出现偏差(温度影响,连接导线电阻影响,蓄电池内阻影响和记忆效应影响等),不能在车辆上得到电压均衡调节,可采用拆下蓄电池,对蓄电池电压偏低的模块进行单独充电,使各模块(或单格)电压趋向一致,是人工均衡的好方法,它能延长蓄电池的循环使用寿命,节约维修成本。

参考文献

[1] 邓东文.丰田普锐斯无法启动[J].汽车维修与保养,2016(8).

[2] 温怀疆.比亚迪秦动力系统故障[J].汽车维修与保养,2016(8).

[3] 王小飞.汽车电源系统电路故障诊断与检修[J].科技展望,2016(19).

[4] 李超.电动汽车用镍氢电池模型参数辨析和 SOC 估算研究[D].天津大学电气与自动化学院,2007.6.

[5] 王庆年,曾小华.新能源汽车技术[M].化学工业出版社,2017(01).

　　点评:丰田普锐斯是第一辆全球量产的混合动力车型,在国内已经上市销售。这篇毕业设计首先分析了其工作原理,接着对混合动力车型中的电池结构和检修方法进行了分析。

　　这篇毕业设计选题新颖,是当下的热点问题和最常见的车型之一。该范文不仅进行了理论分析还对电池的几种可能异常情况进行了分析。如果能找到一些具体的电池检修时的参数,加在文章里会更好。因为作为工科专业的毕业设计,数据或者分析图是必不可少的。

　　同学们在查阅资料的时候会发现目前国内的此类参考资料还比较少。网站上的信息则更新较快,可做参考,同时应在参考文献中列出。

汽车营销与服务

10.1 汽车市场营销及其相关概念

市场是商品经济的产物,哪里有商品生产和交换,哪里就会有市场。因此,市场才成为人们使用最频繁的术语之一。但市场的概念又是随着商品经济的发展和使用场合的不同而变化的,以下的归纳与总结却大体上代表了人们对市场概念的理解和运用。

市场营销是一种从市场需要出发的管理过程。它的核心思想是交换,是一种买卖双方互利的交换,即卖方按买方的需要提供产品或劳务,使买方得到消费满足;而买方则付出相应的报酬,使卖方亦得到回报和实现企业目标,双方各得其所。

我国的汽车工业是在新中国成立后的几十年内才逐步发展起来的。新中国成立后,中央就开始了建立我国汽车工业的筹划工作。从 1953 年兴建第一汽车制造厂开始发展到今天,我国汽车工业总体上经历了快速的发展,现在已经成为汽车产销量世界第一位。

实际上,已经有很多外来者开始布局汽车销售。近来,包括国美、苏宁在内的传统消费电器的零售企业都开始争相进入汽车销售领域。日前,国美在线对外发布了新一年汽车战略合作招商方案,内容涵盖新车、二手车、后市场、汽车金融等领域,其中包括与行圆汽车在全国共建 4 000 家独立门店。而家电超市卖车,在美国早已不算什么新鲜事。美国第二大零售商好市多的年度售车规模已突破 40 万辆,且正在逼近美国最大经销商集团。排在 Costco 之前的沃尔玛最近也按捺不住,近期也发布了售车计划,联合美国最大的汽车经销商 AutoNation 以及数家合作伙伴共同启动汽车销售项目,预计每家沃尔玛超市每年销售新车和二手车 1 000 辆。

10.2 市场营销环境

什么是市场营销环境?按照美国著名市场学家菲利普·科特勒的解释是:影响企业市场营销活动的不可控制的参与者和影响力。具体地说就是:"影响企业的市场营销管理能力,使其能否卓有成效地发展和维持与其目标顾客交易及关系的外在影响力。"因此,市场营销环境是指与企业营销活动有潜在关系的所有外部力量和相关因素的集合,它是影响企业生存和发展的各种外部条件。

企业市场营销环境的内容既广泛又复杂。不同的因素对营销活动各个方面的影响和制约也不尽相同,同样的环境因素对不同的企业所产生的影响和形成的制约也会大小不一。一般来说,市场营销环境主要包括两方面的构成要素:一是微观环境要素,即指与企业联系紧密,直接影响其营销能力的各种参与者,这些参与者包括企业的供应商、营销中间商、顾客、竞争者以及社会公众和影响营销管理决策的企业内部各个部门;二是宏观环境要素,即影响企业微观环境的巨大社会力量,包括人口、经济、政治、法律、科学技术、社会文化及自然地理等多方面的因素。微观环境直接影响和制约企业的市场营销活动,而宏观环境主要以微观营销环境为媒介间接影响和制约企业的市场营销活动。前者可称为直接营销环境,后者可称为间接营销环境。两者之间并非并列关系,而是主从关系,即直接营销环境受制于间接营销环境。

微观环境指与企业关系密切、能够直接影响企业服务顾客能力的各种因素,包括企业自身、供应商、销售渠道、顾客、竞争对手和公众等。

宏观营销环境由人口环境、技术环境、社会文化环境、经济环境、自然环境、政治法律环境构成。

10.3　汽车产品及产品分析

市场营销是一个满足用户需要的过程。用户的需要包括物质方面的需要和心理方面的需要,以及满足自己心理和精神上的需要,如身份、地位、富贵、舒适等。尤其是那些轿车用户更是如此。此外,汽车产品的用户还希望制造商能够提供优质的售后服务,如备件充裕、维修网点多、上门服务、"三包"等。由此可见,现代市场营销产品的概念是一个包含多层次的整体概念。GB/T9000系列标准指出的产品定义是"活动或过程的结果"或者"活动或过程本身"。

市场营销学对产品的定义是:凡是能够提供给市场以引起人们注意、获取、使用或消费,从而满足顾客某种欲望或需要的一切东西。它包括实物、服务、场所、组织和构思等,这就是市场营销中的"整体产品概念"。

换种说法,也可理解为产品就是顾客通过购买所获得的需要和满足。具体来讲可把整体产品划分为三个层次,即核心产品、形式产品和附加产品。核心产品是满足用户需要的核心内容,即用户所需要的基本效用或利益。汽车的核心产品就是汽车可以满足用户交通和运输的需要以及精神需要。形式产品是实质产品借以存在的形式,形式产品由产品本身的结构形式、质量水平、特色、式样、商标,以及包装装潢等方面的内容构成。附加产品指用户在购买产品时所得到的附加服务或利益,如提供信贷、免费送货、调试、维护、包换等。现代市场营销已产生了所谓"系统销售"的概念,即售给用户的不是单纯的形式产品,即不仅包括上述有形产品,而且还包括附加产品。

产品生命周期是现代市场营销的一个重要概念。是指一种产品自开发成功和上市销售,在市场上由弱到强,又由盛转衰,再到被市场淘汰所持续的时间。其长短主要取决于市场竞争的激烈程度和科技进步的快慢。

一般认为,产品生命周期的典型形态包括以下五个阶段。

(1)产品开发期。产品开发期是产品生命的培育阶段,它始于企业形成新产品构思。在此阶段,产品的销售量为零,企业投入的研究开发经费与日俱增。

（2）市场导入期。在市场导入期，产品开始上市，知名度还不高，销售增长率缓慢增长，为打开市场，企业对该产品的促销宣传等费用较大，该产品很可能还没有为企业带来利润。

（3）快速成长期。在快速成长期，产品的知名度日益扩大，销售增长率迅速增加，利润显著增长，竞争者的类似产品也可能开始出现。

（4）平衡成熟期。在平衡成熟期，产品开始大量生产和销售，销售量和利润额达到高峰后并开始下降，销售增长率趋缓，市场竞争加剧，产品成本和价格趋于下降，但在成熟期后期，营销费用开始渐增。

（5）衰退期。在衰退期，市场竞争激烈，开始出现替代新产品。原产品的销售量明显下降，销售增长率为负值，利润渐少，最后因无利可图而退出市场。

市场营销学中使用的新产品概念，不是从纯技术的角度理解的，产品只要在功能或形态上得到改进，与原有产品产生营销意义上的差别，能够为顾客带来新的满足、新的利益，都可称之为新产品。它大体上包括：新研制的全新产品（整体更新的产品）、新产品线的产品（进入新市场的产品）、增补产品（现有产品线的补缺产品）、更新改良产品（对现行产品注入新的价值的产品）、新牌号和再定位产品（改变原来的产品市场结构的产品）以及成本减少的产品等。因而，以上各种新产品的研制与开发都可称为新产品开发。企业在完成新产品开发后，还要研究新产品的商品化问题，以保证新产品能够有效和成功地上市。

10.4　汽车产品的定价

价格是产品价值的货币表达。确定产品价格是市场营销过程中一个非常重要、非常敏感的环节，它直接关系着产品受市场接受的程度，影响着生产者、经销者、用户等多方的利益。价格策略是指根据营销目标和定价原理，针对生产商、经销商和市场需求的实际情况，在确定产品价格时所采取的各种具体对策。价格策略是市场营销组合中极其重要的部分。

汽车价格的高低，主要是由汽车包含的价值量的大小决定的。但是，从市场营销角度来看，汽车的价格除了受价值量的影响之外，还要受以下十种因素的影响和制约：汽车成本、汽车消费者需求、竞争者行为、汽车特征、汽车市场结构、社会经济状况、货币价值、政府干预、汽车企业销售渠道和促销宣传、汽车企业的整体营销战略与策略。

一般来说，汽车厂商的价格决策遵循以下六个步骤，即明确定价目标，测定需求弹性，估算成本费用，分析竞争状况，选择定价方法，核定最终价格。

10.5　汽车渠道管理

汽车企业有了适销对路的产品和合理的价格，还必须通过适当的分销渠道，才能克服产品在厂商与用户之间存在着的时间、地点、数量和所有权等方面的差异和矛盾，实现产品从生产者到用户的流通，并不断增强企业抵御市场风险的能力。要实现这些目标，一个重要而复杂的前提就是企业必须建立一套既能发挥其产品优势，又能适应市场变化的分销体系。

分销渠道（Distribution Channel）又被称为营销渠道、交易渠道、配销通路。美国著名营销学家菲利普·科特勒（Philip Kotler）教授在《市场营销管理》一书中对分销渠道下的定义是："分销渠道是使产品或服务能被使用或被消费而配合起来的一系列相对独立的组织的集合"。

综上所述，汽车分销渠道是指汽车产品或服务从制造厂商向用户转移过程中所经过的一切取得所有权（或协助所有权转移）的商业组织和个人，即汽车产品或服务从制造厂商到用户的流通过程中所经过的各个环节连接起来形成的通道。分销渠道通过其组织成员的协调运作，弥补产品或服务的生产与消费在消费形式、所有权转移、消费时间以及消费地点之间的差异，为最终使用者创造价值。

结合汽车产品的分销实际，分销渠道一般应具有以下功能：

（1）售卖功能。这是分销渠道最基本的职能，产品只有被售出，才能完成向商品的转化。汽车厂商与其经销商的接洽，经销商与用户的接洽，以及他们之间所进行的沟通、谈判、签订销售合同等业务，都是在履行分销渠道的售卖职能。

（2）投放与物流功能。由于各地区的市场和竞争状况是不断变化的，分销渠道必须要解决好何时将何种商品、以何种数量投放到何种市场上去，以实现分销渠道整体的效益最佳。投放政策一经确立，分销渠道必须保质保量地将指定商品在指定时间送达指定的地点。

（3）促销功能。即进行关于所销售的产品的说服性沟通。几乎所有的促销方式都离不开分销渠道的参与，而人员推销和各种营业推广活动，则基本是通过分销渠道完成的。

（4）服务功能。现代社会要求销售者必须为消费者负责。同时，服务质量也直接关系到企业在市场竞争中的命运。因而分销渠道必须为用户提供满意的服务，并体现企业形象。汽车产品因其结构特点、使用特点和维修维护特点，要求分销渠道必须对用户提供良好的服务，而且趋势是要求越来越高。

（5）市场研究和信息反馈功能。由于市场是一个时间和空间的函数，分销渠道应密切监视市场动态，研究市场走势，尤其是短期市场变化，收集相关信息并及时反馈给生产厂家，以便厂家的生产能够更好地与市场需求协调一致。

（6）资金结算与融通功能。为了加速资金周转，减少资金占用及相应的经济损失，生产厂家、中间商、用户之间必须及时进行资金清算，尽快回笼货款。此外，生产厂家与中间商、中间商与用户之间，还需要相互提供必要的资金融通和信用，共同解决可能的困难。

（7）风险分担功能。汽车市场有畅有滞，中间商与生产厂家应是一个命运共同体，畅销时要共谋发展，滞销时也要共担风险。只有如此，中间商与生产者才能共同得到长期发展。

（8）管理功能。大部分整车厂家的分销渠道是一个复杂的系统，需要能够进行良好的自我管理。

需说明的是，分销渠道的以上功能，并不意味着所有的中间商都必须具备，中间商的具体功能可以只是其中的一部分，这与中间商的类型和作用有关。通常对从事汽车（轿车）整车分销业务的中间商，基本的功能要求主要集中在整车销售、配件供应、维修服务、信息反馈等方面（称作"四位一体"）。当然，随着汽车市场的发展，汽车中间商的功能也会变化，如履行车辆置换、旧车回收、二手车交易、汽车租赁等业务职能。

总的来讲，分销渠道设计要围绕营销目标进行，要有利于企业的产品不断提高市场占有率、地区覆盖率和各地用户满足率（当地供应资源与市场需要量的比率），要有利于企业抵御市场风险。在此基础上形成能够充分履行渠道功能，长期稳固而又能适应市场变化的渠道，将不断地为企业开辟稳定的用户群或区域市场。

综观各种因素，我国汽车分销的发展将会面临以下3大环境：

（1）加入WTO，中国汽车工业已经面临即将到来的与国际汽车强国的全面竞争。国外知名的汽车厂商必将凭借其雄厚的实力和成熟的市场经验大举进攻国内市场,其投资的重心将由目前的制造领域向服务领域延伸。

(2) 高新技术特别是信息技术(IT 产业)的飞速发展,将为汽车分销方式的不断创新提出挑战。以计算机、通讯和网络为代表的 IT 产业的蓬勃发展,一方面使我们能够对传统的生产管理形式和制造技术进行不断改造创新,另一方面数字化革命将会大大改变传统的汽车营销方式,例如 B2B、B2C 等电子商务,网络营销等手段的广泛运用,将导致汽车厂商、分销商、消费者的角色与地位分化重组,品牌推广、新品推介的任务将主要由厂商承担,分销商将更趋于扮演物流渠道的角色。

(3) 私人消费购车将成为拉动市场增长的主力军,汽车分销体系将以满足私人轿车消费需要为价值取向。近年伴随着中国经济的高速增长,人民收入和消费水平也大大提高,家用汽车的大发展将是大势所趋。

进入 21 世纪,我国汽车企业将会在目前已有的基础上,进一步借鉴国际通行模式建设自己的汽车分销体系。例如广泛采用代理制、特许经营、品牌专营等新兴业态形式,汽车分销渠道的职能将根据需要重新设计,除传统的"四位一体"功能外,还可能会增加诸如旧车交易、汽车租赁、汽车俱乐部等职能。同时,为适应国际市场营销的需求,汽车分销将会向出口转运、分销、零售、售后服务等全程服务的新型职能转变。

另一方面,随着国际互联网、电子商务等技术的发展和数字化时代的到来,汽车营销方式必将出现重大变革。企业营销中的信息流、物流、商流和资金流将会因为 EDI、网上浏览、网上支付等技术的运用而大大提高效率。传统的汽车分销由于 B2B、B2C 业务的发展,将导致经销商逐渐向服务商角色的转变,主要承担售后服务、商品配送和储运等业务。

10.6　汽车产品的促销

所谓促销是指企业营销部门通过一定的方式,将产品信息及购买途经传递给目标客户,从而激发客户的购买兴趣,强化购买欲望,甚至创造需求,从而跟进企业产品销售的一系列活动。促销的实质是传播与沟通信息,其目的是要促进销售、提高企业的市场占有率及增加企业的收益。

为了沟通市场信息,企业可以采取两种方式:一是单向沟通,即:或者是由"卖方→买方"的沟通,如广告、陈列、说明书、宣传报道等;或者是由"买方→卖方"的沟通,如用户意见书等。二是双向沟通,如上门推销、现场演示促销等方式,即买卖双方相互沟通信息和意见的形式。

现代市场营销将各种促销方式大体归纳为四种基本类型,即广告、人员推销、营业推广和公共关系。这四种方式的运用搭配称为促销组合。促销组合策略就是对这四种促销方式组合搭配和运用的决策。

汽车产品基本促销方式有以下几种类型:

(1) 人员推销。人员推销是企业运用推销人员直接向顾客推销商品和劳务的一种促销活动。推销人员、推销对象和推销品是构成人员推销的三个基本要素,推销人员是推销活动的主体。

(2) 广告。广告是通过报纸、杂志、广播、电视、网络、广告牌等广告传播体形式向目标顾客传递信息。采用广告宣传可以使广大客户对企业的产品、品牌、服务等认识，并产生好感。其特点是可以比较广泛（如推销员到达不了的地方）地宣传企业及产品，传递购买信息。

（3）营业推广。营业推广是由一系列短期引导性、强刺激性的战术促销方式组成。它一般只作为人员推销和广告的补充方式，其刺激性很强，吸引力很大，包括免费样品、赠券、奖券、展览、陈列、折扣、津贴等，它可以鼓励现有顾客重复购买，并争取潜在顾客，还可鼓励中间商增加销售。

（4）公共关系。为了使公众理解企业的经营活动符合公众利益，并有计划地加强与公众的联系，建立和谐的关系，树立企业信誉的一系列活动即属于公共关系。其特点是不以短期促销效果为目标，通过公共关系使公众对企业及其产品产生好感，并树立良好的企业形象。它与广告的传播媒体有些类似，但又是以不同于广告的形式出现，因而能取得比广告更深刻的效果。企业公共关系的目的不仅在于促销，更主要的目标是为企业的生产经营创造更为和谐的营销环境。

（5）销售技术服务（质量保修）。由于汽车产品本身在技术、结构和使用方面具有如下特点：① 汽车产品价值高，又是上万个零件组成的复杂机器，不同的汽车产品具有不同的结构形式，也具有不同的汽车性能。② 不同品种的汽车有着不同的使用条件，不同的使用条件对汽车性能的发挥有着十分明显的影响。③ 汽车在使用过程中需要经常性的维护与调整，维修时又常常需要专用设备（如检测设备）和专业性知识，而一般用户又往往缺乏汽车的产品知识和使用知识，也缺乏维修检测技能及相关设备条件。④ 买卖交割手续复杂（如办牌照等）。因而企业在销售汽车产品时，向用户介绍汽车产品特征、提供有关技术说明、培训用户掌握合理使用知识，提供销售过程中的一条龙服务以及为质量保修提供配件和维修服务等，对促进汽车销售影响很大。这些售前、售中和售后服务工作统称为销售技术服务。其主要特点是专业性强，是用户购车考虑的首要因素之一。所以，优质的销售技术服务对促进销售、增强企业竞争能力效果十分明显。

不同的促销组合形成不同的促销策略，如以人员推销为主的促销策略，是采取主动的直接方式，即"推"式策略。推式策略，是指企业运用人员推销的方式把产品推向市场，先由企业（制造商）推向中间商，再由中间商推向消费者。其目的是说服中间商和消费者购买企业的产品。

10.7 汽车市场调查与预测

汽车市场营销调研是针对组织特定的营销问题，运用科学的方法，有计划、有目的、有系统地收集、整理和研究分析有关汽车市场营销方面的信息，并提出调研报告，总结有关结论，提出机遇与挑战，为营销管理者制定、评估和改进营销决策提供依据的一项营销活动。

10.7.1 市场营销调研的作用

具体来说有以下几种：

1. 通过市场营销调研，可以了解市场总的供求情况，据以调整、确定企业的发展方向

市场供求由商品可供量和购买力组成。通过市场营销调研，企业可根据市场情况和企业自身的实力，决定企业的发展方向，进行正确的定位。

2. 市场营销调研为企业生产部门提供市场信息,促进产品更新换代,促进新产品的开发和生产

企业在市场营销调研的过程中,通过对商品销售数量、增长变化趋势和产品普及率的分析,判断产品的生命周期情况。通过了解产品的使用情况,取得消费者对产品使用的反映,从这些信息中发现消费者的潜在需求,为改进产品性能,提高产品质量提供依据,也为开发新产品提供方向。

3. 市场营销调研有利于促进商品销售

企业通过市场营销调研活动,广泛了解市场信息,分析各类商品的销售前景,增加质优价廉、适销对路的商品的经营,按照消费者的要求调整经营结构,创造企业经营特色。

4. 市场营销调研还有利于提高企业的管理水平,增强竞争能力

10.7.2　分类方法

对市场营销调研分类的方法有很多种,下面主要介绍两种分类方法:

1. 按调研方法分类

(1) 定性调研。定性调研是对被调查事务的性质的描述,它获取资料的途径都是以行为科学为基础的,在调查动机、态度、信仰、倾向等方面特别有用。

(2) 定量调研。定量调查是基于数量分析的一种调查方式,它通过获取样本的定量资料得出样本的某些数字特征,并据此推断总体的数字特征。

2. 按调研性质分类

(1) 探测性调研。探测性调研主要用于帮助澄清或辨明一个问题,而不是寻求问题的解决方法。它往往在大规模的正式调研之前开展的小规模定性研究。

(2) 描述性调研。描述性调研是通过详细的调研和分析,对市场营销活动的某个特定方面进行客观的描述,以说明它的性质与特征。

(3) 因果性调研。因果性调研的目的是为了证明一种变量的变化能够引起另一种变量发生变化。

(4) 预测性调研。预测性调研是为了预测所需要的有关未来的信息而进行的调研活动。

10.7.3　市场营销调研的内容

市场营销调研的内容十分广泛,但每次市场调研的内容只能根据市场调研的目的,有选择、有区别地进行选择,为市场预测与经营决策提供资料。市场营销调研的内容具体包括:

1. 环境调研

环境调研包括政治环境、经济环境和社会文化环境三个方面的调研。其中政治环境调研是指对政府有关的政策、法令的调研。经济环境调研主要包括国民生产总值、人均国民收入、人口总数、家庭收入、个人收入、能源资源状况、交通运输调价等方面的调研。社会文化调研主要包括国民教育程度、文化水平、职业构成、民族分布、宗教信仰、风俗习惯、审美观念等方面的调研。

2. 技术发展水平调研

技术发展水平的调研主要是指各个时期新技术、新工艺、新材料、新能源的状况,技术的

先进水平,新产品开发速度与发展趋势等。

3. 需求容量调研

需求容量的调研主要包括商品市场最大、最小、最可能的需求数量,潜在的需求数量,现有与潜在的购买人数,现有与潜在的供应数量,不同产品的市场规模与特征,以及不同地域的销售机遇,本企业产品的市场占有率,相关企业同类产品的市场竞争态势等。

4. 消费者及其消费行为调研

消费者调研主要是指消费者个人的年龄、性别、职业、民族、文化水平、居住地、消费水平、消费习惯等方面的调研。

5. 商品调研

商品调研的内容主要有:商品的效用调研,包括商品的形态、性能、重量、色彩、美观程度、使用方便性、耐久性、可靠性以及安全性等。

6. 价格调研

商品价格调研包括老产品调研、新产品定价、本企业与竞争企业同类商品的价格差距等方面的调研。

7. 销售方式和服务调研

商品销售方式和服务调研包括人员促销与非人员促销(广告、折扣、电视)哪种方式好?广告设计的内容及效果如何?怎样搞好销售服务咨询?怎样搞好售后服务等方面的调研。

8. 销售渠道调研

企业销售渠道调研包括:企业采用直接销售还是中间商(批发商与零售商)销售?中间商服务的顾客是否是企业希望的销售对象?中间商能否提供商品的技术指导、维修服务与运输储藏?顾客对中间商的印象如何?等等。

9. 竞争对手调研

竞争对手调研主要包括两个方面的内容:一是竞争单位的调研,二是竞争产品的调研。

10.7.4 汽车市场营销调研的步骤

市场营销调研的全过程大体上分为预备调研、正式调研与提出报告三个相对独立又彼此衔接的工作阶段。

1. 预备调研阶段

预备调研阶段主要包括以下几个方面的内容:明确调研目的、提出问题、初步调研(试调研)、确定收集资料的来源与方法、确定市场调研的边界范围。

2. 正式调研阶段

正式调研阶段主要包括以下几个方面的内容:调研项目的选择与安排、调研方法的选择、调研人员的组织、调研费用的估算、编制调研计划。

3. 提出报告阶段

提出报告阶段主要包括以下几个方面的内容:整理调研资料、编写调研报告、调研结论的追踪反馈等。

10.7.5 汽车市场营销调研方法

(一) 确定调研对象的方法

在开展调研活动时,可以对调研对象进行普查,也可以采用抽样调查的方法。

1. 普查法

所谓普查法是指去调查研究对象总体中每一个个体的信息。市场营销调研中并不经常用到普查,因为大规模地进行普查在成本和时间上的耗费是巨大的。

2. 抽样调查

抽样调查是常被用于确定调研对象的方法。通过精心选择的样本来准确地反映出总体特征,而且在调研技术成本上也是可以接受的。

(二) 收集资料的调研方法

1. 访问法

访问法是指调研人员通过各种方式促使被访问者回答他们所提出的问题,并据此收集所需信息的一种方法,此种方法又可细分为以下几种类型:

(1)人员访问。调研人员通过上门拜访或街头拦截等方式直接与被访者对话,从他们对所提问题的答案中获得信息的一种调研方法。

(2)电话访问。通过电话与受访者交流以获取所需信息可以在一定程度上减少调研的成本,能在较短时间内从较大的范围收集到信息。

(3)邮寄访问。在进行邮寄访问时,调研人员将事先设计好的问卷寄给受访者,请他们按照要求填写后再寄回给调研人员。

(4)网络访问。网络访问不仅具备了电话及邮寄访问的所有优点,而且还通过提供独特的音效视觉效果,使受访者对回答问题产生更大的兴趣。

2. 观察法

观察法是调研人员直接或利用设备去观察人、物体或事件的行为过程,并系统地加以记录的调研方法。

3. 实验法

实验法是指在一定的控制条件下对所研究的客观体的一个或多个因素进行操纵,以测定这些因素之间的因果关系的一种调研方法。

例:选取某4S店主力车型为参照对象,通过实验测量其6个月销售量增长率为5%,在增加全景天窗6个月后,测量结果得出,其销售增长率为15%。因此,该公司主力车型采用全景天窗有利于销售增长率的提高,其6个月销售量的增长率提高了10个百分点。

4. 定性调研中的常用方法

(1)焦点座谈会法。它一般由8～12人组成,在一名主持人的引导下对某一主题或观念进行深入的讨论,通过观察参与者对主题的充分和详尽的讨论,调研人员可以了解他们内心的想法以及产生这种想法的原因。

(2)深度访问。它是一对一问答式的访谈,其访问中的问题并不一定是事先设计好的,它们可能会随着会谈的深入而逐步展开,由受访者的回答引出很多新的问题。

企业要做好经营决策,必须在做好市场调研的基础上进行市场预测。这是十分重要的。只有这样才能避免和减少经营决策中的失误,使企业持续、稳定、协调地发展。

10.8　机动车辆保险

10.8.1　保险的概念与特点

一般来说,保险有广义和狭义之分。广义的保险泛指保险人向投保人收取保险费,建立专门用途的保险基金,用于补偿因自然灾害和意外事故造成的经济损失,或为社会安定发展而建立物质准备的一种经济补偿制度。它一般包括由国家政府部门经办的社会保险,由专门的保险公司按商业原则经营的商业保险,以及由被保险人集资合办的合作保险等多种保险形式。狭义的保险特指商业保险。即按商业经营原则,以合同形式确立双方经济关系,采用科学的计算方法,收取保险费,建立保险基金,对遭受约定灾害事故所造成的损失进行补偿而建立的一种经济补偿制度。保险的特点如下。

（1）保险是一种合同关系。

（2）承保的风险事故是否发生或何时发生是不确定的。

（3）承保的风险事故是无法预见或难以控制的。

（4）承保的风险事故发生后,保险人承担赔偿、给付责任。

10.8.2　机动车辆保险的含义与特点

1. 机动车辆保险的含义

是指保险人通过收取保险费的形式建立保险基金,并将它用于补偿因自然灾害或意外事故所造成的车辆的经济损失,或在人身保险事故发生时赔偿损失,负担责任赔偿的一种经济补偿制度。机动车辆保险作为保险中的一种,它是以各类机动车辆及其责任为保险标的的保险,它属于财产保险,它分为基本险和附加险,基本险包括车辆损失险和第三者责任险。二者可以合并承保也可以单独承保。附加险是针对车辆损失险和第三者责任险的部分责任免除而设置的,如全车盗抢险和车上责任险等。

机动车辆保险包括几层含义:

（1）它是一种商业保险行为。保险人按照等价交换关系建立的机动车辆保险是以盈利为目的,因此机动车辆保险属于一种商业行为。

（2）它是一种法律合同行为。投保人与保险人要以各类机动车辆及其责任为保险标的签订书面的具有法律效力的保险合同,比如要填制保险单,否则机动车辆保险没有存在的法律依据。

（3）它是一种权利义务行为。在投保人与保险人所共同签订的保险合同中,明确规定了双方的权利和义务,并确定了违约责任,要求双方在履行合同时共同遵守。

（4）它是一种以合同约定的保险事故发生为条件的损失补偿或保险金给付的保险行为。

2.特点

(1)保险标的出险率较高；

(2)业务量大，投保率高；

(3)扩大保险利益；

(4)被保险人自负责任与无赔款优待。

10.8.3 我国汽车保险的种类

机动车辆的风险有两种：机动车本身所面临的风险、机动车本身所创造的风险。

（一）基本险

1.机动车辆损失险

机动车辆损失险与第三者责任险一样都是机动车辆的基本险，但车辆损失险不是法定的强制保险，因此，被保险人可以根据自己的意愿选择投保与否。但是，如果被保险人要投保全车盗抢险、玻璃单独破碎险等，就一定要先投保车辆损失险。

车辆损失险的保险责任，是指保险单承担的危险发生，造成保险车辆本身损坏或毁灭，保险人负赔偿责任。保险责任在保险单中明确列明，由意外事故、自然灾害和施救保护费用构成。

（1）意外事故：包括碰撞、倾覆、火灾、爆炸、外界物体倒塌、空中运行物体坠落、保险车辆行驶中平行坠落等。

（2）自然灾害：包括雷击、暴风、龙卷风、暴雨、洪水、海啸、地陷、冰陷、崖崩、雹灾、泥石流、滑坡等。

（3）施救保护费用：衡量施救保护费用是否合理，原则上以"为了减少保险车辆损失而直接支出的必要费用"。

2.机动车辆第三者责任险

第三者责任险简称三者险，它分为强制第三者责任险和商业第三者责任险。强制第三者责任险是车辆最基本的保险，商业第三者责任险则为强制保险的补充。

第三者责任险是被保险人或其允许的合格驾驶员在使用保险车辆过程中发生意外事故，致使第三者遭受人身伤亡或财产的直接损毁，在法律上应当由被保险人承担的经济赔偿责任，转由保险人代位负责赔偿的一种保险；也就是，被保险人为了免除或减少自己对第三者的损害赔偿的经济负担，而与保险公司订立的保险合同。但因事故产生的善后工作，由被保险人负责处理。

① 直接损毁：包括受害者的死亡补偿、伤残补偿、医疗补偿及财物毁损补偿。② 被保险人允许的合格驾驶员。③ 使用保险车辆过程。④ 意外事故。⑤ 第三者：在这里，保险合同法律关系的主体是保险人和被保险人，保险人为第一者，被保险人或使用保险车辆的人为第二者，除保险人与被保险人之外即为第三者。⑥ 被保险人依法应当支付的赔偿金额，保险人依照保险合同的规定进行补偿。

（二）附加险

（1）全车盗抢险：强调的只是对保险车辆整车的盗抢负责赔偿。对保险车辆非全车遭盗抢,仅车上零部件或附属设备被盗窃、被抢劫、被抢夺、被损坏,如仅仅是轮胎或车上音响设备被盗了,保险公司是不负责赔偿的。另外,对全车被盗窃、被抢劫、被抢夺期间,保险车辆肇事导致第三者人员伤亡或财产损失,保险公司也不负责赔偿。

(2)玻璃单独破损险:是一个传统的机动车辆附加险,必须在投保了车辆损失险的情况下才可投保。

玻璃单独破碎险的保险责任是指保险车辆在使用和停放期间,车辆的前后挡风玻璃、门窗以及侧窗玻璃发生单独破碎,保险人按实际损失计算赔偿。但对车辆的灯具、车镜玻璃破碎和被保险人或其驾驶员的故意行为,以及安装、维修、清洗车辆过程中造成的破碎不予赔偿。

(3)自燃损失险:自燃损失险的保险责任是保险车辆在使用过程中,因本车电器、线路、供油系统发生故障及运载货物自身原因起火燃烧,造成保险车辆的损失,以及被保险人在发生保险事故时,为减少保险车辆损失所支出的必要合理的施救费用,保险人在保险单载明的保险金额内,按保险车辆的实际损失计算赔偿;发生全部损失的按出险时保险车辆实际价值在保险单该项目所载明的保险金额内计算赔偿。

自燃损失险的保险金额由投保人和保险人在保险车辆的实际价值内协商确定,每次赔偿均实行20%的绝对免赔率。

(4)车身划痕损失险:其保险责任就是投保了本保险的机动车辆,因他人恶意行为造成保险车辆车身人为划痕的,保险人按实际损失计算赔偿。车身划痕损失险的保险费是根据车辆的价值来计算的,一般都在300~500元之间。

(5)车辆停驶损失险:其保险责任是保险车辆发生车辆损失险的保险事故,致使车身损毁车辆停驶期间,由此引起被保险人因不能正常使用车辆的间接利益损失,如私家车车主因此而付出的租车费用等,保险公司给予每天一定数额的费用补偿。车辆停驶损失险一般不实行免赔。

(6)新增加设备损失险:其保险责任是保险车辆发生车辆损失险的保险事故,造成车上新增加设备的直接损毁,保险人在保险单该项目所载明的保险金额内,按实际损失计算赔偿。本保险所指的新增加设备是指保险车辆在原有附属设备外,被保险人另外加装或改装的设备与设施。如在保险车辆上加装制冷、加氧设备,CD及电视录像等设备。

(7)车上人员责任险:其保险责任是投保了本保险的机动车辆在使用的过程中,发生意外事故,致使保险车辆在所载货物遭受直接损毁和车上人员的人身伤亡造成的损失,依法应由被保险人承担的经济赔偿损失,以及被保险人为减少损失而支付的必要合理的施救、保护费用,保险人在保险单所载明该保险赔偿限额内计算赔偿。

(8)车上货物掉落责任险:其保险责任是投保了本保险的机动车辆在使用的过程中,所载货物从车上掉下,致使第三者遭受人身伤亡或财产的直接损毁。依法应由被保险人承担的经济赔偿责任,保险人在保险单所载明的赔偿限额内计算赔偿。

(9)无过失责任险:其保险责任是投保了本保险的机动车辆在使用的过程中,因与非机动车辆、行人发生交通事故,造成对方人员伤亡和财产直接损毁,保险车辆一方无过失,且被保险人拒绝赔偿未果,对被保险人已经支付给对方而无法追回的费用,保险人按我国《道路交通事故处理办法》和出险当地的道路交通事故处理规定标准,在保险单所载明的本保险赔偿限额内计算赔偿。本保险每次赔偿均实行20%的绝对免赔率。

（10）不计免赔特约险：是车辆损失险和第三者责任险的共同附加险，只有在同时投保了车辆损失险和第三者责任险的基础上，方可投保本附加险。当车辆损失险和第三者责任险中任一险别的保险责任终止时，本附加险的保险责任同时终止。

不计免赔特约险其保险责任是办理了本特约保险的机动车辆发生保险事故造成赔偿，对其在符合赔偿规定的金额内，按本保险条款规定计算的免赔金额，保险人负责赔偿。

10.8.4　业务流程

（一）投保

机动车辆的投保，就是投保人购买机动车辆保险产品，办理保险手续，与保险人正式签订机动车辆保险合同的过程。

投保人要积极配合保险业务员办理有关手续，履行应尽的义务。

投保人办理机动车辆保险的基本流程如下。

（1）投保准备。基本内容包括：准备好证件，保养好车辆，协助业务员验证、验车，以及如实告知有关情况等。

（2）保户填写投保单。基本内容：投保人的姓名、厂牌型号、车辆种类、号牌号码、发动机号码及车架号、使用性质、吨位或座位、行驶证、初次登记年月、保险价值、车辆损失险保险金额的确定方式、第三责任险赔偿限额、附加险的保险金额或保险限额、车辆总数、保险期限、联系方式、特别约定、投保人签章。

（3）交纳保费。投保单所有项目填写完毕，并经保险人审核，计算出保险费后，即可缮制签发保险单、证，同时开具保险费收据。投保人接到保险收据后，应仔细核对，确认无误后可据此办理交费手续。

（4）领取保险、单证。投保人拿到保险单、证后，应再核对一遍，检查各栏目填写是否正确，计算是否准确，签章是否齐全。若有错误或遗漏，要即时更正。

（5）审核保险单、证并妥善保管。保险单带回后应妥善保管，因为保险单就是保险合同，是参加保险的凭证。投保过程中应注意的问题：合理选择保险公司；合理选择代理人；了解机动车辆保险的内容；根据实际需要购买。

（6）其他主要事项

① 如实填写保单上规定的各项内容，取得保单后应核对其内容是否与投保单上的有关内容完全一致。保管好所有凭证。

② 如实告知义务。

③ 及时交纳保费。

④ 合同纠纷解决方式，以约定仲裁或诉讼方式解决。

（二）承保

承保实质上是保险双方当事人达成协议、订立保险合同的过程。

（1）核保：① 投保人资格通过核对行驶证来完成。② 投保人或被保险人的基本情况。③ 投保人或被保险人的信誉。④ 保险标的。⑤ 保险金额。⑥ 保险费。⑦ 附加条款。

（2）接受业务。

（3）缮制单、证：要求单、证相符、保险合同要素明确、数字准确、复核签章、手续齐备。

10.8.5　事故理赔

（1）属单方责任事故，没有人员伤亡，应提供：① 出险通知书；② 出险证明；③ 修车发票原始件，修理、更换部件清单；④ 其他必要证明或费用收据原件。

（2）如果涉及车损和人员伤亡事故的，除以上证明外，还应提供：① 伤者诊断证明（县级以上医院）、残疾者凭法医鉴定证明、死亡者死亡证明；② 抢救治疗费收据；③ 事故责任认定书；④ 事故调解书；⑤ 伤亡工资收入证明、家庭情况证明；⑥ 保险公司针对特殊情况要求的其他必要的证明。

根据保险车辆驾驶员在事故中的责任，车辆损失险和第三者责任险在符合赔偿规定的金额内实行绝对免赔率。负全部责任的免赔 20%；负主要责任的免赔 15%；负同等责任的免赔 10%；负次要责任的免赔 5%；单方肇事事故的绝对免赔率为 20%。

10.8.6　退保过程

（1）退保必须符合下述条件：
① 车辆的保单必须在有效期内。
② 在有效期内，该车没有向保险公司报案或索赔过。
（2）退保所需提供的单证。
① 退保申请书。
② 保险单。
③ 保险费发票。
④ 被保险人的身份证明。
⑤ 证明退保原因的文件。

毕业设计参考范文一

汽车消费者行为研究

摘要：随着中国车市的快发展，汽车消费人群也在增加。因此研究消费者在购车决策过程中的心理变化和内心需求就显得十分必要。论文在研究汽车消费者行为时，从多个角度入手，利用一些现有的心理模型和购买决策模型，详细地分析了消费者购车决策的步骤，最后又结合中国消费者的特点进行具体分析并提出结论。对汽车生产厂家有一定的指导意义。

关键词：定价策略；消费者感知；购买决策

1　研究背景与基本模型

随着我国电子商务的兴起和我国汽车产业政策的不断变化，汽车市场结构发生了显著变化。汽车消费者呈现出多元化和个性化的特征，从而对汽车产品提出了多样化和差异化的要求。随着新车型的不断出现,消费者面临的选择越来越多。因此对消费者的购买决策进行分析,特别是消费者价格感知的研究显得越发重要。本论文选择了国内中级汽车和经济型汽车的基础数据,个人消费者行为为目标,着眼于轿车购买群体步骤及每个步骤心理影响牵涉到的因素,使用现有的与中国汽车消费理论模型,结合市场特点,从消费者决策过程模型(图1)、消费者价值感觉模型、消费者行为风险评估框架出发研究并分析武汉中级经济型汽车国内人群购买心理学。

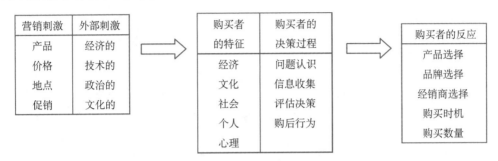

图1 消费决策模型

2 汽车消费决策模型分析

2.1 问题识别

在问题识别过程中,消费者产生对所要购买的产品价格的一个内部标准,被称为内心价格。它是基于过去遇到的并储存在消费者头脑中的,消费者自身对某个产品或服务的价格的设定因人而异。内心价格是一个价格范围,而非一个价格点。这一范围是由最低可接受价格、平均价格、最高价格三个点来界定,在此范围内为消费者购买某种商品愿意支付的价格。研究表明,内心价格对消费者的需求、品牌选择、购买数量起着显著的影响。

2.2 信息收集

在信息收集过程中产生的市场价格是消费者对于一款车型,结合经销商定价、专家评估、商品品质,以及社会认可价值所得出的心理评估价格。在市场价格的影响因素中,商品品质是最大的决定因素。所以商品本身的信息是消费者在信息收集过程中关注的重点,它也是决定商品价值的重要因素。例如,影响汽车价格五种最重要的品质分别是汽车品牌、经销商定价、车型和外观、性能以及配置。汽车的品牌形象和市场定位决定着这一品牌的汽车价格,同时经销商的销售定价对市场价格也起到重要影响;消费者会综合多种渠道了解经销商的不同报价,从而调整其对某一款车的整体估价。这体现出市场价格的现实性和真实性,说明虽然市场价格是消费者通过心理认知产生的价格,但也代表了商品的市面价值。由于在问题识别过程中形成的内心价格因人而异,所以在对汽车信息的收集过程中,消费者的偏重也将不同。在这一阶段,外界因素对汽车这种奢侈型消费起着重要作用。例如专家因素,它包括两种参照群体:一部分是指在汽车行业具有职业性的政府官员、经济学家以及行业相关人士,他们对某一款汽车有理性而准确的感受和判断,具有权威性和参照性,对消费者形成的市场价格具有强大的影响力;另一部分参照群体,例如家人、朋友等这些和消费者密切的人群,即使对汽车并不了解,但是由于他们和消费者的密切关系,消费者也会受其影响。最后,环境因素也将影响市场价格。汽车消费信息收集过程中,大部分消费者会在收集足够的信息后,到销售现场进行产品评估。现场销售人员提供的产品信息对消费者具有较大的权威性和影响力。而消费者的现场试驾,则很大程度地决定消费者对汽车操控性、舒适性、内饰和内部空间的直接感知。这些最直接的认知对消费者的对产品的总体认知的影响很大,它能使消费者很大程度上忽略理性消费,而注重个人最直接的感受。

2.3 评价分析

2.3.1 社会和环境文化的影响

在评价分析这个环节中,消费者往往会受到社会和环境文化的影响。我们称"与个人的评价、追求或行为有重大相关性的真实的或虚拟的个人或群体"为参照群体。通常,购买奢侈品,参照群体有更大的影响力;此外,购买具有社会关注或者他人可视性的物品时,参照群体的影响力更大。汽车既是奢侈品,又是可以代表社会关注性和可视的物品,所以购车者会受到参照群体极大的影响。因为是家用轿车,所以参照群体一般是非正式的群体,如朋友、家人、亲戚、售货员和专家。而在社会文化方面,不同文化下的消费行为也会不同。

2.3.2 感知价值的产生及影响

在评价分析购车人群会产生感知价值。由于之前在问题识别和信息收集两个步骤中分别产生了内心价格和市场价格,消费者将市场价格与内心价格进行比较,得出对汽车的感知价格。感知价格反映了顾客感知的货币代价,市场价格越高,在内心价格既定的条件下,消费者的感知价格也越高,感知的成本也越大。与此同时,消费者对即将购买的汽车所带来的最大利益进行预估分析。通过将汽车的感知成本与感知价值比较,消费者会得出该商品的感知价值,感知价值会直接影响到消费者的购买决策。

2.4 消费者风险感知

在购车人群对感知价值深入分析后,若觉得购车的条件不足(包括对车的信息收集不足,或对汽车的感知利用价值和感知利用成本不能达到平衡等)就会产生感知风险。这种在购买决策中隐含着的对结果的不确定性被称为感知风险。

感知风险包括两个因素:(1)决策结果的不确定性,例如买了一辆车,可能它的性能像厂商介绍的那么好,也可能存在一些顾客没有发觉的潜在问题。(2)错误决策后果的严重性,例如如果买的这辆车总是出现问题,会不会影响日常出行?会不会因为买了这辆车而受到家人、朋友的嘲笑?为了减少感知风险,消费者不会急于购买,而将转而收集更多的资料,从而与信息收集形成一个循环过程。

2.5 购买决策和售后评估

汽车购买者从最初意识到自身对汽车的需求,到大量地收集相关信息,再到对所收集到的信息进行综合评价,经过这一系列的过程才能决定最终购买。消费者对于产品的满意度测评是由消费者在购车后对该汽车的整体感觉或态度决定的。其会利用多种线索来推断评价汽车质量,如质量保证书、公司的追踪调查信等。然而,满意与否并不只是对汽车的质量性能以及售后服务的反映,还受到消费者先前对汽车期望的影响。消费者会把购后对其价值的真实体验与之前的感知价值进行比较,从而得出售后评估。当已购车的综合表现与消费者的预期一致时,购买者一般不会对自身的购买行为做出过多地思考;而如果它的表现恰好超出了购买者预期,那么购买者就会满意;反之,则会对该品牌汽车产生消极影响。

3　从汽车消费决策模型看汽车市场营销中应注意的问题

3.1　决策慎重的影响

消费者买车时必须收集足够的信息后才会放心,消费者在收集信息过程中,现场收集是花费精力最多的。因此对于消费者来说,在做决策时犹豫不决,产生较多感知风险,从而会不断循环地进行收集信息和评价,难以下决定。对厂商而言,在消费者进行到购买决策中的收集信息时,应耐心地给顾客尽量多地提供资料让顾客对其产品有更全面的了解;同时,能够从顾客的利益出发,介绍其汽车的一些特性;此外,做好售后服务并让顾客信赖其售后服务,可以很大程度上降低顾客的感知风险,从而使顾客更快的下决心购车。

3.2　面子消费的影响

受传统文化的影响,中国消费者更偏向于关注个人消费的社会群体效应,更重视别人的看法和意见,从而形成中国社会中普遍的面子消费行为。而汽车消费在中国作为一种奢侈消费,更能起到显示身份地位的作用。因此,买车不仅是为了出行方便,更是身份的象征和迎合群体的表现。首先在问题识别中,中国消费者往往因为从众心理,或攀比消费而形成心理落差。所以经销商应注重汽车给消费者带来的地位提升感,所以品牌定位和产品包装尤为重要。其次,在信息收集和评估分析过程中,消费者受到周围因素的影响很大。汽车厂商应该树立良好口碑和品牌形象。例如在对危机公关的处理态度、对公益事业的投入,以及对环保方面的重视程度都将影响品牌价值。最后,由于部分消费者在形成感知价值时使用价值评估模式,使大部分想以性价比来取得竞争优势的品牌成了中低价值、差品质的廉价汽车的提供者,而许多进口汽车品牌则因其高端的价位拥有了质好价高的品牌形象。所以对于汽车厂商在制定定价策略时应了解自己的目标顾客所运用的价值评估模式。

3.3　信息收集方式改变的影响

在信息收集过程中,汽车购买者通常会通过厂商网站、家人朋友、厂商、经销商、报刊杂志、电视广播等途径寻求信息。根据2017年调查报告,在信息的可信性上,家人和朋友的建议是他们的首选。与此同时,计划买车的人还会狂热地搜索网络,逛逛车展,然后再做决定。而传统的营销渠道,如汽车杂志、报纸或电视、广播的广告、户外广告或者体育赛事赞助等却对中国未来车主的影响有限。另外,互联网已经成为购车者获取信息的主要平台。网络资源(信息网站、销售商及厂商网站等)已经成为消费者获取汽车信息最直接的渠道。虽然汽车厂商投放广告的总量剧烈增长,但是集中在传统广告上。就目前消费者较为关注的网络信息,虽然投入增加,却没有特别的关注;很多厂商到目前为止,仍没有一套完善的网站信息供消费者浏览。这种现象与消费者收集信息过程中的关注点产生了差距。厂商应该利用消费者关注的网络渠道,利用网络媒介营销,使消费者获得及时、深入、全面的信息,提供全程信息服务;以及利用网络媒介的分众性,提高广告的推广效率。最后,厂商还可以利用网络与消费者进行充分的信息交流,深入了解自己的目标消费者。所以,汽车厂商想要在消费者信息收集过程中取得优势,就应该了解目标顾客收集信息的主要渠道及有效渠道,并对应消费者所关注的渠道重点加强宣传推广效果。

总之,汽车营销环境已经发生了很大的变化,消费者从原来的关注车型转变为关注品牌文化及社会评价。营销方式也从单一的销售模式转变为线上线下相结合的方式。我们在设计、生产及销售汽车中,必须给予更多的思考。

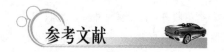

[1] 苏晖.2012年汽车后市场展望及发展思路分析[J].汽车维修与保养,2012(1).
[2] 周桥.提升我国汽车后市场服务营销模式的探索[J].中国商论,2017(41).
[3] 陈玲玲.试论国内汽车营销渠道模式的发展趋势[J].中国商论,2015(56).
[4] 黄蕾.基于SCM的中国汽车营销渠道整合研究[J].新经济,2015(25).
[5] 施俊.LAVIDA汽车品牌营销策略研究[D].复旦大学,2010.

点评:在汽车学院中,汽车营销类的论文属于文科性质,写作较为简单,但我们对其论点和论据的条理性、合理性、创新型,以及写作的规范性要求会高一些。所以同学们也要下功夫才能写出一定创新意义的毕业设计。

该毕业设计字数符合要求,书写规范,文章分析非常具有条理性,可供同学们参考。有一定外语基础的同学,还可以增加外文参考文献。

但该毕业设计选取的题目创新型不强,学生可以结合自己的实习经历或者借助于网络知识,设计出更具有新意的营销类毕业设计。也可以在毕业设计中多使用图、表和数据分析。可借助于一些常用的计算器数据分析软件。这样你的毕业设计将会非常出彩,同学们试试看吧。

毕业设计参考范文二

汽车行业电子商务O2O模式研究

摘要:O2O是将线上线下融合的一种电子商务模式,O2O模式作为线下商务与互联网结合的新模式,解决了传统行业的电子商务化问题。分析了O2O模式的发展现状,针对汽车行业的O2O模式的影响进行了分析,提出了汽车电子商务O2O模式的应用。

关键词:汽车行业;电子商务;O2O模式

1　O2O定义

O2O即Online To Offline(在线离线/线上到线下)。是指将线下的商务机会与互联网结合,让互联网成为线下交易的前台。该模式又称离线商务模式。通过线上营销、线上购买带动线下经营和线下消费。作为线下商务与互联网结合的新模式,O2O通过打折、提供信息、服务预订等方式,把线下商店的消息推送给互联网用户,从而将他们转换为自己的线下客户,以解决传统行业的电子商务化问题。

2　O2O应用现状

随着电子商务的发展,越来越多的企业采用了O2O营销模式。据艾媒咨询(iiMedia Research)数据显示,2017年,本地生活服务O2O市场规模为9 780亿元,接近1万亿大关。目前在我国,较为常见的O2O企业类型包括三类。第一类是团购网,这类网站以大众商品团购为主。通过线上传递商家信息,吸引消费者购买,消费者通过在线预付的方式,先线上支付,再到线下进行消费。第二类是为消费者提供服务的信息服务类网站,如赶集网、爱邦客等类型的网站在线提供相关的咨询和信息,通过信息的沟通,实现线下交易。第三类是传统商业升级换挡的网站,例如搜啦网。该类网站是实体商业O2O服务平台,通过线上互联网平台展示商圈、购物中心、商场、商户,实现互联网与实体店的深度融合和多方互动,为消费者带来兴趣社交化的智能购物全新体验,消费者既可以了解企业信息实现虚拟购物,也可以通过线上了解后去实体店购买,真正实现了线上(网店)线下(实体店)双店一体化运营服务。以上不同类别的企业对于O2O模式的应用也可以应用于汽车行业,汽车销售企业通过线上互联网平台,进行企业产品和服务信息的推广,消费者通过线上互联网平台,也可以了解企业和产品信息,预定相关服务和产品,最终实现线下产品和服务的销售。

图1　汽车行业电子商务模式

3　汽车行业O2O模式影响分析

3.1　O2O模式对汽车消费者的影响分析

消费者可以足不出户,通过在线平台获取更丰富、全面的汽车零售商家及其相关服务的内容信息,这类信息需求的了解为消费者提供了极大的便利。针对所产生的问题还可以通过便捷的方式向商家在线咨询。消费者也可以在网上支付定金对车款或者相关服务预定。由于是线上购买产品和服务,相比线下直接消费,消费者能够以较便宜的价格购买新车或者享受汽车产品相关服务。

3.2　O2O模式对汽车零售商家的影响分析

互联网络的便捷性和海量的信息,使汽车零售商能够获得更多的宣传和展示机会,通过虚拟平台的推广来吸引客户到实体店消费。采用实时的在线推广软件,商家的推广效果可查、每笔交易可跟踪。并且由于所获得的客户资料都是精准的客户,在此过程中所掌握的用户数据能够给企业带来营销决策制定依据,这样大大提升了对企业客户的维护,也提高了企业的营销效果。消费者如果产生购买汽车需求,可以直接通过在线有效预订的方式,并且可以在线咨询,对汽车零售企业来说,大大节省了经营成本。同时,线上推广降低了线下实体推广所必须的黄金地段旺铺的资金,减少了企业的租金支出。

4　汽车行业O2O模式构建

4.1　汽车行业O2O模式构想

汽车行业O2O模式的应用通过线上平台实现信息的传递,通过在线平台成为消费者和汽车零售企业实体、虚拟打通的桥梁。消费者通过网站、手机APP应用、互联网渠道来传递汽车产品的需求信息,汽车零售商通过了解消费者需求信息提供相应的产品信息和服务,实现消费者和汽车零售商的线上沟通和服务,汽车零售商可以通过虚拟平台进行宣传,进行产品和服务推广,从而最终促成汽车产品的销售。这种新思想、新模式、新理念在线上提供了实体商品的交易需求,又将线下服务延续到解决汽车买卖、汽车用品的专业安装、保养、维修等一系列售后问题的解决。

4.2　汽车行业O2O整合架构策略

由于汽车商品的特殊性,汽车产品的销售过程比较复杂。将网站变成为汽车市场服务前台。然后将他们带到现实的商店中去服务。即在线支付购买线下的商品和服务,再到线下去享受服务。用户通过手机应用APP、团购、线下社区论坛营销或者汽车销售网站可以获得汽车相关产品和服务的信息,用户在登录论坛和下载手机应用的时候登陆的身份信息可以作为汽车销售商获取用户信息的第一手资料,通过线上线下的整合,实现网上推广、网上联系、网上提供帮助,最终实现线下汽车销售。

4.2.1　提供汽车商品和服务类信息

O2O平台形成的广告价值,是能让消费者便捷获取周边服务信息的价值。消费者通过应用软件和销售网站,可以获取例如汽车金融、汽车售后、汽车置换、汽车交易等各类的生活服务信息。这些信息在互联网公开的平台下透明化,让消费者可以放心去消费,极大地解决了消费者在交易中的困惑。通过O2O汽车电商模式解决了消费者没有时间去实体店了解汽车产品和服务信息的问题。消费者可以充分利用互联网的优势。从汽车经销商处获得最优惠的产品价格以及完整的售后服务机制。

4.2.2　实现在线支付预定

消费者可以通过在线平台,将日常保养快修等虚拟化、标准化的在线服务产品,通过在线支付的方式,先网上预约,然后通过订单发动到线下商店。对商店而言可以增加收入。且能通过预约来合理安排人力,节约运营成本,解决不营业而无法获得服务的现象,对消费者而言避免了排队、等待,大大提高了客户体验。在此背景下通过将互联网与线下商店结合在一起的O2O运营模式。让消费者通过线上下单,线下体验和提车的方式完成整个购车过程。通过这种模式既能让消费者充分享受网上购物的便捷,又可保证消费者有足够的机会去体验产品,同时还能整合经销商的力量,为潜在消费者和意向消费者提供专业全面的服务。

4.2.3　线下信息线上化

当消费者的汽车需要保养和维修时,即使消费者不去汽车线下销售门店,汽车销售商也可以将车况信息通过问诊和工具检测的方式,把车辆综合信息报告汇集到信息平台。消费者可以通过个人信息平台追踪汽车维修和保养进程,并且可以通过评价软件对此服务直接在网上进行评价。对消费者而言,足不出户就能查询到汽车维修和保养信息,大大便捷了消费者。对于汽车销售企业而言,数据信息化统计和管理方式极大程度节省了人力成本。而且,汽车检测的相关结果还能给汽车制造商提供相应的生产改进依据。

4.2.4　提供在线预约

线上O2O可以实现检测站忙闲状态网上显示、在线预约检测,消费者可以网上填写客户车况信息,提前几天预约车辆日常维护保养,通过去修理厂维修和检测,排除车辆故障和问题,加快验车的通过率,增加了客户多笔消费,提高客户的服务质量。

4.2.5　比线下消费更便宜

由于在线平台能集中接受订单,区域分散承接服务的特点,且通过预约来合理安排人力,节约运营成本,解决不营业而无法获得服务的现象。汽车商家运营成本降低了、规模效应产生,消费者也能从中得到一定的价格优惠。消费者可以通过网上商城或者企业网站预约试乘试驾、订购全新整车及原装附件、咨询在线客服,大大节省了时间与精力;此外,网上客服能够实现与消费者和汽车经销商的即时互动;同时,汽车经销商也可以以各种优惠措施,确保消费者在购买过程中获得实惠。

5　结论

O2O营销模式是对汽车电商的一种新尝试,在短期内以其便捷迅速与优惠力度被消费者接受,而长远来看,这种模式可能会逐渐改变消费者的购车习惯,甚至使汽车行业的营销手段发生转变。在竞争更加激烈的汽车电商时代,O2O汽车营销新模式,会被更多的汽车零售企业采用,从而开启汽车行业新格局。

参考文献

[1] 陈莉.浅析汽车行业电子商务的发展现状与对策[J].内蒙古科技与经济,2016,(1):69-70.

[2] 桂雁军.我国汽车行业电子商务发展现状[J].中国管理信息化,2014,(24):81-82.

[3] 黄玲玲.汽车行业电子商务的发展现状及对策研究[J].电子商务,2014,(3):7-8.

［4］陈蓉.电子商务生态链优化研究［D］.湖北:华中师范大学,2013,(5):24－25.

［5］苏晖.汽车后市场决定国内汽车行业的未来(上)［J］.汽车维修与保养,2015(3):17－18.

点评:同学们经过比较,可以发现范文二更具有创新性,选题的时效性也很强。该毕业设计对目前汽车营销中的热门形式O2O模式进行了阐述,并分析了汽车行业O2O模式的运行模式,具有较强的现实意义。

这篇文章显示出了这位作者能认真选题和仔细阅读参考文献,从摘要、正文和本体部分都显示了作者的认真。结论分析O2O的特点,正文分析其运行,结论对其进行展望。

如果能在毕业设计中以某一个汽车公司或者汽车产品为例,进行一个具体的案例分析,并引入数据,将成为更好的毕业设计作品。

附表一　＊＊学院毕业论文(设计)答辩小组评价表

学院		专业		姓名	
论文题目					

一、内容的科学性、应用性和创新性

优秀(25～21分)	一般(20～11分)	较差(10～0分)

二、论文写作水平及知识面掌握程度

优秀(50～31分)	一般(30～11分)	较差(10～0分)

三、语言表达能力、逻辑思维能力、回答问题的准确性

优秀(25～21分)	一般(20～11分)	较差(10～0分)

论文答辩成绩：

答辩小组负责人(签名)：

年　　月　　日

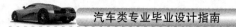

附表二 ＊＊学院学生答辩记录表

学生姓名		学号		班级	
指导老师		答辩时间		答辩地点	
答辩小组成员	姓名	职称	专业教研室	备注	
			汽车检测与维修		
			汽车检测与维修		
			汽车检测与维修		
论文题目	浅谈自动变速器结构与维修方法				
提问问题及回答情况					
主答辩老师签字					

参考文献

[1] 陈家瑞.汽车构造(上册,下册)[M].北京:机械工业出版社,2015.

[2] 狄建雄.自动化类专业毕业设计指南[M].南京:南京大学出版社,2016.

[3] 周家华.毕业论文写作指南[M].南京:南京大学出版社,2017.

[4] 王钧铭.通信技术类专业毕业设计指南[M].南京:南京大学出版社,2018.

[5] 邱翠榕.汽车底盘维修技术[M].沈阳:东北大学出版社,2017.

[6] 钟志勇.汽车发动机电控技术[M].武汉:华中科技大学出版社,2017.

[7] 王庆年.新能源汽车关键技术[M].北京:化学工业出版社,2017.

[8] 邹国堂.电动汽车电机及驱动[M].北京:机械工业出版社,2017.

[9] 曾鑫.发动机机械系统检修[M].北京:高等教育出版社,2018.

[10] 胡春红.汽车发动机构造与维修[M].北京:高等教育出版社,2018.

[11] 黄海燕.汽车发动机实验学教程[M].北京:清华大学出版社,2016.

[12] 刘宏新.汽车原理及构造[M].北京:机械工业出版社,2016.

[13] 梁小流.汽车电器设备构造与检修[M].北京:中国水利水电出版社,2016.

[14] 黄敏雄.汽车4S店运营及管理[M].北京:人民邮电出版社,2016.

[15] 苑玉凤.汽车营销[M].北京:机械工业出版社,2016.

[16] 张国方.汽车营销学[M].北京:人民交通出版社,2017.

[17] 任超.汽车车身修复基础[M].北京:北京师范大学出版社,2017.

[18] 王庆年.新能源汽车关键技术[M].北京:化学工业出版社,2017.

[19] 孙旭.新能源汽车技术概论[M].北京:国防工业出版社,2017.

[20] 石川宪二.新能源汽车技术及其未来[M].北京:科学出版社,2017.